《中国高等教育评论》系列由厦门大学高等教育发展研究中心资助

中国高等教育评论

第10卷

主编／潘懋元　史秋衡

科学出版社
北　京

图书在版编目（CIP）数据

中国高等教育评论. 第10卷 / 潘懋元，史秋衡主编. —北京：科学出版社，2018.10

ISBN 978-7-03-059233-0

Ⅰ. ①中… Ⅱ. ①潘… ②史… Ⅲ. ①高等教育-研究-中国 Ⅳ. ①G649.2

中国版本图书馆CIP数据核字（2018）第241937号

责任编辑：付 艳 崔文燕 / 责任校对：王晓茜
责任印制：张欣秀 / 封面设计：楠竹文化
联系电话：010-64033934
E-mail：fuyan@mail. sciencep. com

科学出版社 出版
北京东黄城根北街16号
邮政编码：100717
http://www. sciencep. com

北京虎彩文化传播有限公司印刷

科学出版社发行 各地新华书店经销

*

2018年10月第 一 版 开本：720×1000 B5
2018年10月第一次印刷 印张：18 插页：2
字数：280 000

定价：89.00元

《中国高等教育评论》编委会

序

《中国高等教育评论》是教育部人文社会科学重点研究基地厦门大学高等教育发展研究中心和厦门大学教育研究院主办的学术集刊。集刊依托厦门大学高教中心/教研院的高水准高等教育研究与交流平台，坚持“创新高等教育基本理论，探寻高等教育发展规律，研讨高等教育重大问题，深化高等教育体制改革”的基本原则，以高质量的中外高等教育理论研究为特色，探讨中外高等教育研究的前沿问题。

本卷包括三个学术专栏。第一专栏为高等教育发展，内容涉及通识教育、民办高等教育、留学教育、文莱高等教育等。第二专栏为现代大学制度，论文涉及高校分类设置、“世界一流大学”内涵疏解、高校办学自主权逻辑、高校内部质量保障体系构建等。第三专栏为高校教育教学与人才培养，包括研究生创新型人才培养、大学高层次人才竞争失序的反思及治理、研究生培养质量现状与问题反思、高校国防教育价值探究、美国社区学院学生发展的重设与评估、高校教师“双能”内涵与标准研究，以及高等学校自我评价中学生、教师与雇主的角色定位。

衷心感谢诸位专家学者不吝赐稿，他们关于高等教育发展、现代大学制度、高校教育教学与人才培养等的深入探讨，将有力推进中国高等教育理论与实践的快速发展。

目　　录

——高等教育发展——

我国大学通识教育实施中面临的几个基本问题／王洪才／003

面向 2035：如何让民办高等教育更具生机与活力——以上海市为例

　　／董圣足　佘国平／020

试析我国高等教育重点建设的不虞效应／贾永堂　李　娜／053

我国面向“一带一路”沿线国家留学教育：现状、挑战与对策

　　／张继桥　刘宝存／090

民办学校收费改革的发展方向和政策建议／方建锋／106

独立后的文莱高等教育发展研究／陈璐蓉／119

——现代大学制度——

中国高校分类设置研究：现状、成因与对策／王保华　王　楠／131

“世界一流大学”的内涵疏解集释／田建荣／146

高校办学自主权的逻辑——阿什比的大学自治理论及其当代意义

　　／蒋　凯　朱彦臻／156

高校内部质量保障体系的构建与特色——以厦门大学为例

　　／乔连全　王佳慧／172

——高校教育教学与人才培养——

研究生创新型人才培养：加快政府管理体制改革的思考 / 汪　霞 / 183
“双一流”建设中大学高层次人才竞争失序的反思及治理
/ 武毅英　杨　冬 / 201
教育学研究生学术研究取向分析——基于五所大学“教育学原理”硕士学位论文实证分析 / 易连云　毋改霞　邹太龙　王春华　郑婉秋 / 220
基于同向同行“课程思政”的高校国防教育价值探究 / 陆　华 / 237
美国社区学院人才培养制度的重设与评估 / 文　静 / 248
教学学术能力和科研学术能力：高校教师“双能”内涵与标准研究
/ 王菁华　郭春荣　李青合　楼文斌　楼　茵 / 260
高等学校自我评价中学生、教师与雇主的角色定位 / 刘　鎏 / 272

高等教育发展

我国大学通识教育实施中面临的几个基本问题[①]

王洪才

摘　要：目前，我国有多所研究型大学都在开展通识教育改革试验，但效果究竟如何却很难预料，原因就在于人们对通识教育并未达成真正共识，特别是对通识教育与专业教育、基础教育和文化素质教育的基本关系尚未理清，从而导致在实施过程中目标不明、措施不力的状况。面对高等教育大众化的压力、网络时代的挑战和课程数量激增的矛盾及文化适应性等问题，通识教育该何去何从，值得学界认真思考。

关键词：通识教育　专业教育　基础教育　文化素质教育　文化适应性

一、通识教育为何进展不顺?

通识教育可谓是高等教育学界讨论经久不息的一个话题，而且中外大学关于通识教育实践也出现了不少共同趋势（陈廷柱，张静，2016）[98-103]，但实事求是地说，人们对通识教育的理解并未达成共识。虽然我国学术界对通识教育理念具有很高的认可度，而且不少研究型大学都把通识教育实践作为进行拔尖创新人才改革试验的重要方案来推行[②]，但仍然无法消除对

① 基金项目：国家社会科学基金教育学重点课题“国家学历资历框架研究”（AKA160011）。

② 如复旦大学设立复旦学院，中山大学设立博雅学院，北京大学设立元培学院，西安交通大学采用书院制，都是为了通过加强通识教育来培养创新人才。

通识教育理解的差别。从理论上讲，通识教育确实有助于培养拔尖创新人才，因为它致力于培养学生具有深厚的知识基础，培养学生具有较高的人文素质和较强的国际视野，特别是培养学生具有独立探究的能力，显然这对于培养创新人才是有利的，然而它在实践中的推进并不理想。为什么会如此？这就需要深入探究。

事实上，即使在通识教育的发源地美国，大学开展通识教育的进展也并不顺利，仅有少部分精英大学和一些专门的文理学院开展的通识教育实施相对成功一些，因为他们的目标在于造就全人而非专才（王晓阳，曹盛盛，2015）[17-25]。而在多数大学，通识教育因为其非实用性而受到无形的抵制（王霞，2006）[110-113]。一般而言，当通识教育与大学的办学理念内在契合时，推行它就比较顺利，否则就很困难。之所以如此，原因在于这些精英大学有自己的文化底蕴，学术有自己的稳固权威，学生对学校的办学理念认同度比较高，而且他们对学术有自己的抱负，这样在学校与学生之间就达成了一种默契，可以说这是通识教育可以顺利推行的前提条件（张砚清，2015）[67-70]。而在其他大学，学生到此就读的主要原因是出于对职业的考虑，缺乏浓厚的学术兴趣，当然学校也缺乏浓厚的学术氛围，那么，推行通识教育就显得比较困难，这与中国绝大多数高校的情况是比较一致的。在美国，实施通识教育的主力实际上是那些小规模的四年制文理学院，因为他们始终坚持古典的文科教育理念，所以他们所标榜的不是所谓的通识教育，而是仍然源自古典的博雅教育或自由教育。众所周知，通识教育只是博雅教育的变种，而坚持博雅教育，就是对通识教育理念的支持。即使在那些精英大学，如哥伦比亚大学和芝加哥大学，特别是耶鲁大学，他们所信奉的仍然是博雅教育理念，而非如哈佛大学所提倡的通识教育。因为美国各大学非常注重自己的个性特色和历史传承，不会简单地“跟风跑”。而且美国大学之间始终都存在一种竞争性关系，没有人自动地把哪所大学奉为“老大”或甘拜下风，都坚持各有所长，即使哈佛大学也不敢以“老大”自居（张冲，2011）[43-46]。因此，美国各著名大学都坚持自己的办学理念，不会随意地改变自己的标识。即使那些比较一般的学院和大学也不会简单地“跟风跑”，这也是美国能够形成多样化高等教育系统的根本原因。

但无论是今日中国还是当下美国，整个社会的商业气息都是非常浓重的，都高度注重实用性的知识和技能，而通识教育却是坚决反对实用主义的（哈里·李维斯，2007）[1-7]，正因为如此，没有独立的学术风尚是无法推行通识教育的。从某种意义上讲，通识教育所追求的乃是一种无用之学，因为它的目标是培养自由人格，而非掌握实用技能，其所追求的是知识的解放价值而非知识的控制力量。无用之学，与带有商业气息的实用主义显然是南辕北辙的，但这恰恰是自由教育的实质，它经过洪堡的“无用之为大用”的解释后充满了魅力。[①]对个体而言，能否接受这种教育理念，主要是看其志趣心向，并非适合于每个人，而这种志趣心向培养与个体的生长环境密切相关。必须指出的是，优雅的生活姿态不是随随便便就可以培养起来的，它需要依靠书香门第的传承才能延续下来。中国古代和近代不少名家的家学渊源深厚，往往能够培养这种气质，而在今天的大众化社会中，这种气质则非常稀缺，所以它自古以来就是一种贵族教育项目。只不过在西方追求的自由教育的旨趣是追求纯粹知识，通识教育的功效则在于培养人具有一种宽广的胸怀，塑造一种生活方式，未必就是追求纯粹知识本身（孙华，2015）[3-13]。众所周知，西方博雅教育最初含义就是一种爱智的教育，这样的教育追求的是广博的知识，从而探索人生的奥秘，因为只有在这种探索中，人才能获得充分自由。通识教育则不一样，它的主旨是打破文化壁垒，培养一种宽容的心态，从而能够适应西方社会所倡导的多元的民主生活。所以美国大学在推行通识教育时的具体主张是不一样的，如永恒主义教育理念所主张的仍然是传统博雅教育的精髓，即培养自由的人格；而哈佛大学的通识教育更多地追求传播西方文明，培养一种国际视野（哈佛大学通识教育工作组，2015）[95-104]；斯坦福大学的通识教育则更直接，希望培养人的批判性思维和国际化视野。由此观之，即使在美国大学，对通识教育也未形成统一的认识，在实践方式上也是多样的和多元的。

毋庸置疑，通识教育追求培养人具有宽广的胸怀，对于纯粹知识的探求是非常有利的，而通识教育更主要的目的在于培养人具有自由思考的品

① 蔡元培是洪堡大学理念的支持者，在他的领导下，北京大学专注于学而非术，主张学与术分离，故而工科被调整出北京大学。在高等教育历史上，永恒主义的重要代表人物赫钦斯就非常反对实用主义、职业主义。弗莱克斯纳也是洪堡大学理想的坚定支持者，也注重“无用之用”。参见：弗莱克斯纳. 2017-04-07. 无用知识的有用性[EB/OL]. http：//www.360doc.com/content/17/0407/07/32905799_643515098.shtml.[2018-02-12].

质，从而适应西方民主化生活的需要。在中国，历来都非常强调培养经世致用之才，对于无实用价值的玄学则是持鄙夷态度的。所以，今天在中国引入通识教育时就面临着文化适应性问题，这实际上就是一种创新与实用之间的关系问题。①

在中国高等教育学术界，自从改革开放政策实施以来，关于通识教育的讨论一直没有停歇，这是一个非常有趣的事情，而且它与本土提倡的文化素质教育构成了一个鲜明的二重奏，这也是以往几乎没有的事情，因此对该问题探个究竟非常有趣。为什么在中国通识教育会再次兴起，它与本土所提倡的文化素质教育之间是什么关系，它的未来发展方向会怎样，这些都值得深入讨论。本文仅从通识教育与文化素质教育比较的视角来考察通识教育的发展趋势②，以便为未来高等教育改革发展提供借鉴。

二、通识教育与专业教育相对立吗？

通识教育之所以能够在中国学术界持久不断地被讨论（王洪才，解德渤，2015）[21-28]，关键在于它是作为传统专业教育的对立面出现的（甘阳，2006）[38-67]。在现实中，人们发现专业教育存在着诸多不足，于是试图去改善它③，此时自然而然会想到它的对立面，希望从中汲取智慧。那么，通识教育真的是专业教育的对立面吗？这事实上是存在很大争议的。从表面上看，通识教育代表全面的教育，致力于培养通用性人才，简称“通才”，而专业教育则是专门教育，致力于培养专门人才，简称“专才”，似乎两者是对立的。事实上，在专门教育实施过程中，没有一所大学是只教一门专业知识的，都是综合了多学科知识，如哲学、历史、管理、语言等，这些都成为大学生学习的基础课程。而通识教育也不排斥专业教育，因为通识教育是通过横跨多个专门课程进行的，而且鼓励学生对自己感兴趣的课程进

① 显然，完全照搬照抄美国大学的通识教育模式肯定不行，如何吸收其精髓为我所用才是根本。为此就需要对通识教育进行创新性理解。换言之，只有创新才能真正为我所用，不然永远存在一个文化阻隔。

② 从官方文件用语的变化，我们发现，在2010年之前，对“通识教育”的使用比较少，多使用“文化素质教育”一词。而在2010年之后，对通识教育概念的使用概率大大提升，“文化素质教育”一词基本上不再出现。这似乎说明通识教育概念更经得起考验，这似乎与国际化或美国化潮流有关。

③ 这个讨论在20世纪90年代形成了一个高峰，这与当时提出改革计划经济的趋势有关，与高等学校毕业生分配制度改革密切相关，同时也与专业培养计划调整具有密切联系。

行深入学习从而成为主修课程，即专业课程。因此，专业教育与通识教育的界限非常模糊，真正的区别可能是对学习广度和深度的要求不同。①在专业教育中往往把广度课程当成非重要的课程了，造成了人们有意识地忽视它。而在通识教育中则要求广度课程学习必须达到一定水平，而且专业课程必须建立在广度课程基础上，即只有具备了一定的学习基础才能继续学习。所以，我国目前许多高校所实行的通识教育实际上仍然是过去的公共课模式，这个模式使之成为不重要的课程（熊耕，2012）[75-81]。专业教育之所以使广度课程成为不重要课程，就在于一入学就进行了专业划分，虽然这个划分是有基础的，即以高考入学成绩为基础，但很明显这个划分做得太早，因为中学课程与大学课程之间的衔接是有限的。正是因为过早地划分了专业②，才使学生兴趣变得专门化而缺乏广度了。美国大学由于在学生学习兴趣基础上进行专业划分，从而避免了过早专业化。这就保证了在课程学习上采取一视同仁态度，有可能采用深度的方式进行③，这也是广度学习希望达到的目标。这个学习过程实际上就是一个自我探索过程，能够充分体验不同学科对自己的挑战，发现自己的真正兴趣所在，为专业学习打下基础。

但不容否认的是，在教育理念上，专业教育与通识教育是有本质区别的。专业教育的目的是培养在某一方面具有专深技能的人才，而通识教育的目的则是培养具有宽广视野的人，特别是具有批判思考能力的人。这也说明，实际上专业教育的培养目标是偏向应用型人才，而通识教育的培养目标是偏向理论型人才，因为只有具有理论思考能力的人才具有很强的批判能力。显然，这种批判能力是建立在具有广博的知识基础之上的。因为理论思维往往需要进行综合分析，只有具有广博的知识基础，才能使人具备综合分析能力，从而才具有更强的批判思考能力。

---

① 通识教育与专业教育的区别实际上是两种课程理念的区别，通识教育的理念是强调广而深，以兴趣为基础，目标是成人；专业教育的理念是专而精，以需要为导向，目标是成才。

② 今天仍在尝试的“大类招生”的实验方案的出发点就是如此，遗憾的是，很难突破专业教育的框框。因为专业教育中的冷热门专业划分比较明晰，而“大类招生”有模糊冷热门专业的嫌疑，这种模糊实际上是在回避市场选择的作用，但在现实中是不起作用的，因为大类招生之后仍然需要按照专业进行划分，人们的选择倾向仍然是热衷于热门专业，只不过这个时候是以学习成绩而非入学成绩进行划分而已。

③ 深度学习自然与教学方式有关，特别是与考试方式有关。一般而言，讲授法教学往往习惯于采用闭卷考试的方法进行测试，它往往容易鼓励学生进行浅层学习。

目前，还没有人完全否定专业教育的意义，而通识教育也不可能完全替代专业教育的地位，那么，通识教育与专业教育的对立是如何形成的呢？这主要是由学习者是否具有选择权决定的。专业教育是一入学就确定了专业方向，以后再转专业就非常困难，这样就把人的发展方向锁定了；而通识教育的专业方向是逐级分化形成的，是基于个体的自我发现，是自我探索的结果。从而在专业教育中人们的学习态度或多或少具有被动性，而在通识教育中人们的学习态度则是主动的。如在美国，大学本科前两年一般是接受通识教育并由本科生学院组织实施，课程是按大的学科领域进行设置，要求学生在不同学科选择一定比例的课程。在完成前两年的课程之后，再根据个人兴趣进入专业学院学习。所以，支持专业教育是计划经济逻辑，而通识教育所遵从的是市场经济逻辑。

我们知道，中国现行的高等教育模式的原型是从苏联引进的，它对中国迅速建立自己的高等教育体系及促进国民经济的恢复和发展发挥了巨大作用。但它的弊端则也非常明显，因为它完全是依照经济计划对专业、学科和学校进行设置的，所培养的人对口性强而适应面非常小，即不能完全满足社会经济发展变化的要求。由于它完全是根据经济部门划分设置的，所以教育完全成为经济部门的附属物，从而不能按照教育自身的规律发展，说到底，就是无法培养学生的独立性、自主性和创造性。因此，当计划经济模式无法适应社会经济发展的要求时，与之相应的高等教育模式也必须随之变革。

改革开放之后，中国高等教育重新学习美国模式，此时通识教育受到高度重视，因为人们认为通识教育是真正培养人的教育。我们知道，通识教育的理论根基是自由教育或博雅教育理念，它源于古希腊哲学家亚里士多德的自由教育思想，构成了西方教育思想的底蕴。20 世纪初期，大量留美和留欧学生的归国，也把这种西方教育理念带到了中国，从而对中国高等教育思想产生了重要的影响，可以说通识教育思想在当时颇为流行。基于这种历史的原因，今天人们对通识教育思想就有一种天然的亲近感。相反，人们对从苏联学来的专业培养模式则非常反感，认为这种培养模式所培养的都是些政治工具，不是独立的人，所以在教育界出现了“育人而非制器” 的声音（杨叔子，2001）[7-10]。之前专业教育一直受到苏联教育成功的光环的保护，所以人们对它的批评不多。随着中苏关系的恶化，人们对苏联教育模式开始了重新思考，但并未触动真正的教育体系设计。而苏联的解体则为高等教育模式的重新设计提供了机会，因为人们直觉地认为苏联模式是不成功的，无论苏联解体的缘由有多少，但教育体制肯定在其中发挥了一定作用，这一新思考与我国的市场经济改革要求获得了重合。尽管这一思考受政治因素影响而延迟了一段时间，但实行市场经济的趋势要求我们必须对高等教育模式进行重新设计。因为原来的培养模式是按照严格的专业划分设计的，而这种专业划分是与具体的产品联系在一起的。这种运行模式在经济不发达时期、高等教育机会非常短缺的时期是可以行得通的。在计划经济条件下，行业部门划分得非常细，那么专业设置也就非常细碎，培养的人才是对口式的，一旦要转换专业，之前所学的东西就不再适用了，必须重新开始学习。所以，在进入 20 世纪 90 年代之后，在高等教育领域检讨比较多的就是这种“对口式” 的人才培养模式。于是，各高校开始探索新的人才培养模式，试图从拓宽专业口径、扩大知识面等方面进行突破。可以说，这个思路一直主导着我国高校改革发展的方向，直到今天依然如此，因为目前高等教育基本上仍然是沿循计划经济模式运转的。

自 20 世纪 90 年代中期以来，这种以市场需要为导向的高等教育改革推进力度应该说是非常大的。从宏观层面讲，部门办学的规模被大大压缩，办学权力开始向教育部门集中。在今天，教育部主管的学校和地方教育部门主管的学校毫无疑问是办学主体，只有少数不适宜归为教育部门管理的特殊类型高校才仍然保留原来的部门管理体制，如军事类院校和政治类院校。从中观层面说，教育部进行了多次专业目录修订和调整工作，大大地压缩了本科专业数量，从上千个本科专业缩小到 300 多种，最后到 100 多种，这些都是为了消除原来的专业设计过专、过细的弊端（汪晓村，鲍健强，池仁勇，等，2006）[32-37]。从微观层面看，一些高校开始实行大类招生，即不再一入学校就确定专业，而是在四年学习的中间阶段再进行专业划分，一般是在入学的第三年划分专业，前两年是进行厚基础、宽口径的教育。这三个层面的推进程度是大不相同的，一般而言，宏观层面的推进力度是比较大的，如明显地改变了多部门办学的状况，为之后的专业调整和整合提供了基础；中观层面的推进相对容易一些，因为专业目录的调整几乎没有遇到什么阻力；而最难的则是微观层面的操作，因为这要求高校必须进行具体管理模式的变革才能适应，不然就很难改变。毕竟这仍然是一种自上而下的改革方式，并没有真正调动高校的自主性，高校的参与程度比较低，所以目前遭遇的困惑也比较多，成效也不显著，原因就在于如果上级管得太细的话，学校自身很难建立起主动的自我调节机制。换言之，要调动高校的自主性，改革集中管理方式是关键。

在对专业人才培养模式的反思中，人们关于人才规格进行了种种猜想，如培养复合型人才、T型人才或一专多能人才等。在讨论培养模式时，人们有意无意地回避了管理体制问题，因为这涉及权力分配和利益分割，难度比较大。但改革推进必然要与传统的管理模式产生冲突，具体而言，就是与课程设置的权限产生冲突。在传统课程量无法减少的情况下，要扩展学生的知识面就必须增加新的课程，结果使课程数目不断地扩大。今天，本科课程膨胀已经成为一个突出问题。

三、通识教育：基础教育的补偿机制?

如前所述，在新中国成立之前国内高等教育界就已经流行美国的通识教育理念，这似乎与当时的社会氛围有关。当时社会的变革思潮是追求科学与民主，那么教育的使命就是培养如同美国社会那样的自由公民，所以许多学校都推行通识教育。当然，一个更直接的原因是许多大学教授都是留美归国，这为推行美式教育主张提供了现成的资源。而在实行苏联教育模式之后，对通识教育的探讨就中断了。毋庸讳言，这与教育的政治倾向是联系在一起的。在实行改革开放政策之后，高等教育学界再次开始探讨通识教育问题，即探讨通识教育对我国教育模式的适用性问题。但因为高等教育大的改革还没有真正开始，所以关于通识教育比较深入的探讨就非常少。当时的历史背景是：人们在思想上还没有完全解放，对流行于美国的教育思想还抱有几分戒心，因为在人们的下意识中，通识教育是资本主义的东西，是培养资本主义社会所需要的人才，与社会主义教育是格格不入的。另一个背景是：国内有一种论调，认为我们的基础教育比较扎实，而且我们是通过高考选拔进行招生，所以生源素质比较高，不必进行通识教育。与此相类似的是在欧洲大学，他们一般也不提倡通识教育，实行的是专业教育，因为他们在中学已经进行了扎实的通识教育。而美国的基础教育不扎实，而且高等教育已然实行了大众化，不再进行高竞争性的高考选拔，所以生源素质参差不齐，因此需要在大学期间实施一种类似于预科教育的补偿教育。①当时不少人认为，通识教育就是进行一些文理基本知识的教育，而这些教育在我国基础教育阶段就已经完成，因此这样的通识教育是没必要的。但我们又认为高等教育专业化太强，学生对职业市场的适应能力不强，所以必须扩大学生的知识面，提升学生的适应力。

对于适应力不强的根源究竟是什么，出现了不同的解读。一种解读是理论脱离实际，我们只进行空头的理论灌输，忽视了现实究竟需要什么，从而导致了学生的适应力差。另一种解读则是认为我们一入学就划分专业的做法是错误的，不能适应之后专业变化的要求，为此需要培养复合型人才，而非专门人才。复合型人才理念与通才观念比较接近，但与通识教育理念仍然有很大的距离，因为通识教育主要是培养具有批判思维能力的人，这是培养创新人才的入口。显然，后一种说法占据了上风，因为第一种说法容易遭到质疑，容易产生降低学术品位的误导。随着市场经济的推行和由此带来的就业制度的变化，学生对应用技能的兴趣与日俱增，对理论灌输则越来越不感兴趣了。所以现在大学教育中面临的新问题是如何提升学生的理论学习兴趣。当然，传统的脱离实践的理论是需要摒弃的，但合适的理论学习如何开展呢？这显然又成了一个很大的难题。为了解答这些难题，人们只能从提升学生适应市场需要的能力方面进行改革设计。那么，具体措施又是什么呢？似乎没有更好的出路，唯一的出路似乎就是美国大学普遍采用的策略：扩大选修课比例，设立辅修专业，实行双学位制，增强学生学习的自主性，尊重学生的学习兴趣。这时候“个性”这个概念就被隐含地提了出来。这可以说是早期的探索阶段。

时至今日，国内经常有一种声音，即认为我们的教育在基础教育阶段

---

① 至今仍然有持中国基础教育优异论者，这个说法得到了国际学生评估项目（program for international student assessment，PISA）的支持。但不少人对这种论调予以质疑，因为PISA成绩代表了发达地区重点学校的基础教育水平，不能反映中国基础教育的整体状况。

是先进的，只是到大学阶段才开始落后的，一个典型例证就是 PISA 测试结果（程介明，2014）[74-77]。一般国人都承认，我们中小学确实进行了非常系统的全面的知识教育，所以在基础知识、基本技能方面（简称“双基”）非常扎实，特别是要通过高考这个关口，所以知识基本功都非常好。甚至还有一种声音认为我们的本科教育也是世界上非常好的，仅仅是到了研究生阶段才开始落后的。因为本科阶段也是进行系统的知识灌输，所以学生的知识基础非常牢固。这也是中国学生到国外之后发展后劲比较大的原因。为什么说我们的研究生教育落后呢？理由是研究训练不足，仍然是按照灌输式模式来培养学生，研究生的创造力没有发展起来，所以就落后了。

可以看出，这些辩护理由总是让人感到似是而非。我们不得不承认，我们中小学学生的基础知识是比较牢固的，尤其是在各个阶段频繁的考试压力下，学生对各种知识都基本上熟记于心了，包括各种各样的解题技能，但牺牲的是学生对知识的兴趣，从而到大学阶段，学生已经完全厌学了，大学阶段成为混学分的教育了。在这种状态下，仍然说中国基础教育水平高是没有多大意义的。美国中小学教育确实没有中国中小学课程的难度大，对学生的要求也没有那么严格，但在很大程度上保护了学生的求知欲，从而培养了学生很好的探索力，因此仅仅通过考试成绩无法发现他们的优势。直到进入大学之后，学生的优势才渐次显现出来，而到了研究生阶段，其优势就开始更加凸显出来了。就此而论，究竟哪一个体制优越很难说得清楚。

如果从另一个评价维度看，中国中小学教育成功在很大程度上是以牺牲学生的学习兴趣为代价的，甚至是以身体素质和道德素质为代价的。众所周知，在考试压力下，学生身体素质问题一直是社会所关注的热门话题。不少学生的抗挫折力是非常低的，无法接受各种挫折的打击。另外，不少学生也缺乏对长辈的基本尊重，不仅缺乏基本礼仪知识，还缺乏良好的文明习惯等，这正是人们所说的应试教育的典型症状。如果学生缺乏做人的基本知识、能力，仅仅对考试知识掌握得非常好的话，无论如何都不能认为是优秀的。特别是学生对知识探究兴趣的丧失，应该是传统教育的最大失败，因为对于培养具有创新潜质的人才而言，这种打击是致命的。本科教育阶段的成效也不乐观，“玩命的中学、快乐的大学”现象比较普遍。大家都知道，目前中国大学教育普遍处于一种入门难、出门易的状况，仅这一点就无法保证高等教育是高质量的。而系统知识灌输则导致了学生智力的荒废，使他们获得学分更加容易，也使他们缺乏基本的知识探索体验。

关于通识教育的目的究竟是什么，这是一个核心的问题。如果仅仅把它理解成知识面的扩展的话，可能意义并不大。因为中国大学本科阶段大多数仍然采用的是灌输式教育方式，各科知识都已经形成了很强的系统性，特别是都难以超出哲学的范畴，通识教育无非是增加一种注解而已，所以即使推行，意义也不大，因为很难吸引学生的兴趣。这大概可以解释为什么通识教育在实践中并不畅通了。

四、通识教育需要去标签化吗?

随着招生改革与就业制度改革不断深入，国家包分配、包就业的情况一去不复返了，此要求学生必须具有主动的适应市场要求能力，于是学生在学习中的功利主义倾向开始抬头，对专业教育的兴趣越来越小，因为人们发现，实际就业所需求的知识能力与专业教育关系不大，专业教育多为空洞的理论教条，不能指导实际操作。在学校提供的有效就业准备不足的情况下，他们开始关注社会所提供的就业前的培训，特别是各种证书考试。在这种情况下，学生对专业学习的积极性持续下滑，从而传统的专业教育模式也在继续遭遇冷落，对口式就业的认识方式遭遇越来越多的质疑。

20 世纪 90 年代之后，高校管理者普遍面临大学生思想状况越来越多元化的挑战，大学素质教育概念开始兴起，其中文化素质教育开始在大学里逐渐流行起来，虽然发起者都是工科院校，但得到了综合性大学的强烈回应。从表面上看，他们似乎是担心专业面过窄问题，而从实质上看，则是担心现在学生越来越失去了做人的准则问题，也是对大学生道德状况的担忧。这与对思想道德状况的担忧及对心理状态的担忧是一致的，只不过在这个担忧中提出了具体解决路径，就是通过人文讲座、古典著作的学习使学生找回失去的灵魂。这一措施的效果总体上而言是有限的，因为这类课程难以进入常规化课程，从而难以被有效管理和监督。其采用的是在高校建立文化素质基地的模式，虽然确实调动了积极性，但也强化了某些学校的“面子工程”思想。

为什么当时人们没有采用通识教育概念转而采用文化素质概念？原因在于通识教育是一种美国化的东西，也具有保守主义色彩，其中的西方中心主义色彩是非常明显的。我们知道，通识教育是美国大学在古典教育模式被颠覆之后产生的一种教育对策，用以回避新兴的科学教育带来的攻击，同时也是试图摒弃古典教育所具有的复古主义气息及所具有的贵族气息，从而呼应美国社会走向民主化和工业化的发展要求。通识教育的初衷就是进行西方文明传统教育，它采用经典阅读的形式进行，明确地宣称西方文明是人类文明的代表，西方文明的源头可追溯到古希腊。这种教育主张显然不适用于中国高等教育。加之 20 世纪 90 年代后西方社会对中国所采取的敌视态度，通识教育也随之受到牵连。这样一来，通识教育就被标签化，成为西方文化的代名词。

如果抛开通识教育的具体内容不谈，只讨论通识教育的主旨、教育方式，则其是非常具有借鉴意义的（吴坚，2016）[28-33]。首先，它启发我们要尊重自己的文化，尊重中华文明成果，传承中国优秀灿烂的文化。其次，它采用经典阅读和讨论的形式，对于培养学生的批判性思考能力确实是有帮助的。再次，它采用核心课程的形式来推行，成为本科生的必修课，确实对于保证本科生人文素养具有实际意义。最后，它对于实现民族的文化自觉、建立民族的文化自信和实现民族文化的再造具有直接的积极作用。

可以说，文化素质教育确实具有一定的通识教育旨趣，但二者目的毕竟不同（杨叔子，余东升，2007）[1-7]。在很大程度上，文化素质教育不是注重文化本身，而是希望通过文化来改变人的道德素质，改变人的狭隘的功利主义视野，实际上是培养学生具有一种普世情怀，即学习不是为个人的利益，而首先应该是为社会大众的利益，为人类的共同利益。传统文化提供了文化素质教育的理论资源，特别是传统儒家的人文修养，即首先要格物致知，最终要修身、齐家、治国、平天下。显然，这种教育在遇到讲究实利的市场经济时就可能会显得苍白无力，因为人的物质需要的满足是第一位的，而天下情怀是一种高尚的追求，当它与眼前利益方式矛盾时，有些人就可能会屈从于眼前利益。可以说，文化素质教育基本上是沿循传统的思想政治教育路径推行的，所以在实际推进过程中也必然是越来越形式化，无法变成高校自觉的行动。故而，文化素质教育最终可能变成一批精英的呼唤，与大学流行的实利主义取向渐行渐远。

五、通识教育如何与大众化共舞？

进入 21 世纪之后，由于高等教育大众化的快速推进，学生的素质出现了参差不齐的状况，教育的难度也大大增加。于是，人们开始困惑于该如何进行高质量的教育，特别是在大众化背景下如何实施精英教育。在过去，“精英教育”是一个被忌讳的词，而在大众化背景下，精英被赋予了新的含义，指各行各业的领军人才。传统的专业教育模式普遍失去了效力，因为学生对自己所学的专业普遍不太感兴趣，认为这种专业学习太过枯燥，缺乏实际价值，于是转向就业技能的培训，特别是获取就业资格证书的培训。恰在此时，传统授课模式开始受到网络教育的冲击，因为网络能够提供更加丰富的教学资源，而教师教学却很难超出网络教育的范围。人们发现，大学生的心理焦虑日甚一日，当然这与就业压力是联系在一起的，是与社会风气的恶化联系在一起的，也是与学生的承受能力减退联系在一起的，这一切都引起了教育界的忧虑。此时中国社会经济发展转型命题被提出，技术创新、知识创新课题作为一个国家战略被提出，创新人才培养成为一个社会普遍关注的课题，这对高校改革提出了新要求，高校需要有力地进行回应。此时通识教育重新受到重视，因为它不像过去的单纯增加知识面那么简单，而是提出了诸如关注人的视野、抱负、情怀等一系列问题。通识教育也不是西方原汁原味的通识教育，而是需要本土化的。

许多原“985”高校都选择建立精英学院的模式来实施通识教育。可以说，这是一个有意义的实验，其出发点是假设参与精英学院学习的学生对学术本身即对知识探求是有浓厚兴趣的，而非看重精英学院的物质条件或被赋予的精英符号，而这些学院是导向学术发展一途。这个假设在多大程度上成立，是值得怀疑的（王洪才，2016）[3-10]。事实上，许多学生参与精英学院学习是因为受到精英符号的蛊惑，即参与它意味着有一个更好的就业前景。但他们对学术可能是处于无知的或无意识的状态，因为他们很多人自身从未有过真正的探究体验，而是被灌输大的，是应试训练出来的，答案是现成的，不需要自己求索而获得的。换言之，他们从未遇到真正的问题情境，科学对他们而言不过是一个神秘的光环，并不知道科学探索就发生在生活的点滴事实之中。即使他们参与通识教育学习，让他们自由探索，也未必能够激发他们的激情，因为应试教育培养他们具备了强烈的功利主义心态和浮躁的情绪，从而认为学习那些经典文献似乎与生活没有多大关系。所以当他们面临独立探索的挑战时，其准备是严重不足的。虽然他们有足够的知识储备和智力储备，但缺乏坚韧意志品格的储备，缺乏内在兴趣的激发。他们也许在功利的诱惑下能够完成实验的各个项目，但距离确立自己的知识探求志趣或学术旨趣则非常遥远。如果这些精英学院真的能够摆脱功利主义的诱惑或建立一种自由探讨的学术氛围的话，则通识教育是可能成功的。

六、通识教育的未来

（一）关于课程量的问题

正如通识教育的倡导者甘阳所指出的，通识教育在中国面临的最大困难是高校课程太多（甘阳，2009），学生处于一种浅学习状态，无法进行深度学习。而授课模式、考试不规范等也助长了这种浅学习，如此就形成了一种恶性循环。在这种恶性循环的状态下，要开辟通识教育绿洲，非常不易。学校必须有权对课程进行调整，淘汰无效课程，否则通识教育想开展下去就很困难。

（二）关于文化适应性问题

如前所述，通识教育目的是培养独立自由人格，这与中国古人培养“士”的精神吻合，但与中国长期封建社会所积淀下来的文化传统之间存在着龃龉。而且自由人格精神的培养是否适合当下的社会政治环境，也是值得思考的一个问题。无疑，通识教育对于培养创新人才而言是有利的，但传统文化历来不注重创新，自孔夫子以来，“述而不作”成为一种学术传统。从日常生活经验看，创新是存在很大风险的。在整个教育活动中，鼓励创新还未蔚然成风，仅仅在学术论文发表环节才发现没有创新真的是行不通的。事实上，我们中小学教育和家庭教育往往不太鼓励创新，而是鼓励走现成捷径，强调应试技能的培养，所崇尚的是实利主义，而独立人格精神常常与不识世故联系在一起。儒家文化所培养的“学而优则仕”风气成为后世科举制度大行其道的根源。无可置疑，儒家文化一直占据着中国传统文化的主流。虽然儒家文化有时也非常强调独立人格的培养，如孟子非常讲求养浩然正气，主张培养大丈夫品格，但这种思想始终不占主流。而讲求中庸之道的哲学是儒家文化的中流砥柱，这些都与通识教育所追求的自由人格培养存在着很大差别。一句话，通识教育要适应中国文化，其特质可能要被改造，不然就很难落地生根。

（三）关于与网络博弈问题

目前，社会已经进入了网络化生存时代，人们的日常生活开始变得须臾离不开网络了。在网络时代，要保持个体独立思考更显得异常困难，因为人们普遍受到了网络的裹挟。就目前而言，几乎没有什么力量能够阻挡网络在生活中的弥散、渗透和对人的精神的消解，以致人们普遍进入了浅阅读时代。显然，这正是网络时代对人类发展所提出的挑战，也是通识教育推进必须面对的课题。可以说，通识教育的成功，很大程度上就在于能否借助网络提供的便利条件而实现人的独立的自由发展。可以的话，这也是通识教育与网络博弈的理想结果。

参考文献

陈廷柱，张静. 2016. 国内外高水平大学通识教育课程改革的基本走向[J]. 高等教育研究，（11）：98-103.

程介明. 2014. 上海 PISA 测验全球第一到达说明了什么[J]. 探索与争鸣，（1）：74-77.

甘阳. 2006. 大学人文教育理念、目标与模式[J].北京大学教育评论，（3）：38-67.

甘阳. 2009. 中国通识教育的务实之道[EB/OL]. http：//wen.org.cn/modules/article/view.

article.php/c1/1372. [2018-05-10]
哈佛大学通识教育工作组. 2015. 哈佛大学通识教育的理念创新与改革——哈佛大学通识教育工作组报告[J]. 罗滗，译. 北京航空航天大学学报（社科版），（5）：95-104.
哈里·李维斯. 2007. 21世纪的挑战：大学的使命、通识教育与师资的选择[J]. 教育发展研究，（3A）：1-7.
孙华. 2015. 通识教育的理想类型[J]. 教育学术月刊，（4）：3-13.
汪晓村，鲍健强，池仁勇，等. 2006. 中国大学本科专业设置与调整的历史演变和现实思考[J]. 高等教育研究，（11）：32-37.
王洪才. 2016. 拔尖创新人才培养：理论、实践与挑战[J]. 教育学术月刊，（12）：3-10.
王洪才，解德渤. 2015. 中国通识教育20年：进展、困境与出路[J]. 厦门大学学报（哲学社会科学版），（6）：21-28.
王霞. 2006. 由哈佛核心课程改革透视研究型大学通识教育的困境[J]. 高等工程教育，（6）：110-113.
王晓阳，曹盛盛. 2015. 美国大学通识教育模式、挑战及对策[J]. 中国高教研究，（4）：17-25.
吴坚. 2016. 哈佛大学与复旦大学通识教育课程设置的比较研究[J]. 高教探索，（2）：28-33.
熊耕. 2012. 中美研究型大学本科课程体系比较分析[J]. 现代大学教育，（2）：75-81.
杨叔子. 2001. 是“育人”非“制器”——再谈人文教育的基础地位[J].高等教育研究，（2）：7-10.
杨叔子，余东升. 2007. 文化素质教育与通识教育之比较[J]. 高等教育研究，（6）：1-7.
张冲. 2011. 大学本科通识教育的他山之石——评哈佛大学与哥伦比亚大学本科通识教育之争[J]. 复旦教育论坛，（9）：43-46.
张砚清. 2015. 美国研究型大学通识教育课程设置及其启示[J]. 高等教育研究，（9）：67-70.

作者简介 王洪才，厦门大学教育研究院教授，博士生导师，主要研究方向为高等教育学原理与方法。

On Some Basic Questions of General Education in Chinese Universities

Wang Hongcai

Abstract: There are a number of universities in China practicing General Education, but the effect would not be anticipated in advance, because relationship is not very clear which includes General Education, Professional Education, Basic Education and Culture Quality

Education，etc.，therefore，the purpose of General Education is not very clear，and means is not effective. In future，General Education must answer the questions from higher education popularization，internet challenge，course swelling and culture adaptability.

Keywords： general education，professional education，basic education，culture quality education，cultural adaptability.

面向 2035：如何让民办高等教育更具生机与活力①

——以上海市为例

董圣足　佘国平

摘　要：在新时代背景下，未来上海民办高等教育如何能够实现科学的可持续性发展？面向教育现代化 2035 宏伟战略乃至在更长的时间里，我们需要立足于当前、着眼于长远的强校战略。制定这一战略的目的在于，促使上海民办高等教育以敏锐的洞察力应对时代变革需要，具有更强的社会和市场发展适应能力；以更加灵活、高效、多样的办学模式和教育特色，更好地满足多元化需求；以独特的机制优势激发创新潜质，不断探索更有特色和吸引力的办学和教学模式，让民办高等教育更具生机与活力。

关键词：民办高等教育　上海市　强校战略　办学特色

民办高等教育对于中国和上海高等教育的发展，犹如奔腾向前大潮中的几朵浪花，时而显现出华丽，时而沉寂在浪底。与社会需求旺盛、政府热情高涨、举办者有利可图的民办中小学和幼儿园发展不同，民办高等教育基本处于学生末位选择、办学资金紧缺、政府管理和服务尚属探索期、自身优势不明显的尴尬境地。无论对学校、对政府还是对社会而言，民办

① 本文根据上海市教育委员会委托课题“上海市民办高等教育强校战略课题研究”的终期研究报告改写而成，吸收了一些新近文件的精神，删除了部分专栏，同时考虑到前后衔接原因，对相关数据加以了更新。参与本课题研究的核心成员有周翠萍、陈洁、周江林、潘奇、刘荣飞等，相关人员根据各自分工撰写了相关课题内容。在研究中，上海建桥学院和上海市教育科学研究院高等教育研究所也提供了人员支持，上海兴伟学院等民办院校为课题组进行专题调研提供了方便。谨对所有为本课题研究提供支持的各位专家和工作人员一并表示感谢。

高等教育的未来都将面临严峻的挑战。

三个多世纪以前，当几所脱胎于欧洲大学教育模式的美洲殖民地学院建立时，其校均学生数不超过 100 人（科恩，基斯克，2012）[10]。2013 年，美国高等教育中排名在前 100 位顶尖大学中的只有 23 所为公立大学①；2013—2014 年度 QS 世界大学排名（Quacquarelli Symonds World University Rankings）中进入前 10 名的 6 所美国大学，无一例外地都是私立大学。

我们虽然无法预测，紧跟“双一流”建设步伐，中国或上海的民办高等学校将来会有几所能够排在全国高校前列，有几所能够跻身于世界一流大学行列，但我们相信，只要坚持不懈地推进体制机制改革，让民办高等教育迸发应有的活力和创造力，一批有吸引力和较高水平的民办高等学校就会脱颖而出。

上述判断是基于以下三个方面观察：中国基本经济制度和社会主义市场经济的发展完善、社会多元化需求和多样化服务提供的供需格局、高等教育人才培养机制的变革预期。

其一，我国的基本经济制度经历了多次转变，而每次转变都以进一步发挥非公经济作用为主要特征。党的十八届三中全会通过的《中共中央关于全面深化改革若干重大问题的决定》提出，“公有制经济和非公有制经济都是社会主义市场经济的重要组成部分，都是我国经济社会发展的重要基础”，同时强调“使市场在资源配置中起决定性作用和更好发挥政府作用”，这标志着中国经济以及与之密切关联的社会各领域发展，将更加重视发挥非公经济的作用，“让市场发力、激活社会的创造力”②。民办教育是发挥非公经济和社会组织作用的产物，该决定和之后的政府工作报告都强调鼓励社会力量兴办教育和发展民办学校，特别是十九大报告再次明确要支持和规范社会力量办学，为中国民办教育的改革发展指明了方向。由此可见，未来民办教育迎来的将是更多机遇，是要深入发展而不是逐步削弱。

其二，自改革开放以来，伴随着财富不断增长、产业结构调整、阶层重组和利益分化，社会对高等教育的需求也越来越多样化。出国留学人数

① 根据美国《福布斯》杂志 2013 年 7 月 24 日公布的美国顶尖大学年度排名。
② 新华社.2013-11-15.中共中央关于全面深化改革若干重大问题的决定[EB/OL]. http：//www.gov.cn/jrzg/2013-11/15/content_2528179.htm.[2018-05-06].

虽然暴增，但属少数，大部分学生仍期望在国内接受高等教育，不少学生还希望接受适合自己发展需要的高等教育。很显然，公共高等资源是有限的，优质资源和能够满足选择性需求的资源则更少。民办高等教育在兴起时以扩大资源、让更多的人接受高等教育为主，未来将逐步向满足多元需求转变。多元需求特别是选择性需求的增加，有可能推动民办高等教育的历史性转型。

其三，民办高等教育是高等教育的一部分，如果公立高等教育以及与之相关联的教育治理体系不变革，民办高等教育要想取得突飞猛进的发展显然也不太可能。幸运的是，形势正向好的方向发展——随着国家治理体系和治理能力现代化的逐步推进，高等教育发展的各种利好改革和政策即将制定和实施，高等教育正处于重大变革的前夜。对于上海来说，全面深化教育综合改革试验将向纵深推进，民办高等教育发展将可能迎来历史性的新机遇。当然，机遇并不会自然地带来发展。民办高等教育仍然面临把握机遇、创新发展战略和有效推进改革的艰巨任务。

一所高等学校从成立之初到发展壮大进而步入世界先进行列，必然经历漫长的过程，少则数十年，多则几百年；而且，在时代的大浪淘沙中，生生死死往往紧紧相伴。民办高等教育要么在变革中崛起，要么在平庸中沉沦，这是历史的必然。

在新时代背景下，未来上海民办高等教育如何实现科学的可持续性发展？面向教育现代化 2035 宏伟战略乃至更长的时间里，我们需要有一个立足于当前、着眼于长远的强校战略，制定这一战略的目的在于，促使上海民办高等教育以敏锐的洞察力应对时代变革的需要，具有更强的社会和市场发展适应能力，以更加灵活、高效、多样的办学模式和教育特色，更好地满足多元化需求，同时以独特的机制优势激发创新潜质，不断探索更有特色和吸引力的办学和教学模式。

有别于其他省（自治区、直辖市），上海民办高等教育的生长环境有其不可比拟的特殊性——包容与创新的文化传统、务实与卓越的精神品格、开放与时尚的前卫思维等。这种环境的特殊性，决定了上海民办高等教育发展路径与模式唯有体现时代性、国际性和现代性，才能与时俱进和不断壮大。

一、上海民办高等教育：面向 2035 年的战略

自改革开放以来，尤其是 20 世纪 90 年代以来，上海民办高等教育经历了从无到有、从少到多和规模从小到大的过程，经过近 40 多年的改革发展，目前民办高校数已占全市高校总数的 31%，在校学生数占全市高校在校学生总数的 20%强，即平均 5 个大学生就有 1 个在民办高校就学①。上海民办高校的兴起和发展，为推动上海高等教育大众化进程起到了极其重要的作用。同时，趋势分析表明，上海民办高等教育在经历了 21 世纪头 10 年的高速增长之后，当前已进入日渐平稳的发展态势（图 1、图 2），显示了进入转型时期的重要特征。

然而，无论从教育质量还是影响力来说，目前，上海民办高等教育还只是一种补充性教育，即只是满足一部分原本在精英教育条件下无法接受高等教育的群体的基本教育需求，但学生首选愿望的高校几乎没有民办高

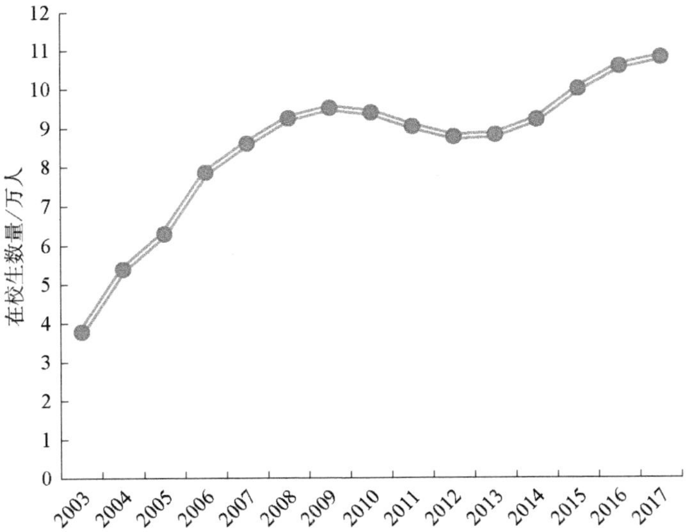

图 1　上海市民办高校在校生数量的发展趋势（2003—2017 年）

资料来源：根据历年《上海市国民经济和社会发展统计公报》数据绘制

① 上海市统计局.2018-03-08.2017 年上海市国民经济和社会发展统计公报[EB/OL]. http：//www.stats-sh.gov.cn/html/sjfb/201803/1001690.html[2018-05-06].

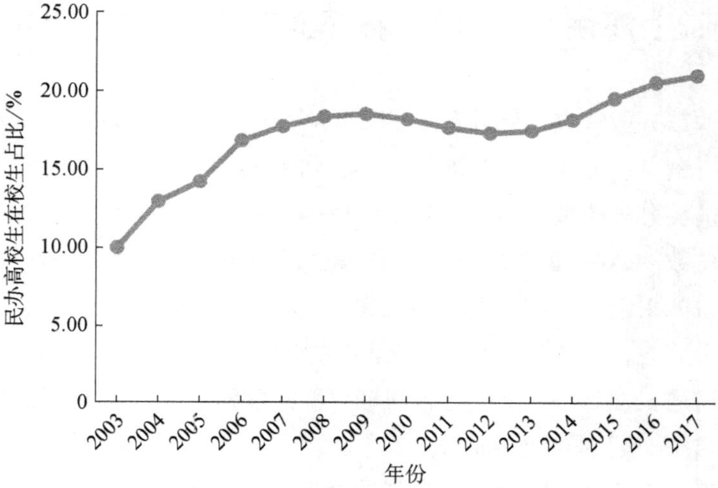

图 2　上海市民办高校在校生占全市高等学校学生总数的比例（2003—2017 年）

资料来源：根据历年《上海市国民经济和社会发展统计公报》数据绘制

校，且在高等教育学术和研究方面，民办高校难有一席之地。如果说，20 世纪 90 年代初期兴起的民办高等教育发展，是源于高校规模不能满足日益增长的需求，属于补充性、扩张型发展战略的话，那么，面对不断变化的新环境和新需求，未来 20 多年民办高等教育发展，则应当实施新的发展战略，明确新的发展目标，规划新的发展路径。

（一）制定战略的重要性

自改革开放以来，中国民办教育的兴起和发展实际上是在各方利益驱动下变革教育办学体制的结果，其主要核心动力是需求和利益。但上海民办高等教育走的是一条与民办基础教育截然不同的发展路径。为此，这里有必要对上海这两类民办教育的发展路径作一个粗略的对比分析。

1.“多赢战略”下的民办基础教育

上海所谓的“高端人群”（包括富裕家庭或对子女未来发展有较高期望的家庭）的选择性需求刺激了民办基础教育的发展。民办基础教育的生长空间主要在学前教育、小学和初中教育（优质高中资源多数集中在公办学校）。第一，这部分教育与社会的需求还有许多不相适应之处，人们的普遍心理是让孩子从小就能获得良好的教育（特别是能进入重点中学和大学学习），这是民办基础教育发展的基本动力；第二，绝大多数民办中小学的办学能看到政府的影子，从某种意义上说，政府（主要是区县政府）起到了主导作用，政府用公共资源（优惠地价、公建配套校舍、公共资金和优惠政策等）为面向小部分特殊需求人群（如留学归国人员子女）的民办中小学提供支持，民办中小学及幼儿园的校舍绝大多数为政府所有，使得民办基础教育办学成本大为减少；第三，投资者（多数为政府引入的企业或有利可图的房地产开发商）的介入，特别是房地产商通过举办民办学校推动了楼盘的销售，实现的是另一种形式的投资回报；第四，公立学校特别是优质公立高中，以极大的热情参与其中，用品牌、教师、设备和技术等参与举办民办学校并获取相应的利益。

民办基础教育的兴办令消费者、政府、投资者（包括名义投资者）和公立学校皆大欢喜。但是，如果我们进行深入的思考就会发现，民办基础教育发展的模式多数是“公办民营”（所谓引入的企业是出资购买经营权）。这种模式，一是隐含着政府承担满足多元化需求的责任价值取向（这种意识在许多区县政府领导头脑中非常强烈），与政府主要应为大多数人提供公共服务、少数人的选择性需求应由社会或市场提供的理念不相符，用公共资源服务于少数人需求在国际上恐怕鲜有案例；二是政府举办民办基础教育的动力，往往与推进该地区经济发展（包括房地产发展）和引进人才捆绑在一起，在某种意义上是以牺牲其他群体利益、损害社会公平和破坏基础教育均衡发展为代价的，事实上有大量的学校未得到政府一视同仁的资金和政策支持。

因此，当前上海民办基础教育所面临的主要任务是，如何在建立和完善一个保障社会公平、有利于所有学校公平发展环境的基础上，更好地发挥社会、市场作用和民办学校的灵活办学优势，推动民办基础教育可持续地健康发展。

2.“利益驱动”下的民办高等教育

民办高等教育 40 年的发展历程表明，区别于民办基础教育的发展动因，主要是部分弱势人群（包括学习成绩较差者）补充性需求推动了改革开放以来民办高等教育发展。民办高等教育的发展，主要是满足了一部分群体希望接受基本高等教育的需求（原本他们没有机会实现这个愿望）。与民办中小学发展不同，民办高等教育的发展空间主要由投资者（举办者）和一部分参与其中的高校（独立学院）来填补。从 20 世纪 90 年代初开始，上海几乎平均每年增加一所民办高校。在这个过程中，多数投资者或出资者从中获得经济利益的动机十分明显，尽管获得利益的方式各种各样。民办高校基本是以学费滚动发展，并且投资者和举办者还要从学费中不断抽取资金（图 3、图 4），这种机制难以提供较高质量的教育。

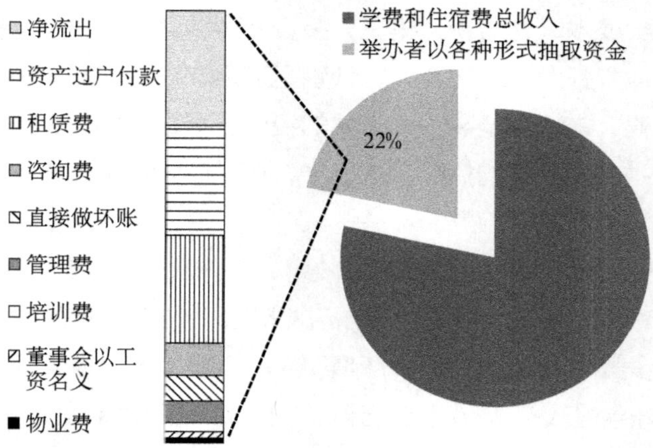

图 3　2012 年上海市民办高校抽取资金与学费、住宿费总收入占比比较

资料来源：上海民办高校年检资料

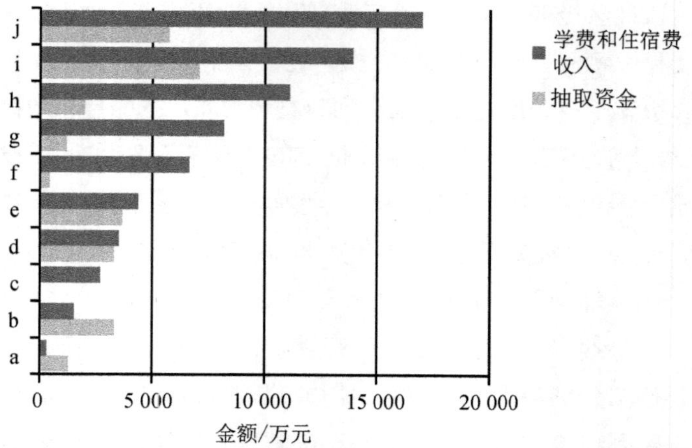

图 4　2012 年上海市若干民办高校抽取资金与学费、住宿费总收入比较示意图

注：字母代表一些学校

资料来源：上海民办高校年检资料

民办高等教育面临的问题与民办基础教育有很大的不同，大多数民办高校投资者和举办者通过各种方式建造了校舍，并希望获得直接的经济利益（民办基础教育投资者获得的往往是一种间接利益），这与国外教会举办、捐款办学和企业举办等办学形式有很大的差别。这个问题是否存在两种可能的解释：一是现阶段中国还不可能出现美欧国家以捐款为主的私立教育发展环境。即使有个别人或公司捐款到学校基金会，仍然面临如何处理捐款人变相成为投资人并试图控制学校运行的难题。二是法律和政策漏洞促成了以营利为目的的民办高等教育的畸形发展，规定可以有回报但无具体实施细则。至于一些没有投资者举办的非营利民办高校，由于经费有限和办学机制没有实现根本创新，多数还处于“平庸”发展状态，难以向高水平发展。同时，政府在民办高等教育发展中应当扮演什么角色，目前仍然很不清晰。

比较两类民办教育的发展我们可以看出，上海民办高等教育尚未形成一个能够让多方满意的利益格局，这也是其进一步发展受到制约的重要原因。在多方满意的利益格局下，不仅政府乐意支持、投资者和举办者有很高积极性，而且学生青睐，举办者包括校长、教师也都愿意投身于这项事业并实现自我发展。历史经验表明，没有人民群众的意愿和参与、改革成果不能公平惠及人民群众，改革要取得成功是不可能的。民办高等教育的改革和发展，同样需要调动社会参与的积极性，且改革成果要能够惠及学生、投资者、校长、教师等。

（二）形势正在发生变化

与过去的 20 年相比，未来 20 年上海民办高等教育发展的内外部环境、公民接受高等教育以及与此相关联的经济社会发展的需求将发生巨大的变化，而这种变化正是制定新战略的重要依据。

党的十八届三中全会作出《关于全面深化改革若干重大问题的决定》，标志着我国经济政治文化社会等各个领域将进入新一轮的改革重要时期。我国目前民办高等教育发端于 20 世纪 90 年代，是第一轮改革的产物。新一轮改革明确了要充分发挥市场在资源配置中的决定性作用，可以预见，包括市场在内的各种社会力量将会有新的动因来参与教育发展。然而，市场的本质是趋利的。鼓励更多社会力量参与办学，必然面临如何处理发展公益事业和举办者（投资者）趋利的关系，这仍将是一个非常棘手的难题。

我国实施改革开放后，打开国门，引进外资和技术，实现了跨越式发展。但是随着持续几十年的高速增长，当我国逐步掌握前沿技术的时候，原有的发展模式或发展战略已经不能适应当前的形势，必须发挥市场机制的作用，发展民营经济，促进企业走自主创新的道路。这种趋势必然带来对各种创新企业和创新人才的大量需求。如果说，过去民办高等教育培养了大批适应加工、引进和追赶式经济需要的员工，那么未来应当培养适应市场经济和创新经济需要的人才，特别是上海将发展服务型经济，培养适应上海产业结构升级的各种人才将是重要任务，这是过去 20 年与未来 20 年民办高等教育所担负任务的最大不同。

随着经济发展和社会进步，公民对高等教育多元化需求的特征将日益凸显。改革开放的深入在提高公民教育支付能力的同时，也为公民提供了更多的接受高等教育的选择机会。公民接受个性化、特色化、优质化高等教育的需求不断提高。如果说，过去 20 年民办高校主要承担了“有学上”的任务，那么未来 20 年其将面对更多的选择性教育需求。这种变化将促使民办高等教育发展战略发生重大变化。而上海民办高校目前存在比较严重的低水平、同质化现象，与未来需求不相适应。

民办高等教育如何走出目前的困境，提高办学水平并将民办高等学校办成高水平的大学？这主要取决于社会需求和建立一个投资者或举办者有积极性、学校有可持续的资金支持并能够激发民办高等学校特色发展的新机制。一是需求者不满足于传统公立大学的教育模式，期望得到高质量和符合自身需要的高等教育；二是政府有变革传统高等教育的动力，能够通过民办高校来实现机制转换，并为投资者和举办者提供另外的获利渠道（如免税、满足对人才的需求、促进其产业发展，以及政治、精神方面的需求）；三是投资者或举办者有崇高的非营利办学理想和先进的教育理念，致力于创新教育模式满足一部分选择性需求（世界经验表明，面向青少年的营利性高校基本不可能办成一流的学校）；四是学校有一个足以支撑学校发展的可持续筹措资金的机制和健全的治理机制。

从民办高等教育自身发展的实际来看，原有的办学机制灵活、办学特色鲜明、管理方式创新等优势已不复存在。传统高等学校发展和管理的众多弊端也逐步在民办高校中出现，这种状况严重制约了民办高校的发展和质量提升，迫切需要从战略层面进行重大的调整。

（三）战略愿景

纵观世界高等教育的发展，有特色、高质量的民办高校，绝大多数具有活力、吸引力和创造力。它们都有明确的发展理念和自主意识，坚持与时俱进和不断创新的精神，或坚持和发展通识教育，或强调专业教育和注重职业技能教育，还有不少私立高校特别致力于科学研究和研究生教育。在美国，不管按哪种高等教育分类标准，每个类别不仅有私立高校的身影，而且取得了骄人的业绩。上海民办高等教育已具备一定的发展基础，如果在重大转折时期实施正确的发展战略，使之更具活力、吸引力和创造力，那么未来涌现一批有特色和高质量的民办高等学校是有可能的。“活力、吸引力和创造力”是本文的核心词，战略和举措都是围绕这个核心词展开的。

“活力”是一种内生动力，来自于固有的和灵活的体制机制。民办高等教育要能够敏锐地应对时代变革的需要，从自身实际出发，不断提高对社会和市场发展的适应能力。

“吸引力”是教育特色和质量的重要体现。民办高等教育要以灵活、高效、多样的办学模式和教育特色，以及在同一层次中所体现出的较高教育质量来满足学习者多元化的需求。

“创造力”的本质是创新能力。民办高等教育要以独特的机制优势激发创新潜质，不拘泥于条条框框，不受现有的方式方法束缚，从中国国情和上海城市特点出发，不断探索创新更有特色和有效的办学和教学模式。

未来 20 多年，世界发展格局将会发生难以预料的变化，全球化、信息化和工业革命将会呈现出完全不同以往的面貌，我国经济的各个领域也会发生巨大变化。中国和上海高等教育的发展将迎来重大的变革。如果我们抓住时机，实施民办高等教育强校战略，实现“让民办高等教育更具活力、吸引力和创造力”的战略愿景，到 2030 年，上海民办高等教育将会以崭新的面貌跻身于高等教育行列之中。

1）有几所民办高校能成为考生的首选学校，这些学校不在于规模大和层次高，而在于有先进的办学理念，有鲜明的教育特色，注重人格、素养和能力塑造。某些新兴学科或专业呈现优势特征，与一些考生自身发展的愿望比较接近，享有良好的社会声誉，并奠定向一流高校发展的基础。

2）有几所民办高校在专业教育和技能培养方面独树一帜，与现实经济社会紧密联系，成为有鲜明特色的培养知识型技术技能人才的高校。其能实施教育教学模式创新，注重培养学生团队合作精神，能适应产业升级、技术变革和工作世界变化的需要，让学生毕业后能在价值链的一些环节上做出积极的贡献。

3）有若干所民办高校虽然继续承担基本的普及型高等职业教育任务，满足一些学生接受高等教育的需求，但这些学校能够将职业技能教育与提高学生自信心有机地结合起来，善于挖掘和激发学生的潜力，培养脚踏实地和敬业工作的一线技能人才。

（四）新战略的主要特征

实施强校战略可以促进民办高校转型发展，更好地实现发展愿景。然而，强校战略中的“强校”既是一个动态概念，也是一个比较概念。其核心不是要达到一种发展状态，而是要形成可以实现可持续发展的机制。实施强校战略的主体不是政府，而是市场和民办高校自身。实施强校战略不是一个短期行为，而是实施“民办公助”的长远谋略。其“战略”特征有以下几个方面。

1）新理念和新思维。推进强校战略不是更加突出政府的主导地位，也不是要求政府包揽包办，更不是简单地增加公共财政对民办高校的资助，而是要转变以往发展民办高等教育的理念，充分调动社会办学的积极性，鼓励社会力量参与办学，政府从政策、机制和资金等方面给予支持，用新理念促进发展，用新思维破解各种矛盾。

2）准市场化机制。教育是公益事业，不能完全按照市场机制的逻辑运行，但民办高等教育有其特殊性，需要适当引入市场机制，进而形成适合民办高等教育发展的准市场化机制。这种机制，既要破除现有不合理的条条框框的限制，使民办高校能够主动灵活地适应不断变化的社会需求，又能促进资源的有效配置，增强办学活力。

3）模式变革：效率与特色。由于上海民办高校发展存在很多弱点，强校战略的突破口要重在模式变革，尤其是要在办学效率和办学特色上加以重点关注，既可以学习国内和国外的经验，也可以借鉴历史的和现实的经验。当然，这种模式变革关键是来自于学校的内生动力，任何外界强加的模式都不可能取得成功。

4）现代性和国际化。历史上，上海民办高校有着许多特点和优势，最鲜明的就是与城市文化息息相通，与城市功能地位相匹配。上海是一个现代化、国际化大都市，强校战略的推进就是要立足于城市发展的需求，将现代性和国际化的元素注入民办高校办学的血液中，让民办高校始终走在时代的前列，充分利用现代信息技术和国际资源来发展自己。

5）激励与制约。强校战略从本质上看是一种激励制度，它不仅可以激发民间资本投入和社会力量办学的积极性，而且可以使民办高校真正成为独立的办学主体。强校战略又是一种制约制，通过政府和社会的监督，通过民办高校的自律机制，促进民办高校可持续的健康发展。

6）能级与提升。强校战略面向全市所有民办高校，既重在提高民办高校的整体质量和办学水平，又要关注民办高校的分类发展和教育生态的形成，赋予不同民办高校不同的办学能级。希望经过若干年的发展，上海民办高校不仅能够提高整体实力，还能有一流水平的学校脱颖而出。

综上所述，我们认为，面向 2035，上海民办高等教育的发展战略应聚焦于资金、教师、管理与运行三大战略重点。政府应该围绕这三大战略重点，推动一系列改革，完善相关重大政策，让上海民办高等教育更具活力、吸引力和创造力，使之成为推动上海高等教育卓越发展、推动城市创新转型发展和促进人的自由而全面发展的重要力量。

二、资金：为战略发展提供可持续财力基础

资金问题是民办高等教育发展的关键问题，涉及办学体制和投资模式。目前，上海民办高等教育遇到的许多问题大多与资金有关。面向 2035，实施民办高等学校强校战略，必须把办学资金筹措作为首要战略重点。本文

就五个议题提出思考和建议。

（一）投资与回报：建立激励新机制

建立合理投资机制和回报机制，是调动社会力量（资金）积极性的关键。在制定《中华人民共和国民办教育促进法》（简称《民办教育促进法》）之初，全国人民代表大会常务委员会曾开展过全国范围的调研，结果显示90%的民办学校举办者希望获得投资的回报，《民办教育促进法》也设置了“合理回报”奖励条款，虽然合理回报条款在实际中因为诸多制度冲突而导致实施不顺畅（如某些条款与税务相关规定不匹配等问题），并最终在2016年11月7日《民办教育促进法》修订时被“分类管理”新框架所取代。但从中不难看出，在目前以及未来相当长一段时期内“投资—回报”仍是我国民办教育发展初级阶段的基本特征之一。即使美国企业或个人捐赠高等教育，法律也规定了一定的回报机制①。

目前，人们对于“投资—回报”认识仍存在一种误区，即在没有全面实施营利性与非营利性民办学校分类管理之前，对投资者在办学过程中不断地、持续地取得直接的经济利益，算不算“合法”或“合理”行为，各部门仍存在着较大的分歧。从上海民办基础教育的办学实践来看，多数投资者取得的利益回报是间接的，如房地产商投资的回报是销售楼盘更好，一些企业投资民办学校在其他方面如社会声誉、政治影响等取得比经济利益更有价值的回报，还有一些开发区公司投资民办基础教育促进了开发区技术的引进和优秀人力资源的集聚。因此，对于回报（办学收益）人们要有全面的认识，在现阶段，既要鼓励无偿捐赠办公益事业，也要鼓励投资发展民办高等教育。即使对投资者取得的直接经济利益回报，也要通过推进

① 美国高等教育捐赠较多并稳定增长，其中一个重要的原因是美国对教育捐赠通过税收优惠给予激励。美国对高校捐赠的税收激励措施主要有：第一，个人所得税的激励。联邦政府规定个人每年捐献的可减税慈善捐款不得超过其收入的50%，但对于向教育的捐赠则不受扣除限额的限制，从而达到鼓励教育捐赠的目的。第二，公司所得税的税收激励。联邦政府规定公司每年可用于减税的慈善公益捐赠的扣除额不得超过其纯收入的10%，超过10%的部分，可以向后结转5年，但捐赠给大学或符合规定的研究机构，用于生物、物理和应用科学的教育、研究和科学实验，可超过限额。第三，遗产税的税收激励。美国遗产税的税率非常高，如2001年遗产税开征起点是67.5万美元，联邦政府对67.5万～300万美元的遗产征税率为37.5%，对超过300万美元部分征收的税率高达55%。但是，向非营利教育科研机构捐赠遗产可以扣除，将捐赠额从遗产税应纳税所得额中予以扣除，这样就会起到冲抵税款、减轻遗产税税负的作用。纳税人会在捐赠和纳税之间进行权衡，以便做出最优选择。参见：李晓君.2010.美国高校捐赠税收激励的启示[J].人民论坛，（23）：142-143.

民办学校分类管理，在理念层面客观看待、在制度层面有效规范。

在社会主义初级阶段，为提高民办高等教育投资者的积极性，吸引社会力量办学，在法律法规允许的前提下，我们应当创新思维，另辟蹊径。总的思路是：着眼长远，利在当前；分别对待，积极引导。其中，“着眼长远，利在当前”是目的。提高民办高等教育投资者的积极性，从长远看，就是要让民办高等教育实现健康和可持续性发展，在加快人才培养和促进高等教育改革和发展方面发挥更大的作用；从当前看，就是要有利于学校的不断壮大和教育质量的逐步提高，使学生得到更多的实惠。“分别对待，积极引导”是策略。由于不同的投资者有不同的利益考虑，民办高等教育的政策应体现较大的灵活性，以最大限度地调动投资者的积极性。同时，随着时代的发展，应积极引导投资者从直接经济利益回报向间接经济利益回报转变，从投资性回报向公益性捐赠转变，逐步形成良性的民办教育经费筹措机制。

为此，在民办教育新法新政框架下，地方在制定配套政策时应有新的策略和举措。

1）在较长一段时期内不排斥经济利益诉求。对于有直接经济利益回报要求的投资者，可以设定最高限额和学费使用安全阀，并辅以税收调节；对于战略投资者（资产运作），在政策上可留有预期利益空间，不必把门堵死，几十年后投资者的利益诉求和理念可能已发生根本性的变化；对纯粹营利性投资的民办高等学校，在政策上也要有一定的优惠和支持，它们是现代知识服务业的重要组成部分，除非将来法律规定不得举办营利性高等学历教育。

2）由政府主导引入若干对人才和技术有需求、不求获取直接经济利益的非上市企业投资现有民办高校，建立一种新型的企业办学形式。比如，在确保教育主权安全的前提下，是否可以引入美国华特迪士尼公司的投资，改造 1—2 所民办高校，建立“迪士尼学院”，重点为上海迪士尼乐园以及相关延伸产品培养和培训各种应用型人才。民办高校可根据企业理念和要求，调整专业结构和教育模式，实现人才培养模式的创新，在若干领域实施有针对性的应用科技研发，支撑企业发展。

3）制定相应政策，鼓励民办高校实施多元投资。政府对实施多元投资的学校提供激励政策，同时完善多元投资主体参与学校决策的机制，实现既有激励又有制约的新格局。多元投资既有利于解决扩大资金来源，也能有效遏制单元投资者追求直接获利的冲动。

4）建立和健全对非营利民办高校投资者的奖励制度。为了避免投资者在回报问题上的种种尴尬，应当创新回报机制，加快建立政府对投资者奖励的制度。奖励投资者目前没有政策障碍，可以考虑以投资者投资办学总额的一定比例，分期给予其奖励。同时，要规范学校资金的合理使用，杜绝投资者从学校抽逃资金等现象的发生。

（二）实行准市场乃至市场化收费机制

根据人才市场需求灵活调整办学规模和方向，是民办高校的体制和机制优势。一方面，通过提升自身“教育产品”的质量是民办高校办学的不断追求；另一方面，如能在“优质优价”市场定价原则支配下，通过学费的合理提升获得更多的办学经费，从而就可以形成质量提升与经费增加交替的良性循环。随着社会主义市场经济的深入发展，当前民办高校学生及其家长对其教育产品消费者身份的认知度日益提高，使得民办高校实施准市场乃至市场化收费机制具备了良好的基础。然而，公益事业的属性决定了当前完全市场化的收费机制可能仍不适用于民办高校，况且市场也并非万能的，信息不对称造成的价格虚高以及寡头垄断价格等市场失灵现象，常常会危及受教育者的基本权利。因此，民办高校特别是非营利性民办高校的收费，仍需教育、财政和物价等政府部门依法管理、科学监督、合理引导。

按照修订后的《民办教育促进法》有关规定，民办高校依法获得确定受教育者收取费用的项目和标准的权利。其中，营利性民办高校具有按照市场需求自主定价的权利。但是，为保障受教育者的基本权益，实施学历教育的非营利性民办学校的收费，仍需有关部门审批把关。当然，在实践中，不同行政部门对民办高校收费标准的审核存在标准不统一的现象。这导致民办高校不能根据市场变化合理的弹性调整学费。例如，物价部门对民办高校办学成本的核算很难考虑行业的平均水平，同时如受国家相关政策影响，对于价格的变动难以做到“随行就市”，且不同学校之间、不同专业之间的收费往往执行的是统一标准，不能通过学费区分各校、各专业办学质量的好坏，这不利于民办高校之间进行良性竞争。

当前，依照《国家中长期教育改革和发展规划纲要（2010—2020 年）》中“转变政府教育管理职能……改进政府管理方式，更多地运用法规、政策、标准、公共财政等手段引导和支持教育发展，减少和规范对学校的行政审批和直接干预，落实和扩大学校办学自主权”，及党的十八届三中全会提出“完善主要由市场决定价格的机制。凡是能由市场形成价格的都交给市场，政府不进行不当干预”[①]等精神，我们建议尽快改革民办高校收费管理制度，通过优化审批环节，使民办高校能够依照需求变化合理调整学费，不断促进良性竞争，努力实现质量提升与办学经费增加的双赢效果。为此，我们提出以下建议。

1）改革民办高校收费管理制度。探索制定符合民办高校办学特点的成本核算办法，简化、优化审核程序，完善监督机制等途径，增加民办高校收费的弹性，引导民办高校在“优质优价”收费市场中通过提升办学质量、特色竞争获得更多的办学经费。

2）搭建民办高校公共信息平台。搭建信息平台可以定期发布民办高校年检结果、招生违规情况、学校安全检查情况以及学校评优获奖情况，减少因信息不对称引起的价格虚高现象的发生，为学生与家长正确判断教育的“优质性”、真正实现“用脚投票”机制提供保障。

3）引入和扶持第三方教育质量评估机构。政府应逐步由直接管理向间接管理转变，通过引入和扶持第三方教育质量评估机构，以自愿原则鼓励民办高校参加质量认证，给予通过质量认证的民办高校更多的收费自主权。例如，优秀专业可在规定比例内自主调整收费，并实施备案制。

（三）畅通民办学校投融资渠道

在相当长一段时间内，学费收入与银行借贷将成为民办高校办学资金的主要来源。然而，目前包括上海在内的多数地区的民办院校，在向银行借贷时仍面临着许多障碍，融资渠道不畅通，影响了民办院校的建设和发

① 新华社. 2013-11-15. 中共中央关于全面深化改革若干重大问题的决定[EB/OL]. http：//www.gov.cn/jrzg/2013-11/15/content_2528179.htm.[2018-05-06].

展。其主要原因就在于相关民办高校银行借贷的法律法规缺失。例如，《中华人民共和国物权法》第一百八十四条（三）规定“学校、幼儿园、医院等以公益为目的的事业单位、社会团体的教育设施、医疗卫生设施和其他社会公益设施”不得抵押，而对收费权是否可以抵押相关法律法规没有明确规定。

在这种情况下，根据《民办教育促进法》的规定，在学校财产过户到民办高校法人名下后，民办高校将无法直接向银行借贷。实践经验表明，民办高校的银行融资多以其举办者个人财产或所掌控的公司名义向银行申请，但随之也带来很多问题。例如，一旦举办者个人或其所在公司发生债务危机，则会连累学校的正常运行及发展，而且由于办学财产不能及时依法过户到学校法人名下，也不利于民办高校规范办学。调查发现，即使财产过户到学校名下，且以举办者名义向银行申请贷款，银行还贷及其利息也仍需由民办高校来支付。这就导致每年学费收缴后被举办者大量挪用或“周转头寸”等看上去合理却未必合法的资金流动，甚至衍生出种种关联交易的等不规范运营行为，造成学校法人权益受到侵害。

借鉴重庆、浙江和云南等地的民办高等教育办学做法及经验，根据民办教育修法新政的相关精神，我们建议采取以下措施，着力解决民办学校融资难问题。

1）探索民办高校金融支持机制。各级金融机构应按照《国务院关于鼓励社会力量兴办教育促进民办教育健康发展的若干意见》的部署，在风险可控前提下开发适合民办学校特点的金融产品，允许抵押非教学财产等向银行申请贷款，同时探索办理民办学校未来经营收入、知识产权质押贷款业务，提供银行贷款、信托、融资租赁等多样化的金融服务。

2）探索民办高校短期借款机制。政府可鼓励和引导实力强且有剩余资金的大型国企，或民办教育基金会等非营利组织为民办高校提供短期借款，帮助民办高校度过短期性资金困难的难关，如因大规模提升办学条件导致的资金周转不灵或大型设备购买资金不足等。必要时，政府可协调相关国有资产部门为办学质量好、非营利性民办高校的借款进行担保和提供信用证明。

3）为营利性民办高校开辟新的融资渠道。依据探索营利性民办学校以有偿取得的土地、设施等财产进行抵押融资，或根据自身发展需要而进行股权质押等投融资，并引导社会力量创新教育投融资模式，依法依规为民办学校提供特色化、专业化的贷款、担保等服务。

（四）积极发展民办教育基金会制度

国际经验表明，鼓励和支持高校成立基金会，并依法开展资金募捐活动，可在很大程度上为民办（私立）高校获得更多办学经费提供助力。基金会依章依法（如基金会管理条例、基金会章程）确保资金使用的公益性，可增加捐赠的公信力，吸纳更多公益捐赠。而且，依照《基金会管理条例》有关基金保值增值的开放性规定①，基金会可依法开展相关投资活动，实现资金的增值，除了可通过银行储蓄、购买国债获得固定利息收入外，还可通过聘用资深专业人员，进行公益信托、银行理财、公益土地增值、股权投资等活动，实现基金的保值、增值。为此，我们提出以下建议。

1）鼓励民办高校成立学校基金会。通过基金会的运作，转变学校的治理结构和运行机制，如财产归属、管理层构成、决策机制等等，不断彰显民办高校办学的公益性，从而充分发挥基金会资源获取（捐赠与基金增值）、民主监督（资金使用监督）和招贤纳士（汇聚校友、社会贤达、爱国华侨、国际组织、外企、国有大型企业及各种社会慈善组织）的功能，为学校的发展助力。

2）制定民办高校基金会建设引导性政策。为鼓励民办高校成立基金会，可将基金会建设纳入政府评奖评优指标体系中，如与政府财政扶持资金额度挂钩等。可成立民办高校基金会建设专家指导小组，吸纳教育、民政、税务等部门人员及有具体操作经验的专家，对自愿成立基金会的民办高校提供免费咨询服务。

（五）对民办院校实施购买服务及补贴奖励

党的十八届三中全会明确提出，要深化教育领域综合改革，“健全政府补贴、政府购买服务、助学贷款、基金奖励、捐资激励等制度，鼓励社会

---

① 中国人民银行规定，基金会可以将资金存入金融机构收取利息，也可以购买债券、股票等有价证券，但购买某个企业的股票额不得超过该企业股票总额的 20%。

力量兴办教育”①。随着民办教育新法新政的深入实施，国家对民办高等教育重视程度日益提高，教育经费的持续增长以及公共财政资金的综合运用，同样可以也应该为推动民办高校的转型发展和创新发展提供助力。

研究发现，其他国家和地区的公共财政扶持资金占私立高校日常经费的比例一般为 10%—20%（图 5）。实践表明，这是一个比较合理的比例，其既能有效扶持私立高校发展，又能保障私立高校办学的自主性，降低私立高校对政府财政的过度依赖。如何更好发挥有限公共财政的扶持效果，是目前亟须研究的课题，其中核心问题在于转变扶持方式，不断提升扶持方式的科学性和规范性，注重引导性和激励性。

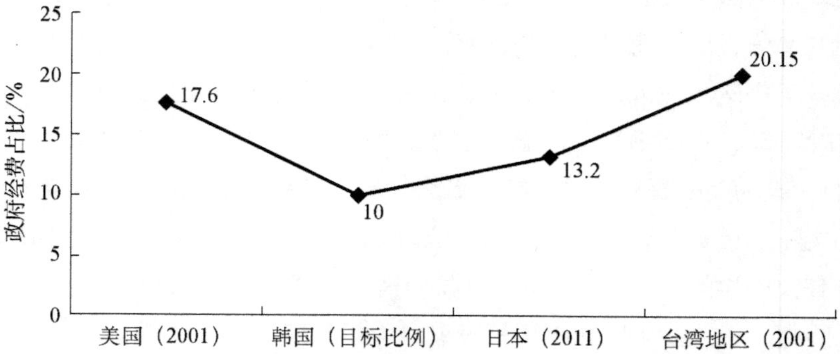

图 5　一些国家和地区政府财政经费占私立高校运行经费比例

资料来源：潘奇. 2015. 对我国民办教育政府扶持体系建构路径的分析[J].复旦教育论坛，13（4）：85；庄怀平，薄云. 2008. 私立高等教育财政资助政策的国际比较研究：以韩国、马来西亚、菲律宾为例. 大学教育科学，（3）：100-105；秦梦群. 2005. 台湾地区补助私立大学政策之分析[J] .教育资料与研究，（63）：40

联系具体国情，结合上海实际，就财政扶持问题而言，我们认为上海市在进一步完善原有奖补制度基础上，还应在以下两方面着力。

1）探索上海民办高校公共财政扶持新机制，逐渐由直接财政补助转向保底补助、购买服务、专项补贴、评奖评优等多元财政扶持体系转变。通过购买竞争性和补充性服务，引导民办高校服务区域经济社会发展，如培养上海产业发展紧缺人才及较大规模招收来沪务工子弟等；通过设立专项补贴引导民办高校高质量办学，如办学层次提升建设专项、海外名师引进

① 新华社. 2013-11-15. 中共中央关于全面深化改革若干重大问题的决定[EB/OL]. http：//www.gov.cn/jrzg/2013-11/15/content_2528179.htm.[2018-05-06].

专项，产学研合作专项等；通过评奖评优引导民办高校公益办学，如设立民办教育贡献奖等。

2）建立上海民办高校师生奖补制度。针对教师，在现有年金制基础上，可通过上海民办教育基金会建设，探索政府补贴、学校分担、教师参与的教师综合保险机制，为民办高校教师提供各种短期及长期保险和救助（如癌症、丧偶、意外事故、天灾等）；针对学生，除保障民办高校学生在国家、地方政府学生奖贷制度享有同等地位外，可由民办教育基金会联合各民办高校设立民办高校优秀学生奖学金制度，吸引中西部优秀贫困学生就读本市民办高校。

三、教师：将发展瓶颈转化为强校资本

人力资源是组织核心竞争力的源泉，师资队伍水平是高校办学质量的核心要素。未来上海民办高等教育更具活力、吸引力和创造力的基础，就在于拥有一支业务精湛、结构合理、富有追求和创新精神的高素质专业化教师队伍。然而，当前上海民办高校普遍存在生师比偏高、师资结构与教育类型脱节、教师收入严重偏低、骨干教师不断流失等问题，这些严重困扰着学校教育质量提升和未来可持续发展。由于办学体制不同，资源条件差异巨大。要改善上海民办高校的师资队伍状况，仅仅依靠类似于公办高校的常规手段，显然很难突破民办高校各种现实困境。因此，必须要创新思路，更广泛地借鉴来自不同领域中的优秀管理实践，充分发挥民办教育体制机制的优势，通过革新制度与整合资源，增强民办高校教师职业的吸引力、改善师资队伍结构、提升人力资源配置水平，把民办高校教师队伍这一发展瓶颈最终转化为强校的战略资本。

（一）大力吸引优秀而充满活力的年轻教师

根据历年上海民办高校年检统计结果，上海市民办高校专职教师队伍整体呈现出年纪轻、学历低、职称低的状况。当前，在 18 所民办高校近 3000 名专职教师中，40 岁以下人员比例为 85%左右，拥有博士学位教师的比例仅为 5%左右，拥有高级专业技术职务人员的比例不到 20%。从以上数

据可知，是一群非常年轻、学历不高、职称较低且缺乏教育教学经验的年轻人，构成了上海民办高校专职教师队伍的主体力量，这样的结构使得民办高校很难形成真正意义上的高水平教师团队。而且，没有团队、疏于指导、缺少项目，是上海民办高校大部分青年教师的基本工作状态。调查还发现，劳动强度高、经济压力大、培训与进修机会匮乏、个人成长无人问津、职业前景茫然等，已经成为民办高校青年教师离职的主要原因。进一步分析也表明，民办高校专职教师流失率偏高，与青年教师生存发展的环境不佳有着直接的关系。

当前，上海民办高校的专职教师结构并不理想，学校和学校之间竞争差距也并不明显。预计到 2035 年，现在这批青年教师正好成长为中年骨干，届时学校教师队伍结构会发生明显变化，学校和学校之间的差距也会在那时显著拉大。因此，不同区域民办高校之间的竞争或者同城民办高校之间的竞争的实质，都是学校现有青年教师的发展潜力和最终发展水平的竞争。所以，立足当前、着眼长远，吸引并保有优秀且充满活力的青年教师至关重要。为此，我们提出以下建议。

1）大力提高青年教师工资福利待遇。通过提升教育品质，提高学费标准，增加生均运行经费，使得民办高校教师收入进一步提高。改革校内收入分配制度，收入分配向一线青年教师倾斜，做到青年教师收入要与在企业工作的同资历同行基本持平。不同专业根据市场供需可以有不同的收入标准。实行青年教师住房补贴、企业年金、职务补贴与工作年限挂钩的等级奖励制，年资越长，奖励系数越高，以此鼓励青年教师长期为民办高校工作。

2）努力吸引并保有优秀青年人才。在有竞争力的工资待遇基础上，逐步提高青年教师入职门槛，为学校招募更多符合学校办学定位的优秀青年人才。如承担高等职业教育任务的高校，可以招募更多有企业工作经验或有技师等级证书的青年教师。承担普通高等教育任务的高校，则可以招募更多毕业于海内外名校的青年教师。与此同时，学校层面要制订严格的绩效考核标准，对于无法胜任工作或绩效不达标的青年教师要采取培训、转岗、解聘等措施，确保学校有一支安心教学、素质优良、能力出众的青年教师队伍。

3）不断完善青年教师职业成长路径。学校要把青年教师培养列入人力资源发展规划中，并确保一定的经费投入。建立不同年资教师培养计划，使青年教师专业发展有保障。不断完善师徒制、高校访学、企业见习、岗位行动研究、教师考证、技能大赛、学历提升等手段，帮助教师加快专业发展的步伐。通过教师满意度测评来检查青年教师专业发展手段的有效性并促使其不断改进。建立学校核心岗位人才储备制度，从优秀青年教师和行政人员中挑选并培养学校未来的管理者，使优秀青年教师的职业晋升通道畅通。

4）全面启动若干青年教师培养项目。教育行政部门要在民办教育政府扶持资金里面，划出一定比例资金设立专项，在全市层面启动一批青年教师培养项目。例如，适时实施教师教学技能大赛、教师专业技能大赛、企业拜师计划、高技能教师培养计划、在职硕博士生培养计划、专业领军人物培养计划等，切实推动民办高校青年教师队伍建设。此外，政府还可启动专项资金资助储备干部的培养，如开设民办高校中青年管理干部培训班，组织民办高校青年管理干部论坛，支持民办高校管理干部赴公办高校挂职等。

5）教育行政部门监测各高校青年教师培养状况。教育行政管理部门可制定措施引导督促学校重视青年教师培养工作，如将青年教师培养工作及其结果纳入民办高校质量年报、年检，并向社会公布。上海市教育委员会可每年抽样调查各民办高校青年教师职业发展满意度，测评结果作为引导扶持资金投入的依据。

（二）更广泛聚集全社会和国际化教师资源

专兼结合是民办高校师资队伍的重要特征。民办高校的师资队伍困境，一方面是由于专职教师的年龄结构、学历结构、职称结构不尽合理；另一方面，兼职教师队伍也存在师资结构与学校办学目标不匹配、专业水平不高等问题。目前，上海的民办高校主要是职业技术类院校，但学校兼职教师大部分来自公办高校，真正来自企业和行业的比例较低。而且，来自境外高校的兼职教师、客座教授比例也很低。因此，通过多种渠道，打造一支高水平、有活力的兼职教师队伍也是当务之急。为此，我们提出以下建议。

1）依托制度优势，更广泛地从企业招聘兼职教师。随着地方本科院校应用技术类转型，上海民办高校会更为清晰地呈现职业教育特征。高等职业教育强调充分调动社会力量广泛参与办学过程，比如，开展校企联合招生、联合培养，吸收企业工程技术人员、高技能人才到职业院校担任专兼职教师。为此，一方面，有关部门要改革教师评聘制度，为民办高校更大规模地从企业和行业中聘任专业人员到学校授课去除各类政策障碍。比如，根据从企业来的教师所具有的职业等级证书和工作年资，将其聘为校内教授，在课酬方面和其他同年资教师享受同等待遇。另一方面，民办高校自身应当尝试与行业企业共建共管二级学院，探索校企共同治理，让企业工厂直接成为教学场所，企业专业技术人员成为学校教师，使企业人员兼任教师的通道彻底畅通。

2）吸引海外名师来沪任教。国际化是上海高等教育的办学定位之一，吸引海外名师来民办高校任教有助于打造特色专业，提高办学水平。同时，观摩海外名师教学、与海外名师一同教学也是培养青年教师的好办法。民办教育政府扶持资金中可以建立“民办高校海外名师”专项奖励金，用于鼓励和补贴民办高校聘用海外名师，“民办高校海外名师”的标准可参照上海市教委的相应标准。

3）鼓励重点建设专业大量引进境外优秀教师。合作办学是快速提升专业建设水平的重要路径。通过合办专业，可吸引境外优秀教师来沪任教，这也是提高上海民办高校教师队伍水平的捷径。这种任教可以是长短期并存的。建议在民办教育政府扶持资金中设立“重点建设专业补助资金”，并明确此项资金可用于引进来沪工作的境外教师，也可以用于支付外籍企业工作人员为学校兼职授课的酬金。

4）建立“志愿者服务”制度。为充实民办高校教育资源，建议充分发挥社会志愿者的作用，进入民办高校学校教育、管理中的各个环节。例如，学校可面向社会公开招聘“社区志愿者”、“企业导师志愿者”和“校友志愿者”，分别从事学生学业指导、校内场馆的协助管理，以及学生职业生涯指导、实习指导等工作。这些志愿者都不获得酬金，但学校可为其发放少量的补贴。每年进行“优秀志愿者”评选，可在民办教育政府扶持资金中设立专门款项用于发放志愿者补贴和奖励金。

（三）为建设高水平教师队伍提供保障

由于历史和现实原因，和全国多数地区一样，上海民办高校的生师比始终维持在一个偏高水平。受此影响，民办高校很难提供普遍的小班化和特色化教学，而这正是优质教育的基本要求。由于教师总数不足且民办高等教育结构的不合理，民办高校教师教学任务过于繁重，相当一部分教师在疲于应付课堂教学工作之外，很难再有精力参与科研与社会服务。这最终导致民办高校教师队伍水平在低层次徘徊，而学校服务产业的研究开发能力也几乎没有任何提升。此外，因为运行经费有限，民办高校教师收入严重偏低，优秀教师不断流失，加剧了民办高校高水平教师队伍建设的难度。要突破这一瓶颈，需要多管齐下，并在制度层面采取更多保障措施。为此，我们提出以下建议。

1）把师资队伍建设作为民办高校内涵发展的第一要务。首先，学校董事会和党政领导要在思想上真正重视教师，要将教师队伍建设作为学校重要的发展战略之一。过去，教师的角色是完成学校规定的教学任务的劳动者；现在，教师的角色要转化为推进学校发展的核心人力资源。师资队伍管理要由被动管理转为主动管理，要根据学校定位做好师资队伍建设规划，要分配资金、投入人力、采取措施，使教师队伍转型优化有实效。

2）提高民办高校人力资源管理水平。当前，上海民办高校的人力资源管理大都停留在传统公办高校的人事管理水平，远没有达到现代人力资源管理水平，也远没有对学校的发展和核心竞争力形成有效的支撑。因此，我们建议设立专项民办教育扶持资金，聘请人力资源管理公司对各高校的人力资源管理专员开展培训，使后者能够掌握现代化的人力资源管理技术并把这些技术应用于真实的工作中。同时，教育行政管理部门可以通过松绑，给予学校在人事管理上更大的自主权，并通过测评学校最终办学质量的方式来引导学校不断优化内部管理。

3）建立上海市民办高校教师收入提升计划。根据《国家中长期教育改革与发展规划纲要（2010—2020 年）》精神，“依法保证教师平均工资水平不低于或者高于国家公务员的平均工资水平，并逐步提高”。因此，有必要制定专项计划，确保民办高校教师平均工资水平逐年提高，力争通过几年的努力，到2020年前后实现收入倍增。为弥补学校自有资金的不足，市级教育行政部门可在民办教育专项扶持资金中切出一块，建立专门的“教师从教津贴”，直接发放给绩效考核合格的民办高校专职教师，并与专业职务、从教年资、绩效考核结果挂钩。

4）建立全员学习机制，塑造学习型组织。鼓励并支持民办高校建立员工团队学习与创新制度，并保障学习经费的落实。在民办教育政府专项资金逐年增长的基础上，教育行政部门应当扩大民办高校“强师工程”的受益面，以支持民办学校教师的学习行动。用于“强师工程”的资金，可以教育券形式下发到各个民办高校，学校持券向企业大学、专业培训机构、咨询公司、行业协会、公办大学等各类专业机构采购培训课程，由强师工程资金来偿付教育权。当然，学习经费使用绩效评价结果及其审计结果也要纳入民办高校年检和质量年报内容，接受政府与社会的监督。

四、管理与运行——实施强校战略的重要平台

在发展新理念指导下，民办高校强校的一大关键，还在于要有完善的管理平台和良好的运行机制。这是推进上海民办高等教育治理体系和治理能力迈向现代化的重要举措，也是实施强校战略的重要内涵。管理平台和运行机制涉及范围较为宽泛，我们聚焦战略共识达成、治理结构完善、管理队伍建设、教育模式创新、校园环境优化及政府管理转型等方面，并有以下多方面的系统思考及具体建议。

（一）凝聚实施强校战略的共识

学校变强并非仅凭举办者一己之力所能达成，而需要举办者、管理者和每一个教职员工凝心聚力、共谋发展。目前，举办者多数是老板思维，使得包括校长在内的管理者和教职员工缺乏归属感和主人翁精神。访谈表明，很多民办高校校长称举办者为老板，而非“举办者”“董事长”，可见在其潜意识里认为自己是“打工者”（董圣足，2014）[149]。举办者的老板思维还体现在关注当前利益和办学成本，注重使用人、忽略培养人，从而造成师资培训投入严重不足、教师流失。据统计，目前，上海民办高校教师

年平均流失率高于 25%（李宣海，高德毅，2014）[138]。除举办者因素外，内部管理机制也是影响新理念达成的重要因素。在当前科层管理架构中，决策都以行政命令方式自上而下灌输，教职员工只有执行而无参与决策权。教代会和工代会多形同虚设，缺乏上下沟通渠道。

举办者老板思维、管理者打工心态、教师高流失率、内部管理机制阻碍了强效战略共识的达成。从长远来看，民办高校若要变强，就必须从人治走向法治，激发管理者主人翁精神，建立上下沟通机制，让每一个教职员工为了学校发展新理念而努力。为此，我们提出以下建议。

1）逐步建立完善民办高校章程。章程是民办高校完善内部治理结构，依法治校，建设现代大学制度的“宪章性”文件。章程形成是全校教职员工反复协商、修改、妥协的过程，因此也是凝聚共识、调动每一个教职员工积极性的过程。虽然目前上海民办高校都制定学校章程，但总体上都是举办者为了申报或年检的需要，而依照所谓的“范本”依样“炮制”的文本，其在实际办学中所发挥的规范和引领作用，十分有限。可以说，上海民办高校章程建设总体处于萌芽、自发的状态。在未来较长时间内，如何有序推进上海民办高校章程建设，从人治走向法治，是摆在政府面前的一项重大课题，需要很好地加以研究和解决。

2）建立举办者与教职员工认同机制。在学校理念形成过程中，举办者要摒弃“老板”思维，心存民主意识，积极与教职员工互动、反复协商，集小智为大智，形成共同理念。此外，还要切实发挥教代会和工代会的作用，进一步完善两代会制度，增强教职员工的主人翁意识和责任感。

（二）完善多元出资下的学校治理构架

除了创校之初举办者的基本建设投入之外，当前，上海民办高校日常办学经费来源主要是学费收入和政府资助。其中，自营资金、社会捐赠、服务收入等所占比例较小，甚至可以忽略不计。国外经验表明，多元出资是推动私立高校持续发展的必由之路。相比美国和日本等西方发达国家私立高校的多元资金来源格局，显然，上海民办高校的运营经费来源则显得过于单一（图 6）。

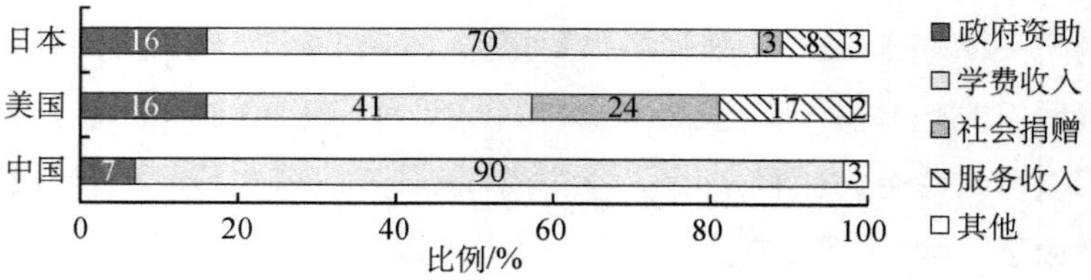

图6　中国、美国、日本民办（私立）高校资金来源对比

资料来源：根据冉云芳撰、范先佐指导的硕士论文《民办高校筹资问题研究》（华中师范大学，2008）的相关数据整理

在单一出资情况下，上海民办高校虽然都成立了董事会治理机构，施行董事会领导下的校长负责制，但“制度是以往世代所获得的知识仓库”①，尚处于稚嫩期的民办高校在治理过程中还存在诸多不足。例如，举办者控制董事会、个人决策高于集体决策现象普遍存在；举办者与校长权限不清晰，过多地介入学校日常管理实务；董事会筹资功能大于治理功能。与此同时，不少民办高校党组织建设也存在很多薄弱环节，监督机制则形同虚设。相比而言，美、日私立大学的治理架构则非常完善，值得我们学习和借鉴。

在民办教育新法新政的规范和指引下，随着多元出资格局成为发展趋势并逐步形成，上海民办高校的治理架构也要顺势改变，作出适应性调整和优化。为此，我们提出以下建议（董圣足，2017）。

1）健全民主科学的决策制度。通过完善学校章程，健全决策机构，优化决策机制，规范决策程序，从而实现决策的民主化、科学化，是完善民办学校法人治理结构、构建民办学校法人治理制度的核心内容。理论和实践表明，建立民主科学的决策制度，重点在于推进民办学校董事会制度建设，关键是要优化董事会的人员结构，明确董事会的职能权限，完善董事会的议事规则，形成一个内外结合、多方参与、程序规范、运行高效的决策体系。其中，尤其要加强民办学校党的建设，进一步完善党组织在学校决策和办学中的政治保障作用。这是当前和今后一段时期内，推进民办学校内部法人治理制度建设的重点和难点。

2）建立专业高效的执行制度。建立健全董事会领导下的校长负责制，推

① 柯武刚，史漫飞. 制度经济学：社会秩序与公共政策[M]. 北京：商务印书馆，2000：113.

动校长队伍职业化发展，提高以校长为核心的行政管理团队的执行力和战斗力，这既是维系民办学校稳健运行和科学发展的重要载体，也是构建民办学校法人治理制度的重要内容。在普遍存在“委托—代理”关系的现实条件下，加强民办学校执行机构的建设，一方面要依法保障校长独立行使教育教学和行政管理权，另一方面要着力完善校长的激励与约束机制。这不能单靠学校举办者自身的觉悟，还需借助政府力量和相关规制加以稳步推进。

3）建立多元制衡的监督制度。监督制度旨在通过逆向控制和行为约束，增强组织自我控制、相互制衡的能力，引导和规范组织行为朝着目标机制指引的方向高效运行。对民办学校任何权力的配置和运用，也应建立起相应的监督机制。因此，作为法人治理制度不可或缺的重要组成部分，民办学校监督制度的建立，除了要普遍设置监事会等独立的内部监督机构外，还要从实际需要出发，适时建立起强有力的外部公共问责制。在这一点上，相关部门可以探索建立民办学校独立监事制度，进一步完善向民办院校派驻党组织负责人兼任政府督导专员制度。

（三）推行学校管理层专职化和年轻化

民办高等教育是一项充满希望和挑战的朝阳产业，需要专职化和年轻化的学校管理层来运作。专职化能让管理人员把全部精力放在学校管理上，提高管理效率；年轻化使管理层更具活力和创新力，易于接受新理念，形成发展新思维。然而，我国民办高校校长中教学科研双肩挑现象普遍存在，比例高达 62%（图 7）；老龄化程度较高，上海民办高校校长入职年龄在 60—69 岁的比例为 69%（图 8）（董圣足，2014）。

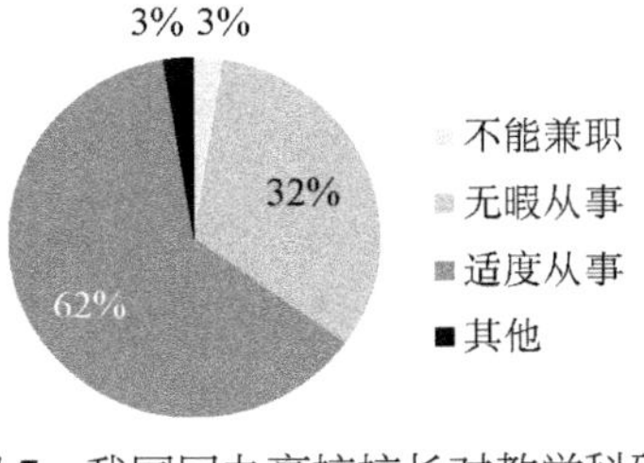

图 7　我国民办高校校长对教学科研认知情况

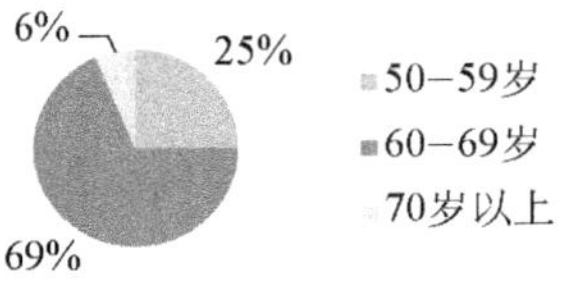

图 8　上海民办高校校长入职时年龄情况

目前，在年龄方面，依照《民办教育促进法》校长年龄“可以适当放宽”的精神，民办高校校长的年龄普遍规定在70岁以下即可。在校长专兼职方面，上海市教委曾在多年前的民办高校年检指标中就明确标明校长必须专职，但并未纳入制度化文本，政策存在一定的模糊性。为此，应建立相关制度，细化相关规定，并使其具有可操作性。

1）逐步建立民办高校校长选任制度。虽然个别学校有过“海选”校长的举动，但上海民办高校面上的校长选任制度尚未建立，还处于无章可循、过于随意的状态。根据我们对我国民办高校校长应聘途径调查发现，通过公开应聘途径获得岗位的比例较低（33%），通过举办方直接任命和行政部门推荐的比例过高（42.6%）。因此，有必要借鉴国外私立高校做法，尽快建立起一套适合国情、相对规范又容易操作的民办高校校长选任与聘用制度。例如，美国麻省理工学院选任校长资格指标分4方面（表1）（黄俊杰，2006）[143-144]，就相当明确并具有可操作性。

表1 麻省理工学院校长遴选会所列校长资格

资格	含义
个人方面	领导特质；正直；沟通技巧；精力旺盛；表现力；成长性；能够被学校赞助者赏识；对工作有热情
才华方面	对学校的未来有远见和想法；才华的深度和宽度；学习的好奇性和能力；对学校问题和机会的把握；研究状态和成就；国内和国际声望
学术方面	教育哲学和优先权；尊重差异；尊重本科和研究生教育；信奉学校作为研究型大学的理念；相关经验和成就
管理方面	管理风格：对学校适合和有效；证明有管理经验和成就；深思熟虑和果断坚决的平衡；适合校长管理角色；筹资经验和能力；学校管理理念

2）进一步完善内部中高管理人员培养机制。学校管理层的成长不能仅靠外部引进，更重要的是建立内部培养机制。教育主管部门应建立相应制度，配备专门资金，支持和推动学校层面不断加大中高级管理人员的培训培养工作；对学校来说，要着眼长远，科学设计管理梯队，并将对人员的培训培养工作制度化、机制化；而对管理人员个人来说，要与时俱进、奋发有为，自觉强化学习意识，不断增强学习能力，努力提高自身素质。

（四）致力于教育模式的变革与创新

教育模式是民办高校提升育人质量、实现特色人才培养、树立学校品牌的载体。通过教育模式的变革与创新，民办高校得以在残酷的人才市场竞争中独辟蹊径，傲立枝头。目前，上海部分民办高校虽有先进经验，但总体而言照搬公办模式者居多。例如，在专业设置方面，仿照公办高校开设课程不仅重复率高，而且同质竞争现象严重。因此，若要形成错位竞争态势，民办高校必须致力于教育模式的变革与创新。为此，我们提出以下建议。

1）及时调整办学定位，凝练个性化教育模式。功利性规模扩张、综合性发展道路已非当前民办高校生存之道。根据市场需要，及时调整办学定位，用个性化的教育模式培养适销对路人才，是民办高校赢得残酷市场竞争的法宝。

2）赋予学校更多专业设置自主权，指导整体专业布局。人才培养模式的创新离不开学校专业灵活而合理的设置。民办高校本应具有贴近市场、适时调整专业的机制优势，但由于行政审批的烦琐，这种优势无法发挥。因此，赋予民办高校更多专业设置自主权，是激发其活力和生命力的有效手段。赋权的同时，应从上海民办高校的整体专业布局出发，对专业设置给予指导。克服涌向热门专业，忽略相对冷门的人文学科专业；克服短期实用主义倾向，着眼社会长期发展趋势和需要。

（五）构建一个更具特色的校园环境

环境育人。优美的校园环境往往会给人以美的享受，会对长期浸润其中的学生起着潜移默化的影响。校园环境外显于物，内化为文化；校园的布局设计、建筑特点、内部装饰体现了举办者和设计者的审美素养和教育理念，烘托了育人氛围，凝聚成校园文化。纵观上海民办高校，类似格式化的麦当劳设计多见，而体现办学理念的校园布局、有特色的建筑设计并不多见。为了深入推进育人工作，上海民办高校迫切需要构建一个更具特色的校园环境。对此，我们提出以下建议。

1）合理规划布局，彰显办学理念。特色校园环境是合理规划布局的结果，根据学校办学理念和类型，所处地理位置和环境，在建校初期就应整体规划。这种规划和育人紧密联系在一起，彰显着学校办学理念，学生浸染其中，受其熏陶。

2）运用企业识别战略（corporate identity system，CIS），让理念落地生根。企业识别战略是对企业形象的有关要素进行全面系统的策划、规范，并通过全方位、多媒体的统一传播，塑造出独特、一贯的优良形象，以谋求社会大众认同的企业形象战略。它由理念识别（mind identity，MI）、行为识别（behavior identity，BI）和视觉识别（visual identity，VI）构成。其中，理念识别是核心，给整个企业识别战略奠定理论基础和行为准则，并通过行为识别和视觉识别表现出来。

（六）注重服务与实施负面清单式管理

《中共中央关于全面深化改革若干重大问题的决定》强调进一步简政放权，深化行政审批制度改革，最大限度地减少中央政府对微观事务的管理；加强地方政府公共服务、市场监管、社会管理等职责；推广购买服务。十九大报告和党的十九届三中全会则对国家治理体系和治理能力现代化建设作出新的部署，其中也包括要深化教育领域综合改革，推进管办评分离改革和放管服改革。因此，从今后的较长一段时期看，转变管理方式、简政放权、注重服务，也是政府教育管理体制改革的主基调。

政府教育管理的优化，是民办高校强校战略得以顺利施行的重要保障。虽然，目前教育管理体制改革已经取得长足进步，但从上海市来看，一些环节仍然存在“管得严、统得死”的现象。这就需要深入转变管理方式，进一步实施简政放权。当然，转变管理方式、简政放权不是放任自流，而是在放权和减少事前审批的同时，加强事中和事后监管，防止“一放就乱”。比如，2014 年上海市教委依法取消了“民办学校聘任校长核准”行政审批事项，同时要求以此为契机，进一步细化和明晰各级各类民办学校校长的任职条件与聘任程序，进一步指导民办学校按照规范程序，聘任符合相应条件的校长。同时，上海市教育管理部门在推进购买服务、搞好信息服务等方面，也开展了大量卓有成效的工作。尽管如此，上海市教育治理体系及治理能力建设仍然任重道远。随着国家行政改革步伐的加快以及上海自贸区建设的推进，未来一段时间，服务于民办高校强校战略，上海市教育行政部门还可以在完善政府购买服务制度和健全负面清单管理方面，有新的作为，实现新的突破。为此，我们提出以下建议。

1）建立市级层面购买教育服务的制度体系。在《浦东新区关于政府购买公共服务的实施意见（试行）》、闵行区《关于规范政府购买社会组织公共服务的实施意见（试行）》文件的基础上，总结浦东新区和闵行区的先进实践经验，着手制定上海市政府购买教育服务的制度体系，超越项目运作方式，形成政府向民办高校购买教育服务的长效机制。

2）创新管理方式，实施负面清单式管理。进一步深化教育行政审批制度改革，参照自贸区负面清单管理模式和教育部近期公布的 24 项权力清单，建立上海民办高校负面清单。鼓励和支持民办高校在清单之外领域有新作为，实现新发展。

参考文献

董圣足. 2017. 我国民办教育治理制度：变革与创新[J].华东师范大学学报（教育科学版），35（6）：18-26.

董圣足等. 2014. 寻找职业校长：民办高校校长职业化问题研究[M]. 北京：科学出版社.

黄俊杰. 2006. 大学校长遴选：理念与实务[M]. 北京：北京大学出版社.

李宣海，高德毅. 2014. 上海民办教育发展报告（2005—2012）[M]. 北京：科学出版社.

亚瑟 • M. 科恩，卡丽 • B. 基斯克. 2012. 美国高等教育的历程（第二版）[M]. 梁燕玲，译. 北京：教育科学出版社.

作者简介 董圣足，上海市教育科学研究院民办教育研究所所长、研究员。
佘国平，上海市教育决策咨询委员会原秘书长。

2035：How to Make Private Higher Education More Dynamic and Dynamic

——A Case Study of Shanghai

Dong Shengzu　She Guoping

Abstract： Under the background of the new era，how to realize the scientific and sustainable development of Shanghai private higher education in the future？Oriented education modernization 2035 grand strategies and even more，we need to have a strong based on the current and long-term developing strategy. For the purpose of this strategy that prompted Shanghai private higher education to change requires keen insight to era，the social and market development has a stronger ability to adapt，to more flexible，efficient and diversified school-running mode and significant education characteristics，better meet the demand of diversity，at the same time with a unique system advantages stimulate innovation potential，continuously explore more distinctive and attractive educational and teaching model，and make private higher education more vital.

Keywords： private higher education，Shanghai，powerful school strategy，school characteristics

试析我国高等教育重点建设的不虞效应

贾永堂　李　娜

摘　要：在高等教育领域进行重点建设，是中华人民共和国中央人民政府关于高等教育建设与发展的基本构想，在很大程度上体现了政府治理高等教育的总体意图与具体思路。本文在考察我国重点建设的由来与进程的基础上，尝试性地还原了其政策建设的初始意图，并着重讨论了重点建设的实施效果。本文认为，高等教育重点建设政策在高校组织发展层面获得了较为显著的预期内和预期外正面效果，在高等教育系统层面带来了一定的正面效应，在宏观治理层面也产生了一定的负面效应。基于此，本文指出，应充分认识到高等教育重点建设政策的局限性，并尽可能使建设的逻辑遵循生成的逻辑，同时注重塑造合理的高等教育秩序，促成人造秩序向自发、自生秩序的转变，最终从基于目标的政策向基于规则的政策转变，从而最大可能地防范意外负面后果。

关键词：重点建设政策　政策意图　不虞效应　高等教育发展

在高等教育领域进行重点建设，是中华人民共和国中央人民政府关于高等教育建设与发展的基本构想，在很大程度上体现了政府治理高等教育的意图与思路。中国在高等教育领域，选择独具特色的重点建设政策，采取集中优势力量重点突破的方式对少数高校进行重点建设，以期快速建设一批具有较高水平的大学，并快速培养一批满足政治、军事、经济和社会发展需要的人才，具有其合理性，也是“后发展中国”实现现代化战略的必然选择。当然，我们也要意识到，任何社会行动都有意外后果，都可能产生不虞效应。高等教育行动也不例外。在长达 60 多年的历程中，我国高等教育重点建设也引发了种种意外后果，尤其是意外负面后果，在政策的实施效果上产生了不虞效应。

“不虞效应”一词源于霍累斯·瓦尔坡，他在《不虞国三王记》中讲述了一个在不虞国无论做什么事情都会事与愿违的故事。后来，瓦尔坡将这一现象称为不虞效应，表示意外发现原来根本没有去追求的结果。学术界最早比较系统地研究不虞效应的是吉登斯（Giddens），他认为社会科学应该特别关注有意图行为的意外后果。安东尼·吉登斯（1998）[73] 把意外后果划分为三种情况：一是行动的“接续效应”，关注“由触发情境引发的一系列事件的积累”，并从“反事实”的角度追溯“因果链”（如追问在没有前一事件发生的情况下，意外后果是否还会发生）；二是行动的“复合效应”，关注“由一系列个体活动复合而成的模式”（如种群隔离问题）；三是“行动的意外后果以某种非反思性的反馈圈的形式，构成进一步行动的条件”。哈耶克（Hayek）也曾指出在我们竭尽全力自觉地根据一些崇高目标来缔造我们的未来时，我们却在实际上不知不觉中创造出与我们一直为之奋斗的东西截然相反的结果（弗里德里希·奥古斯特·哈耶克，2015）[33]。默顿（Merton）则把“意外后果”（或称“未预期到的后果”）作为一个问题和范畴提出来，其在《在有目的的社会活动中未预期到的后果》一文中，指出“未预期到的后果”有三种类型：“潜正功能”（由对系统具有“正功能”的那些后果构成）、“潜负功能”（由对系统具有“负功能”的那些后果构成）和非功能后果（与系统无关的后果，是很不重要的后果）（罗伯特·K. 默顿，2006）[152-153]，这种“未预期到的后果”（潜功能）即是“无意图的、未认识到的后果”（罗伯特·K. 默顿，2006）[170]。

政策后果的指向性与社会行动的意图密不可分。关于社会行动，帕森斯认为社会理论进行经验研究的主题是人类行动。他认为行动是朝向主体目标的动作，行动最基本的特征是具有意志性和目标导向，社会行动研究最重要的就是指出意向性，通过分析各种社会行动的一般性主观意向，概括出具有普遍意义的模式变量。在帕森斯看来，有关社会行动的意向性抑或其行动的意图是关注行动结果的首要方面。我国高等教育领域的重点建设政策作为一项社会行动，在政策实施前也有着相对较为明确的政策意图与取向，有其政策制定时的初始意图，也会有在实施过程中的调整。所以本文拟通过对高等教育重点建设政策的意图及其效果进行分析，借此探究其实施过程中产生的不虞效应。

一、我国高等教育重点建设的由来与进程

（一）高等教育重点建设政策的起源

中华人民共和国成立之初，高等教育的基础非常薄弱，长年战乱使得国家财政力量难以实现对高等学校的全面扶持，重化工业优先发展的战略对高层次应用技术人才的需求又十分迫切（胡炳仙，2010）[26-27]。借鉴苏联经验自然成为当时中国进行社会主义建设的唯一可行的道路选择。正是在此背景下，中国依据苏联模式建立了高度集权的管理体制和高度集中的计划经济体制。与此同时，在各种因素的作用下，革命战争时期形成的重点论思想得以沿袭下来并成为中华人民共和国各项事业发展的一个基本方针。在经过 1951—1953 年的院系调整之后，为了适应恢复和发展国民经济特别是国家工业化建设的需要，国家决定在全国高等学校中确定一批重点高校（刘宝存，2009）[1]。1954 年 10 月 5 日，高等教育部发布《高等教育部关于重点高等学校和专家工作范围的决议》(后文简称《决议》)，首次指定中国人民大学、北京大学、清华大学、哈尔滨工业大学、北京农业大学和北京医科大学等 6 所学校为重点高校（何东昌，1998）[362]。这是中华人民共和国成立之后首次确立重点大学，该决议的颁布标志着我国高等教育重点建设制度的正式发端。

（二）高等教育重点建设的政策动因

任何政策的颁布实施都会有相应的背景与动因，我国重点大学政策的产生同样具有深刻的历史根源和思想基础。执政党的政治承诺、计划经济体制的要求、重化工业优先发展的战略需要、对资源短缺背景下重点论的依赖、落后国家实现赶超的必然选择等政治、经济、社会多方因素联合推

动了高等教育重点建设政策的出台及实施。

1. 执政党的政治承诺

高等教育重点建设政策出台于中华人民共和国成立伊始。中华人民共和国成立初期，各项事业百废待兴，经历了几十年的战争困扰，人民群众迫切盼望新生活的到来。中国共产党作为领导中国的先进政党，在新时期为自己确立了推动国家与社会发展的宏伟目标，做出了开创新时代的神圣庄严的政治承诺。为此，党和政府特别重视通过一系列重大举措给国人以大有作为的印象。高等教育的重点建设作为以国家力量发起的超大型项目，其所激发出的精神力量、权力荣耀与认同符号，对国家治理权力的掌控者具有极大的吸引力。通过重点实施一系列大型项目，取得标志性成就，能够证明政府的执政能力，可以激发公众对国家的信赖，赢得公众对国家权力的持续认同，从而实现执政党“开创新时代”的政治承诺。可以说，执政党高标准的政治承诺决定了国家经济与社会建设、发展的政策目标，进而决定了重点建设这一政策安排。

2. 计划体制的要求

在中华人民共和国成立之初，高等教育属于国家公共事业，由党中央、国务院统筹规划安排，高等教育事业被纳入严密的计划发展模式。中央人民政府管控全国高等教育资源，依靠指令性计划和强制性规章制度管理高等教育的方方面面，政府掌控总体资源中的较大份额，并通过教育财政分配直接掌握高校发展建设的决定权。高等教育重点建设政策始于“一五”计划，在“整顿巩固、重点发展、提高质量、稳步前进”的方针指导下，高等教育部“一五”计划期间指定了 6 所高校为全国重点大学。中华人民共和国成立后，依据苏联的模式建立了高度集权的政治体制和高度集中的计划经济体制。同时，薄弱的基础与匮乏的资源，使得革命战争时期形成的“没有重点就没有政策”的思想被沿袭下来而成为各项事业发展的基本方针。从 1953 年国家开始实施国民经济发展的第一个五年计划起，教育就被正式纳入国家计划轨道，政府对公办学校实行直接的指令性计划管理。到 1956 年社会主义改造基本完成，国家不仅在经济领域，而且在教育领域形成了集中统一的计划体制（宋荐戈，2006）[317]。大学由国家集中进行计划、政府进行全面的管理，缺乏相应的自由度。可以说，计划体制必然带来重点建设，而重点建设反过来又强化了计划体制。

3. 重化工业优先发展的战略需要

1949 年之前，我国是一个典型的农业国，农业从业人口占比高达 83% 以上，工业产值仅为国内生产总值的 17%多一点（武力，2018）[9]。为了加速工业化，中华人民共和国成立后只能选择以重工业为龙头带动整体工业化的发展道路。时任国务院副总理兼国家计委主任李富春在《关于发展国民经济的第一个五年计划的报告》中明确指出，社会主义工业化是我们国家在过渡时期的中心任务，而社会主义工业化的中心环节，则是优先发展重工业。所以此时的高等教育的发展也承担着为重工业发展提供高级专门人才的重任。但是，中华人民共和国成立之初的高等教育体系并不能为优先发展重工业提供足够的工程技术人才，且当时高校在类型结构和科类结构上主要重文轻工，师范缺乏，与重工业优先发展的战略需求背离。1952 年院系调整之前，在全国 211 所高等学校中，高等工业学校和工程工业专科学校共有 33 所，仅占全国高校总数的 15%。1947 年，全国高校文、法、商科在校学生占大学生总数的 47.6%，工科在校生还不足 25%（张俊洪，1999）[43]。为了培养大量的工程技术人才，满足国家工业化的需要，政府对高等教育发展战略进行了调整：学校类型设置上大力发展专门学院、单科性院校，工业院校明显增多，1947 年为 18 所，1953 年增加至 43 所（张俊洪，1999）[42]。1952 年院系调整后，国家决定在全国高校中确定一批重点大学。在 1954 年的决议中，6 所重点大学的建设任务之一就是培养质量较高的各种高级建设人才及科学研究人才，以适应重工业优先发展的战略需要。

4. 对重点论的依赖

重点论是对事物对立双方力量发展不平衡性所作的概括，毛泽东在《矛盾论》《关于领导方法的若干问题》等著作中，对重点论进行了全面的论述，并指出“没有重点就没有政策”（罗远鹏，冯贵贤，1993）[221]。因此，重点论是无产阶级政党制定路线、方针、政策的重要哲学依据，也成为政府制定政策的直接理论根源与工作原则。当然，毛泽东提出的重点论是有时代背景的。在革命战争与中华人民共和国成立初期，经济落后、资源极其匮乏、国内外环境极其恶劣，出于巩固政权和国家建设的需要，毛泽东提出重点论思想，试图采用资源与权力高度集中的管理体制，在最短时间内最大限度地动员所有的社会资源满足当时复杂的政治斗争和军事斗争的需要（胡炳仙，2010）[27]。革命战争的胜利强化了重点论政策取向。人们对于“集中力量干大事”这一社会主义优越性的重要体认以及中华人民共和国成立初期资源短缺的现实环境，使得重点论这一政策指导思想在我国高等教育领域被持续沿用。

5. 落后国家实现“赶超”的必然选择

在中华人民共和国成立之初，面对国际环境和国内各行业发展水平低下的双重压力，党和政府必然高度重视各行各业的发展速度和发展绩效，以解决民生和国际压力等问题，激进型的“赶超”道路成为追赶先进国家的必由之路。“赶超”是指经济上的后进国家追赶先进国家并最终要超越先进国家的一种经济发展过程。选择赶超型发展战略，对后发国家而言，是启动现代化进程面临的一个极为重要的问题。如果说 1952 年以前的发展历史与当时的选择是当代高等教育赶超型战略的起点，那么可以认为“一五”计划提出的工业增速和超英赶美的大政方针奠定了我国高等教育赶超发展道路的基本格局（贾永堂，罗华陶，2016）[4]。1954 年起实施的重点大学建设政策就具有这一意味。重点大学建设作为中华人民共和国成立初期高等教育领域的战略选择，作为超大型项目，主要是想通过实施本身，证明组织实施这些项目的国家具有强大的能力，足以与发达国家并驾齐驱，进而强化制度自信和道路自信。

（三）高等教育重点建设进程

自 1954 年我国高等教育开始实施重点建设政策至今，高等教育重点建设政策经历了 60 多年的渐变式演变过程。根据国家高等教育重点建设政策的目标与方式，一般可以将其政策实施大致分为 5 个阶段。

1. 一般性重点建设阶段（1954—1963 年）

在经过 1951—1953 年全国高等学校院系调整之后，1954 年高等教育部颁布的《决议》确定了重点大学的目的主要是为了学习苏联先进经验，带动其他学校共同前进，并提出重点大学的主要任务是培养高质量人才和帮助其他学校培养师资等（何东昌，1998）[362]。这是中华人民共和国成立后首次确立重点大学，成为我国高等教育重点建设政策的起源。在“二五”计划期间，由于经济建设上的“大跃进”，高等教育领域也呈现冒进风势，高校数量激增，高校教育质量下降，原有重点大学数量较少，尚不能实现培养高质量人才的目标。在此背景下，1959 年 3 月 22 日教育部发布的《中共中央关于在高等学校中指定一批重点学校的决定》指定了 16 所高等学校为全国重点学校（何东昌，1998）[902]，此后又经国务院批准增加了 4 所大学作为全国重点大学，至此全国重点大学共有 20 所。1960 年 10 月 22 日，《中共中央关于增加全国重点高等学校的决定》及《关于全国重点高校暂行管理办法》的政策出台使得全国重点高等学校总数达到 64 所。在新确定的 64 所重点高校中，综合院校 11 所，占比 17.2%，而工科院校高达 34 所，占比 53.1%，这也反映出重工业优先发展的国家战略对我国高等教育产生的深刻影响（胡炳仙，2010）[43]。1963 年，经国务院批准，先后增设厦门大学等 4 所高校为全国重点高等学校。当然这一时期的重点建设高校主要作为教育机构的典范，承担的也主要是教学工作。这一阶段的重点大学更多的像一种荣誉头衔，除了享有一定的招生特权之外，获得的其他政策扶持较少。

2. 重点建设断裂阶段（1964—1978 年）

“文化大革命”将之前 17 年的高等教育格局打破，原来指定的重点大学也失去了建设基础。1966 年 6 月 3 日，中共中央、国务院发出《关于高等学校招生工作推迟半年进行的通知》；6 月 27 日，教育部发出《关于暂停 1966 年、1967 年研究生招生工作的通知》，研究生招生也一并暂停；7 月 24 日，《关于改革高等学校招生工作的通知》发布，其中重点强调在高等学校招生中，取消考试而采取推荐与选拔相结合的办法（何东昌，1998）[1402-1404]。在“文化大革命”期间，多数重点大学遭到不同程度的冲击，一些重点大学在此情况下被合并、重办甚至被撤销，只有与国防工业相关的理科类高校得到保留，文科重点大学几乎全面停办。1971 年的《关于高等院校调整问题的报告》提出了调整高等院校的意见，工科大学一般予以保留，农科、医科、师范多数予以保留，综合大学一般拟先保留下来，政法、财经和民族类学院多在撤销范围，确定将原有高校合并为 43 所，撤销中国人民大学、中国医科大学、北京政法学院、上海财经学院、华侨大学和中南民族学院等45所院校（中央教育科学研究所，1983）[437]。在这一时期，重点学校制度一度受到批判，重点大学被认为是“小宝塔”，批判“小宝塔”是培养少数“精神贵族”，划分重点学校是办贵族教育，搞“天才教育”，重新“对劳动人民子女实行文化专政”，从根本上否定高质量教育存在的意义（周全华，1999）[167]。前17年的高等教育秩序在“文化大革命”期间被打破，原有的高等教育体系被打乱，整个高校重点建设政策在此期间处于断裂态势。

3. 恢复重点建设阶段（1979—1983年）

“文化大革命”结束后，国内政治经济逐步走上正轨，邓小平同志复出并主管教育工作，使教育工作快速走上拨乱反正的道路。1977年7月底和8月初，邓小平同志连续两次对重点高校建设做出指示，“要抓一批重点大学。重点大学既是办教育的中心，又是办科研的中心”，“高等学校，特别是重点高等院校，应当是科研的一个重要方面军”，“教育部直属重点大学，双重领导，以教育部为主。教育部要直接抓好几个，搞点示范”（何东昌，1998）[1578]。在这些指示下，1978年2月，国务院下发了《国务院转发教育部关于恢复和办好全国重点高等学校的报告的通知》，提出第一批确定的全国重点高等学校为88所；至1979年底，全国共有重点高等学校97所（龚放，1999）[62-66]。此次重点建设运动是在中国高等教育经历了“文化大革命”后，由教育部发起、国务院批准的，恢复和重建重点高校主要是为了推动教育战线整顿工作、提高大学教育质量、迅速适应经济和社会建设发展需要，同时使这些重点大学在“社会主义强国”的建设中发挥积极作用。与“文化大革命”前的重点大学建设目标所不同的是，“文化大革命”后的重点大学建设开始兼顾教学与科研双重功能，重点大学除了要提高教育教学质量之外还要提高科学研究水平，以适应国家的现代化建设。

4. 纳入国家重点建设项目阶段（1984—1993年）

1983年5月15日，匡亚明、刘丹、李曙森和屈伯川四位大学校长联名向中央上书（也称“835建言”），提交了《关于将50所左右高等学校列为国家重大建设项目的建议》，向中央提议“加速建设一批重点大学”，新一轮的重点建设运动就此开启（南京大学高等教育研究所，2000）[282-286]。经国务院1984年4月2日批复并同意的教育部、国家计委的《关于将十所高等学校列入国家重点建设项目的请示报告》，把北京大学等10所高等院校列为重点建设高校；同年9月25日，增列哈尔滨工业大学等4所高校为国家重点建设项目。这些重点建设院校的范围较小，且主要都为在此前重点大学基础上批准的重点大学，所以这个重点建设政策也被称为“重中之重”（李福杰，2005）[10-14]。列为“重中之重”的高校还获得了国家安排的专项补助投资，所以“重中之重”建设政策也成为中华人民共和国成立以来的高等教育经费投入上的重要突破。它预示了高等教育重点建设的未来走向。此后，高等教育重点建设成为国家重点建设项目或者工程（龚放，2013）[11-15]。1985年出台的《中共中央关于教育体制改革的决定》提出，为了增强科学研究力量、培养高质量的专门人才，在改进完善研究生培养制度的同时，要有计划地建设一批重点学科（何东昌，1998）[2205]。1987年5月—1989年3月，国家教委先后发布《关于评选高等学校重点学科的暂行规定》及《关于高等学校重点学科评选的几点工作意见》，首次开始了重点学科的评选工作（胡炳仙，2012）[23]。重点学科的评选和建设工作是继“重中之重”项目实施之后的又一重点建设项目。

5. 专项工程建设阶段（1994年至今）

随着我国改革开放进程的加快以及经济全球化对中国经济社会发展影响的加深，高等教育的发展被视为提升我国国际竞争力的关键手段而占据举足轻重的地位。在此背景下，“211工程”和“985工程”作为直接提出建设世界一流大学的高等教育重点建设工程相继出现，对中国高等教育的发展产生了深远影响。“211工程”最初酝酿于1990年，起初仍以“办好一批重点高校”的形式提出。1990年6月，国家教委在制定全国教育事业十年规划和“八五”计划时，提出用二到三个“五年计划”，重点投资建成30所左右的重点大学。1991年4月，党的七届人大四次会议通过的《中华人民共和国国民经济和社会发展十年规划和第八个五年计划纲要》，将“有重点地办好一批大学”、“加强一批重点学科的建设”和“有计划地建设一批重点实验室”等内容纳入其中。1993年7月5日出台的《关于重点建设一批高等学校和重点学科点的若干意见》，明确决定设置“211工程”重点建设项目。两年后，《“211工程”总体建设规划》正式出台。“211工程”的建设主要关注学校整体办学条件建设、重点学科建设以及高等教育公共服务体系建设。该工程出台不足五年，另一项更具力度的高等教育重点建设项目出台了。1998 年 5 月 4 日，时任党和国家领导人江泽民同志在庆祝北京大学建校 100 周年的大会讲话中提出“我国要有若干所具有世界先进水平的一流大学”[①]；同年底由教育部制定并于次年初由国务院批转的《面向 21 世纪教育振兴行动计划》指出，“今后 10 到 20 年，争取若干所大学和一批重点学科进入世界一流水平”，这一政策通常被称为“985 工程”。

进入 21 世纪，“高等学校创新能力提升计划”（简称“2011 计划”）出台，国家逐渐开始淡化“211 工程”与“985 工程”。“2011 计划”鼓励高校与科研院所、企业、政府以及其他社会机构共同搭建协同创新平台，依托平台优势广泛吸纳社会资源，大力推进高校与高校、科研院所、行业企业、地方政府以及国外科研机构的深度合作。作为深化改革的前奏，我国于 2014 年取消重点学科审批，2015 年停止对“2011 协同创新中心”的认定。2016 年 6 月，教育部宣布一批涉及“211 工程”、“985 工程”、优势学科创新平台、“特色重点学科项目”的文件失效，“211 工程”与“985 工程”建设就此退出历史舞台。2015 年 10 月，国务院印发《统筹推进世界一流大学和一流学科建设总体方案》，决定统筹推进“世界一流大学和一流学科建设”。在国家“双一流”政策建设的推动下，各省市的“双一流”建设方案也相继出台，“双一流”建设成为现今我国高等教育领域重点建设的主要内容。

从 1954 年发端的重点大学建设政策开启了我国高等教育重点建设之路，中间或经历政策的彻底断裂，或恢复与发展，直到现今的专项工程建设。重点建设政策在 60 多年的渐进式演进过程中不断调整完善，政府对高等教育的行政管控亦逐步强化。“自上而下”实施的重点建设政策也体现出政府主导、举国体制和超大项目的中国特色。

二、高等教育重点建设的政策意图

要全面评价我国高等教育重点建设的利弊得失，应分析其政策效应；而要分析政策效应，必须考察其初始意图。政策意图可以通过政策明文宣称，也有可能隐含于政策过程之中，也就是说，政策意图体现在政策文本

① 江泽民在庆祝北京大学建校一百周年大会上的讲话. 1998-05-04. [EB/OL]. http：//www.moe.gov.cn/jyb_sjzl/moe_177/tnull_2475.html. [2018-08-10].

中，但又不全体现在这些文本中。在这里要探讨的主要是能够通过政策文本还原的明文宣称的意图。

（一）形成标杆性成果

肇始于 1954 年的高等教育重点建设政策，其背景是中华人民共和国成立之初对原有的私立大学、教会大学等形式的高等教育进行接收、改造，1952 年开启的院系调整，以及当时复杂的国内、国际形势。鉴于当时西方主要国家对我国采取的普遍敌视政策，新中国在政治、经济和文化教育政策设计上全面倒向苏联就成为不得已的选择。政府对高等教育进行的这些与国际高等教育道路隔断式的改革，必然要通过一定的方式对内证明其正确性和有效性，以获得公众的认可，对外证明走中国特色的建设道路的可行性和合法性。在“一五”计划的大环境下，对高等教育领域指定重点单位（全国重点大学）实施重点突破，无疑是良好的选择，这一决策产生的影响持续到现在（贾永堂，罗华陶，2017）[100-105]。在 1984 年中央政府提出的重点建设要求中，特别强调要尽快提高教学水平和科学研究能力，为国家培养数量更多、质量更好的高级建设人才，向国家提供高水平研究成果；1987 年出台的《关于评选重点学科的规定》主要是为了增长科学研究力量，有计划地建设一批重点学科（何东昌，1998）[2615]。1984 年，国务院批复《关于将十所高等学校列入国家重点建设项目的请示报告》的举措，标志着高等教育重点建设正式列为“国家重点建设项目”；教育部 1999 年工作要点中曾指出：要加快“211 工程”的实施，推动标志性成果的产生（教育部，1999）。对于高等教育主管部门而言，标志性成果就是显在的政绩。开启“985 工程”的国家领导人讲话以及系列政策文件是在“科教兴国”基本国策上形成的，“创建若干所具有世界先进水平的一流大学和一批一流学科”的根本意图就在于国家的兴盛，提升国家在世界层面的地位。“2011 计划”也明确指出依托国家重点学科建设的协同创新机制，要集聚和培养一批拔尖创新人才，产出一批重大标志性成果。“双一流”建设方案的建设任务也主要为建设一流师资队伍、培养拔尖创新人才、提升科学研究水平、传承创新优秀文化以及着力推进成果转化等。

可以看出，从 1954 年政府首次指定 6 所全国重点大学到“211 工程”

和“985 工程”，再到近期的“双一流”建设，重点建设政策的一个十分重要的政策意图就在于通过重点建设产生相应的标杆性成果，如拔尖人才的培养和创新科研成果的产出等，获得社会认可且提升高等教育的贡献率。

（二）树立政府权威、彰显国家能力

在重点建设过程中，政府通过对资源的不均衡配置和相应的政策安排，加强了对高等教育的行政管控，树立了政府的权威。这种加强行政管控和树立政府权威的意图，在重点建设政策的开启之际便已十分明确。例如，1954 年出台的《高等教育部关于重点高等学校和专家工作范围的决议》中明文规定要“加强行政管理”；至于《中共中央关于在高等学校中指定一批重点学校的决定》，从字面就可见，重点大学主要由政府指定。之后 1978 年的《国务院转发教育部关于恢复和办好全国重点高等学校的报告的通知》中首先就指出：确定 88 所全国重点学校。而后在 1989 年重点学科评选中，强调了通过学校申报、主管部门推荐、同行专家评审的方式确定重点学科，但是选取的重点学科主要来自于符合条件的博士点中。再如重点建设的对象遴选也体现了行政管控和树立权威的意图，重点建设对象的遴选方式主要有“政府直接指定”、“预审制”及“专家咨询监督与政府决策相结合”。其中，“政府直接指定”方式出现在 20 世纪 90 年代之前的重点建设过程中，这种方式直接体现了行政管控和权威意图；而后两种方式分别是“211 工程”和“985 工程”遴选建设对象的方式——有人把前者称为“淘汰性评审”，把后者称为“非淘汰性评审”（陈学飞，2006）[145-157]。事实上，无论是“预审制”，还是“专家咨询监督与政府决策相结合”的遴选机制，最终决策权均属于政府。另外，政府出台的一系列政策文件也显示了政府强化行政管控和树立权威的意图，如 1959 年《中华人民共和国教育部关于全国重点高等学校暂行管理办法》、1961 年《关于审定全国重点高等学校发展规模和专业设置的报告》、1978 年《全国重点高等学校暂行工作条例（试行草案）》、1980 年《关于高等学校领导干部管理工作的通知》和《面向 21 世纪教育振兴行动计划》、2004 年《教育部　财政部关于继续实施“985 工程”建设项目的意见》、2010 年《国家中长期教育改革和发展规划纲要（2010—

2020 年）》和《教育部、财政部关于加快推进世界一流大学和高水平大学建设的意见（征求意见稿）》等。总之，由于政府掌握着高等教育建设与发展的基本资源，通过对资源的不均衡配置，自然而然地对需要管控的对象（高等学校）产生了强大的资源吸引力和行为塑造能力，政府希望通过这种吸引力来加强行政管控和树立权威。

（三）突破资源制约，以点带面

中华人民共和国成立之初，经济社会发展水平低下，高等教育建设资源匮乏。重点建设政策在很大程度上正是为了化解高等教育建设与发展的资源危机而产生的，期望借以实现以有限资源办高水平的大国高等教育的目标。同时重点建设政策期望实现以点带面的政策效应。例如，1954 年的《高等教育部关于重点高等学校和专家工作范围的决议》中明确指出，"确定重点高等学校是为了学习苏联先进经验……带动其他学校，共同前进"；1960 年 10 月的《中共中央关于增加全国重点高等学校的决定》强调设置全国重点高等学校是为了"更有力地提高我国高等学校的教育质量和科学水平"；1978 年 2 月，《国务院转发教育部关于恢复和办好全国重点高等学校的报告的通知》特别强调了"恢复和办好全国重点高等学校是一项战略性措施，对于推动教育战线的整顿工作，迅速提高高等教育的水平……是完全必要的"，报告突出了重点高校的示范使命和任务；1984 年，教育部、国家计委《关于将 10 所高等学校列入国家重点建设项目的请示报告》中指出，列入重点建设项目的大学，要为其他高等院校做出示范（何东昌，1998）[2166]。1995 年 11 月印发的《"211 工程"总体建设规划》要求"一部分重点高等学校和一部分重点学科……总体处于国内先进水平，起到骨干和示范作用……从整体上加强我国高等教育基础设施建设，提高高等学校的办学水平和办学效益"；2004 年，《教育部　财政部关于继续实施"985 工程"建设项目的意见》也提到了"建设世界一流大学，是推动我国高等教育整体水平跃升，实现跨越式发展的重要举措"。由此可见，通过重点建设和局部突破，以点带面，实现高等教育整体发展水平的提升，是高等教育重点建设政策产生以来始终坚持的政策意图之一。

（四）重塑高等教育秩序

从 1948 年起，伴随着解放战争的胜利，政府对高等教育开始进行接管、接收与改造。在接管和改造公立学校的同时，对教会学校和私立学校的接收与改造也逐步展开。1952 年，在全面学习苏联经验的基础上，我国开始进行了大范围的院系调整，最终基本实现了发展工科和师范院校，加强综合大学的目标。而 1958 年开始的教育革命导致高校数量激增，超常规的发展导致高等教育远远超出我国经济和社会承受能力，高等教育质量下降，正常的教学秩序被打破，对人力物力也造成了极大的浪费，所以 1959 年起中共中央开始指定 16 所高校（后增加 4 所）发挥示范作用，着重提升高等教育质量。“文化大革命”使得高等教育前 17 年的成果几乎损失殆尽，重点建设政策就此断裂，高等教育秩序陷入紊乱。1978 年，党中央做出了重建和恢复重点高校的决定，其实也是对高等教育秩序与体系结构的拨乱反正。通过建设重点大学，发挥以点带面效应，推动整个高等教育体系的完善与变革，重建高等教育体系，重塑高等教育秩序。此时的高等教育体系建设是完全由政府主导的结构与秩序安排，且反复重申各高校必须科学定位，强调各安其位，找准自己的发展方向，办出自己的特色。

三、高等教育重点建设的效果

在分析了重点建设的可能的意图之后，须进一步考察其效果，或者说后果。考察政策后果，其实就是对政策意图贯彻于实践的结果进行分析或者价值判断。这一“政策分析”或“政策评价”是获得对采用一项政策后所产生的影响进行价值判断的重要手段。查尔斯·琼斯指出，“政策执行之后，政府有关组织对执行效果进行检核、陈述、评价和分析。其作用在于认定该政策是否正确，为政策的修正提供依据”（Jones，1977）[9]。与其他公共政策一样，对于高等教育重点建设政策意图的贯彻和执行所产生的社会后果，我们也需要进行深入分析。我们首先应该看到高等教育重点建设政策作用于高等教育发展的不同层面（具体而言包括组织发展层面、高等教育体系结构层面及高等教育治理层面）的效果是不同的。更重要的是，一项政策被采用后所产生的政策后果是纷繁复杂的，是可能出乎意外的，是难以完全控制的。以往对高等教育重点建设的效果分析主要采用七分成绩三分问题的二分评价方法，多少失之简单。本文拟将政策后果从意料之中与意料之外（合意图与反意图）、积极与消极两个维度，将政策后果划分为四种类型：意料之中的积极后果、意料之中的消极后果、意料之外的积极后果和意料之外的消极后果。本文所重点关注的“不虞效应”主要属于意料之外的消极后果。

（一）重点建设的积极后果

1. 意料中的积极后果

意料中的积极后果主要是指符合高等教育内在逻辑的或有利于高等教育发展的政策后果，这一后果也表示政策制定者的初始意图得到最佳实现。高等教育重点建设的意料中的积极后果也多集中在高校组织层面。

（1）国字号重点高校办学水平显著提升

在重点建设政策的作用下，我国高等教育建设与发展水平获得了世界的认可，高校的学术成果国际影响力得到快速提升。中国内地有 23 所高校进入 2018 年版的上海交通大学世界大学学术排名的前 300 名①。2018 年上海交通大学世界一流学科排名显示中国内地 8 所高校表现强劲，在 8 个学科位列世界第一；中国内地高校共有 202 所高校上榜，仅次于美国，位列世界第二。②在学术水平上，“中国高水平大学发表的国际论文数量和被引次数成倍增长，快速逼近世界一流大学的平均水平，目前有十余所学校的年度国际论文产出数量已进入世界高校前 100 名行列”（宗河，2013）。另外，通过执行重点建设政策，我国培育了一批综合性研究型大学，已有 50 余所大学达到卡内基基金会关于研究型大学的分类标准，即“每年至少在 15 个学科授予 50 位博士学位”，成为符合国际标准的研究型大学（陈学飞，2016）[11-13]。重点建设政策使我国重点大学形成了拔尖创新人才培养基地，

① Shanghai Ranking. 2018-08-15. Academic Ranking of World Universities 2018[EB/OL]. http：//www.shanghairanking.com/ARWU2018.html.[2018-08-16].

② Shanghai Ranking. 2018-07-17. Shanghai Ranking's Global Ranking of Academic Subjects 2018 Press Release[EB/OL]. http：//www.shanghairanking.com/ShanghaiRankings-Global-Ranking-of-Academic-Subjects-2018-Press-Release.html.[2018-07-17].

通过重点学科、特色专业、精品课程建设和现代大学制度建设试点等，人才培养质量大幅度上升（宗河，2013）。高等教育系统内部也逐渐形成多元发展的局面（马陆亭，2015）[8-9]。这种上升的态势，虽然只是学术影响力这一个方面，但也反映出我国顶级高校正以较快的步伐向世界一流大学迈进（宗河，2013）。

（2）推动了科研创新水平的提升

通过持续高强度的重点建设，中国高水平大学的科研创新能力和水平得到大幅度提升，尤其是发表的国际论文数量和被引次数成倍增长，快速逼近世界一流大学的平均水平，有十余所学校的年度国际论文产出数量已进入世界高校前 100 名行列。其中，“211 工程”和“985 工程”学校发表的国际论文的篇均被引次数已经提高到世界平均水平的 90%左右，部分学校的论文质量已经接近国外研究型大学群体的平均水平。更令人振奋的是，经过重点建设，清华大学等学校已经形成了在生命科学、物理学和化学等基础学科的前沿问题上持续做出重大原创性成果的能力，近几年每年都能在《自然》《科学》等国际顶尖刊物上发表多篇高水平论文，在国际学术界的影响力越来越大（宗河，2013）。

（3）学校内部治理得到有效改进

完善大学内部治理结构，推进现代大学制度建设已经成为党和政府的重要意志，也是重点建设的重要意图之一。自 1985 年《中共中央关于教育体制改革的决定》颁布以来，高等教育管理体制改革始终是高等教育改革的重要领域。“扩大高等学校的办学自主权”是决定中的重要关键词。2010 年 7 月 29 日，《国家中长期教育改革和发展规划纲要（2010—2020 年）》颁布，明确指出要“完善中国特色现代大学制度”，“完善大学治理结构”。公办高等学校要坚持和完善党委领导下的校长负责制；健全议事规则与决策程序，依法落实党委、校长职权；完善大学校长选拔任用办法；充分发挥学术委员会在学科建设、学术评价、学术发展中的重要作用；探索教授治学的有效途径，充分发挥教授在教学、学术研究和学校管理中的作用；加强教职工代表大会、学生代表大会建设，发挥群众团体的作用。与 20 世纪五六十年代的高校管理体制相比，当前我国大学的内部治理结构正在逐步完善。值得指出的是，自 21 世纪以来，各大学纷纷制定了自己的章程，这成为我国高等教育内部治理结构变革的又一标志。重点大学又一次走在了治理结构与治理能力现代化探索的前面。2010 年 10 月 24 日，《国务院办公厅关于开展国家教育体制改革试点的通知》明确北京大学、中国人民大学、清华大学等 26 所部属高校同时都是重点建设高校，作为推动建立健全大学章程、完善高等学校内部治理结构的试点学校。2011 年 11 月 28 日，教育部颁发《高等学校章程制定暂行办法》，要求“高等学校应当以章程为依据，制定内部管理制度及规范性文件、实施办学和管理活动、开展社会合作”。该办法出台后，各重点高校纷纷依照章程规定管理学校，尊重学术自由、营造宽松的学术环境，全面实行聘任制度和岗位管理制度，同时确立科学的考核评价和激励机制。正是借重点建设的东风，一批高水平大学的治理结构和治理水平得到快速改善。

2. 意料外的积极后果

意料外的积极后果主要是指由政策实施所带来的虽不能从政策意图中找到依据或直接推断但是有利于高等教育发展的政策后果。高等教育重点建设产生的意料外的积极后果也主要集中在高校组织层面。当然，重点建设也推动了高等教育宏观治理中的办学体制改革，并在一定程度上促进了高等教育体系结构的完善。

（1）组织层面

第一，高校办学条件得到快速改善，教育经费投入快速增长。

自 1954 年我国实施高等教育重点建设以来，重点高校的办学基础设施以及各项实验室建设条件得到显著改善。在基本建设（包括校舍和实验设备建设）上，国家加大了投资力度。随着各级政府对高等教育投入力度的加大，重点高校办学条件得到快速改善，甚至部分普通高校的办学条件也得到不断改善，与教育质量提升紧密相关的教学科研仪器设备、信息化设备及网上课程资源等配置水平提高较快。关于学校整体办学条件的建设，“211 工程”的建设内容中就有明确要求，其主要有三个方面的建设内容，学校整体办学条件建设就是其中之一。在《“211 工程”总体建设规划》中也明确指出“九五”期间学校整体办学条件建设的任务是重点建设两所高校，着重提高和改善 25 所左右与我国社会主义建设密切相关、重点学科比较集中、承担较多公共服务体系建设任务的高等学校的教学和科研基础设施建设条件。据《2016 年全国教育事业发展统计公报》，全国普通高校生均教学辅助及行政用房面积 14.2 平方米（比上年增加 0.1 平方米），生均教学科研仪器设备值为 13 845 元（比上年增长 8.5%），每百名学生拥有教学用计算机 27.0 台（比上年增加 1.0 台），校均上网课程为 169.9 门（比上年增加 11.3 门）。经过近 10 年的大规模基础设施建设，我国高校的基本办学条件得到了改善。近年来，重心已经转向进一步补足和提升办学条件核心要素的数量和质量，包括提升教师队伍质量、精品课程与优秀教材建设、加强实验室、实习实训基地建设等（李国强，2016）[3]。教育投入曾经长期制约我国教育建设与发展，包括高等教育的建设与发展。20 世纪 90 年代中期以后，随着“211 工程”和“985 工程”的推进，教育投入对教育建设与发展的制约逐渐减弱。今天，我国部分顶尖大学所获得的经费投入已经接近世界顶尖大学的水平。客观而言，在很长时间内，我国高等教育重点建设更关注过程和结果，但对结果的关注，带来了对投入的关注。这在一定意义上可以看作一种意外积极后果。

第二，教师队伍博士化和国际化水平得到快速提高。

教师队伍的博士化和国际化水平提升成为继高校办学条件改善之后重点建设的又一意料外的积极后果。根据国家统计局教育数据显示，1990 年，全国高等学校教师拥有研究生学历人数（63 982）占总人数（394 567）的 16.2%（国家教育委员会计划建设司，1991）[32]，而拥有博士学历人数（3882）仅占 0.9%。2016 年全国普通高等学校教师拥有研究生学历人数（947 904）占总人数（1 601 968）的 59.15%，拥有博士学历人数（366 289）占总人数的 22.8%（教育部发展规划司，2017）[56]。与 1990 年高校专任教师学历情况相比，当前教师队伍的学历水平有了显著提升。重点大学在其中起到了关键性带动作用。一批重点高校在关注办学水平提升的过程中，随着高等教育国际化浪潮的逐步推进，逐步关注本校教师国际化水平的提升，各个高校乃至国家的引才计划吸引海外留学人员回国任教，同时我国高校外籍教师人数占比逐年上升。在建设过程中，重点建设政策的目标逐步瞄准国际水平（如“世界先进水平”“世界一流”），“引进来”和“走出去”最终成为高等教育建设与发展中常见的人才战略。从 1978 年到 2007 年底，我国各类留学回国人员总数达到 31.97 万人，尤其近几年留学回国人数规模呈逐年扩大趋势。在教育科研领域，77%的高等学校校长、84%的中国科学院院士、75%的中国工程院院士、62%的博士生导师和 71%的国家级教学研究基地主任有过出国留学经历（国家统计局，2009）[112]。2012 年的第四轮学科评估显示师资队伍国际化水平日渐提升，具有海外交流经历的教师占比 29%[①]。1995—2011 年，历次新当选的中国科学院院士中“211 工程”学校所占的比例呈显著上升的趋势，从初期的 30%—40%增加到近 5 年的约 50%；在 1999—2011 年国家自然科学基金委员会评选出的 2184 名“国家杰出青年科学基金”获得者中，60%是“211 工程”学校的教师（宗河，2013）。在师资队伍整体水平快速提高的同时，中国高水平大学还引进了一批包括诺贝尔奖得主在内的国际知名的学术大师和大批国际一流的学科带头人，高端人才的集聚度不断提高。可以说，我国高水平大学教师队伍结构与水平的改善，直接得益于重点建设政策。但是，在很长时期内，重点建设政策本身并未太过强调教师的博士化与国际化。教师队伍结构与水平的提高更多属于意外后果。

第三，大学教师经济社会地位的显著提高。

教师的经济与社会地位是一个不断被关注的问题，仅邓小平同志就先后十余次在不同的时间和地点讲到要提高教师的待遇和社会地位。1956 年 4 月 16 日，国务院发出通知，提出要改善高级知识分子的工作条件。1962 年 7 月，教育部发出通知，从该年下学期开始，根据《教育部直属高等学校暂行工作条例（草案）》第三十条的规定，建立教授、副教授和讲师的轮流休假制度。1963 年 12 月劳动部发出《关于某些事业单位职工实行经常性奖励制度的通知》，多数高校建立了经常性的奖励制度。1981 年，教育部发出通知，在高等学校试行教师工作量制度，并颁发了《高等学校教师工作量试行办法》。1993 年，《中华人民共和国教师法》明确规定：教师的平均工资水平应当不低于或者高于国家公务员的平均水平，并逐步提高。虽然这一硬性要求对教师的薪酬制度没有较大的改善，但其从法律规范上开始重视教师薪酬待遇。但客观而言，直到 20 世纪 90 年代中期，教师（包括大学教师）的经济与社会地位始终没能得到显著提升。21 世纪之初，为

① 教育部. 2017-12-28. 学科建设与国家发展同步共频 党的十八大以来学科建设情况综述. [EB/OL]. http://www.moe.gov.cn/jyb_xwfb/gzdt_gzdt/s5987/201712/t20171228_323246.html.[2018-07-16].

实施科教兴国战略，在一系列重点建设政策推动下，大学教师待遇提高成为关注重点，1998 年实行的“长江学者奖励计划”，包括实行高等学校特聘教授岗位制度和“长江学者”成就奖两项内容，首批特聘教授 73 名，在聘期内享受每年 10 万元人民币的岗位津贴①。“长江学者奖励计划”是高层次创造性人才工程的重要项目之一，后续的人才项目都有不同程度的奖励。大学教师薪酬待遇提升的同时，其职业声望也一直在多数职业岗位中位于前列。2010 年 11 月 25 日，中国科学技术协会公布了第八次中国公民科学素养调查结果，其中职业声望方面的调查显示，教师以 55.1%的支持率位居职业声望排行榜首位，它也是公民最希望子女从事的职业（张国平，2012）[70]。由此可见，大学教师，尤其是高水平大学教师的经济社会地位得到了显著提高。越到近来，高水平大学的建设对高层次人才的需求越旺盛，各重点高校纷纷大量引进、培养高层次人才，这些高校的教师学历、职称层次得以提升，经济社会地位得到快速提高。客观而言，高水平大学教师经济社会地位的提高，或许是多因素综合作用的结果，但毫无疑问，重点建设政策在其中居功至伟。然而，这同样不是重点建设政策刻意而为，而属于其意外所得。

第四，重点大学办学自主权的扩大。

通过重点建设政策的实施，重点大学获得了一定的办学自主权。实事求是地说，在计划经济时代，大学，包括重点大学，几乎没有多少办学自主权，以致改革开放以后，一批校长书记还在公开呼吁给大学一点办学自主权。1985 年《中共中央关于教育体制改革的决定》的颁布，拉开了探索高等教育体制改革的序幕。首先就是改善和加强了政府对高等学校的宏观管理职能，扩大了高校的办学自主权。我国高等教育重点建设政策的初始意图之一是“利用资源的不均衡配置产生的吸引力，加强对高等教育的行政管控，树立政府权威”，但由于政府在后续的建设过程中认识到过强的“行政管控”对高等教育的发展产生了束缚，为了促进重点高校加快建设和改革，在“211 工程”和“985 工程”建设中，逐渐对重点高校采取了一定的权力下放的配套政策，如本科“自主招生”、研究生招生“自主命题”和“自主划线”等方

① 教育部. 1998-07-13. 关于实施“长江学者奖励计划”有关事宜的通知[EB/OL]. http：//www.moe.gov.cn/srcsite/A04/s7051/199807/t19980713_162233.html.[2018-08-16].

面。而随着国家高等教育治理现代化的推进，大学自主权也在不断扩大。

（2）宏观治理层面

在宏观治理层面，促进了高等教育办学体制改革，多元化的办学体制逐步形成。

进入 20 世纪 80 年代以后，我国高等教育进入了一个规模持续扩大的时期。1978—1989 年，全国普通高校从 598 所增加到 1075 所，在校生从 86 万人增加到 208 万人。这个时期我国的高等教育规模逐步扩大，源于原有的计划经济体制的高等教育体制已经难以适应高等教育发展的需要。20 世纪 90 年代初，我国开始探索建立社会主义市场经济体制下的高等教育管理体制。1994 年国务院出台《中国教育改革和发展纲要》，标志着我国高等教育进入了全面探索建立与社会主义市场经济体制相适应的高等教育体制的新的发展阶段。在办学体制上，通过共建共管、合并学校、合作办学、协作办学、转由地方管理等形式的改革和调整，改变了原有办学体制的“条块分割”、结构布局不合理、办学效益低的状况。该纲要还提出要扩大地方在高校的管理权、统筹权，以及加强高校办学自主权的改革，逐步形成中央省级两级管理，以省级统筹为主。整体上，多元化的办学体制在推动中逐步形成。应该说，重点建设作为一种关键推手，促进了我国高等教育宏观治理层面的一系列变革。为了调动地方政府参与辖区内高水平大学建设的积极性，中央政府出台了大量放权政策，尤其是在办学体制和管理体制等方面，形成了对传统格局的有效突破。

（二）重点建设的消极后果

1. 意料中的消极后果

意料中的消极后果在本文中属于部分初始意图已经实现，但是从长远看，却带有很大消极性的后果。此类后果虽属“有行动”“合意图”的政策后果，但它与高等教育发展的内在逻辑不相一致，是“消极的”政策后果。高等教育重点建设中产生的意料中的消极后果在高校组织、高等教育体系以及宏观治理三个层面都有所体现。

（1）组织层面

在组织层面上，学科专业布局得到调整，但学科生态未必得到改善。

在重点建设政策的推动下，多数单一性的工科院校或者文科院校逐步向综合性方向发展，学科数量增加，门类也更加健全，整个学科专业布局在建设过程中得到调整。但是，由于项目建设以及高校对资源的争夺，功利性的学科裁撤现象开始大量出现。此类意外后果在“双一流”建设提出后表现得十分明显，中山大学、山东大学、中国传媒大学、武汉大学以及兰州大学等高校纷纷裁撤教育学学科或建制，一批教育学科基础比较好且实力较强的学科在建设中被淘汰，而一些地方高校反而开始新建教育学，形成了某种意义上的劣胜优汰的格局，整个学科建设秩序就此也被扰乱，学科生态出现某种退化（胡乐乐，2016）。

（2）高等教育体系层面

第一，形成了金字塔式结构秩序，但妨碍自发秩序生成。

以往也会有好的大学与一般大学的区分，全面推进重点建设以后，学校的层次等级分得更加清楚，形成了一个断裂体系。由于高校主要都由政府主办，政府是有层级的，所以学校间也是有等级的，这是等级规则形成的基础。国务院各部委所开办的学校是部属院校，这些大学几乎都先后成为“重点大学”，省级行政部门所办的学校是地方院校，这两类大学在招生、分配中传统上都存在着先后次序。在中国，通过重点建设，高等教育领域出现了一个等级地位区分度极为清晰的金字塔式圈层结构，以清华大学、北京大学两所高校为金字塔塔尖，7 所部委高校为金字塔第二阶层，也被称之为“C9 联盟”，之后一般为 34 所“985 工程”重点高校、5 所“985 工程”二期建设高校、985 平台建设高校紧随其后，再后才是“211 工程”建设高校，而一般性地方普通高校则居于金字塔偏塔底位置。除了这些等级区分之外，高校的等级还体现在学校领导的“行政级别”上，有 30 余所高校的主要领导所拥有的行政级别是“副部级”，而一般的高校领导都是司局级（张国兵，2010）[156]。这是一个人为安排的体系，所体现的更多是人定秩序而非自生自发秩序。相比而言，后者更具有创造性。在哈耶克看来，自发社会秩序所遵循的规则系统是进化而非设计的产物，而这种进化是一种竞争和试错的过程。哈耶克将社会秩序分为组织秩序和自发秩序，自发秩序是个人行为经由规则引导、互动下自我衍生而成。目前我国高校形成的金字塔式的结构主要是由政府完全指定和主导形成的一种等级结构，而非高校在自我衍变过程中形成的秩序，所以重点建设政策在一定意义上忽视且并没有尊重高校自发秩序（弗里德里希·奥古斯特·哈耶克，1997）[56]。在重点建设基础上形成的圈层结构虽然确定了不同高校在高等教育系统中的地位，防止了无序竞争，但是也抑制了自发自生秩序的形成，弱化了系统的活力。

第二，推动了院校合并，但原有高校特色被稀释。

20 世纪 80 年代，在反思单科性院校的局限的过程中，一些教育家、科学家认为，综合大学是高水平大学发展的方向，也是知识生产、科技进步所需要的组织形式。在这一认识的推动下，很多学校都开始向综合性大学发展，形成了综合性大学运动，如 1992 年扬州六所高校合并组成扬州大学，国家教委批文认为这是“一项具有开创性的工作，是我国高等教育发展中的一件大事，对于探索创办具有中国特色的社会主义多科性综合大学具有重要意义”①。工科院校也开始追随这一潮流，部分工科大学开始重振理科，涉足人文和社会科学，向综合化的方向发展（如清华大学）。新浙江大学的成立、清华大学与中央工艺美术学院的合并、北京大学与北京医科大学的合并等也都属于这一运动（张国兵，2010）[133]。但是，高校之间这种拆分与组合，也使高校丧失了原有的特色和优势。在“做大做强”的旗号之下，出现了一些为了利益而不顾高等教育的内在逻辑而任意改变大学的组织形式的现象，如“211 工程”实施期间为了获得入选资格，1994 年四川大学、成都科技大学、华西医科大学三校经过两次合并而成的四川大学；2000 年 6 月 12 日，五所位于长春分别隶属于教育部、卫生部、国土资源部、信息产业部的吉林大学、吉林工业大学、白求恩医科大学、长春科技大学、长春邮电学院合并组建成新的吉林大学等都是最好的例证（刘道玉，2009）[89-99]。每所大学都有自己的发展历史、文化背景以及办学特色。为了达到某些评价指标而进行的合并，具有过强的功利性，可能忽视了大学发展本身的逻辑，导致大学原有的优势和特色受到一定冲击，甚至是丧失。创建于 1956 年的武汉测绘科技大学曾是世界上测绘学科门类最齐全、规模最大、教育层次和办学体系最完整的高等学府，被公认为世界测绘三

① 改革发展高等教育的有益探索，扬州六所高校组建扬州大学[N]. 中国教育报，1992-06-06，02.

强之一，但是自2000年8月起教育部将该校并入武汉大学，成为武汉大学测绘学院，合并后的学院的特色受到较大冲击，被强力稀释。高校合并被称为第二次院系调整，它在追求聚合效应的过程中再次人为塑造了高等教育的秩序，也曾产生一定积极影响，但人为地造成了一批特色学校的消失。

（3）高等教育宏观治理层面

第一，政府主导重点建设实现了宏观统筹，但大学自治被抑制，市场调节机制被弱化。

与西方国家的高等教育改革相比，我国高等教育改革的一个重要特征是，政府是改革的设计者、发动者和推动者。政府主导重点建设，全能的治理模式，将整个高等教育从微观到宏观都纳入党和国家的权力结构中。从1985年《中共中央关于教育体制改革的决定》的颁布、实施高校招生并轨、实行高等教育收费制度，到“211工程”“985工程”建设，又如高校大规模扩招，再到启动高等教育质量工程、实行本科高校教学水平评估甚至高校内部的教育教学改革，如面向21世纪高校教学内容和课程体系改革、大学文化素质教育等，都是由政府规划、设计和推动的。政府主导高等教育改革，运用行政手段，通过统一领导、分级管理，有利于促进高等教育事业的迅速恢复与快速发展，大大提高发展的速度和效率，实现了对高等教育的宏观统筹，但弊端在于忽视高校的主体地位和市场的调节作用。作为办学主体的高校在改革过程中处于被动地位，高校在改革进程、改革内容、改革方式上严格按照政府的设计进行改革，这容易导致高校改革缺乏针对性和创造性，同时会影响高校在改革过程中的积极性、主动性和责任意识。另外，重点建设虽然在一定意义上推动了高等教育治理现代化，但是政府的宏观统筹作用在一定程度上被强化，形成了对超大工程和超大项目的依赖。

第二，对绩效管理的强化增加了产出，但扭曲了评价机制。

20世纪90年代高等教育的改革和发展，是在20世纪80年代高等教育改革基础上的进一步深化。在进一步改革的过程中，一种明显的迹象开始出现，即中国的高等教育体制正在从一种偏重荣誉的体制转向偏重绩效的体制。在这一转变背景下，国家强调高等学校的办学质量、办学效益和办学特色，对其加强质量监控和评估，并且逐步完善了竞争机制，无论是重点大学和重点学科的遴选、评比，还是政府拨款、各种政府奖项和资源的获得，都需要通过激烈的竞争（陈超，2009）[78]。对绩效管理的强化，加剧了高校之间的激烈竞争，同时也增加了高校科研的产出，激发了高校通过走内涵发展道路来提高自身的质量。当然注重量化指标的绩效考核体系也导致了学术评价的指标化与功利化，在一定程度上扭曲了评价机制（张洋磊，2017）[37]。评价机制的扭曲，直接带来了内在学术价值的失落，并恶化了学术生态。

2. 意料之外的消极后果

意料外的消极后果也即不虞效应，这一类政策后果是行动者最不愿意看到的，也是最难防范的。但是，不虞效应的产生也最值得引起行动者的反思进而采取相应措施进行规避，降低不虞效应产生的可能性。

（1）高等教育组织层面

第一，重科研导向致使教学边缘化。

随着改革开放进程的加快，国家政府也意识到科学技术对于社会经济发展的巨大效应，自 1984 年的重中之重建设政策以来，建设目标中都要求高等学校要承担教学与科研的双重任务，重点大学更是成为科研的主力军。在此背景下，国家级重点学科和重点实验室的建设相继获得大额经费资助，整个高等教育领域科研水平与能力大幅提升。在重点建设政策下，政府对建设对象（高校、学科、实验室等）的投入力度越来越大，对高等教育系统快速发展的期望值也越来越高。为了检验投入产生的效果，政府必然对重点高校进行相应的绩效评价，尤其是在科研成果的数量（论文篇数）和质量（被引次数）方面的绩效评价。这势必产生层层加码的下级配套政策，高校必然对教师提出相应的绩效考核目标。在对科研和教学的要求及相应的资源分配的巨大差距面前，重点高校的教师为了自我生存必然将主要精力投入更具绩效价值的科研工作中。由于政府、重点高校及其教师三方面均将追求国际地位和科研成果，尤其是容易量化的科研成果，如论文、项目及获奖，作为头等大事，人才培养可能会受到冲击。在丰厚资源的吸引下，非重点高校为了最大可能的获取政府投入，也可能将纷纷效仿重点高校的绩效评价方式。这样，高校教师普遍承受沉重的科研负担，不得不将工作重心从人才培养向科学研究转移，进而容易形成重科研轻教学的局面。

虽然绝大多数高校都同时强调科研与教学是教师的双重任务，但在现实中，科研作为一种硬指标，在绩效评估中更为明确具体，而教学作为评价教育质量的软指标较难测量，所以前者受到了激励，后者受到抑制。作为高等教育的三大功能之一的教学被忽视，“重科研轻教学”现象愈演愈烈。可以认为，重点大学建设政策在一定程度上冲击了教学。

第二，短期功利主义盛行，学术泡沫化日益严重。

重点高校对绩效的过度追逐，导致了针对教师工作的不正当的绩效考核与评价，“唯发表论”使得教师为适应考核机制从事短平快的学术生产，虽然学术产量提升迅速，但是真正的学术创造却十分有限，学术泡沫化日益严重。科学研究有其自身的基本规律，它要求科研工作者坚持长期专深的研究，唯有如此才可能出好成果。但是由重点建设所造成的学术界的普遍浮躁和急功近利，加上不正当的“行政干预”，催生了大量“学术泡沫”。流风所及，哪怕是一般高校也难免参与制造泡沫。结果，几乎所有的高校，无论是否具备基本的科研条件，都盲目地要求教师发表所谓的科研成果，并以学术职称评审、评奖、项目、人才选拔等为杠杆，进一步强化了这种追求论著发表的压迫性机制，从而炮制出许多低水平的学术泡沫（曹建文，2006）[33-34]。《2015—2016 年世界一流大学及学科竞争力评价报告》显示，我国内地大学的发文排名位居第二位，但是总被引次数仅位居第六位，科研机构发文质量还有待提升。

（2）高等教育系统层面

第一，加剧了高校间的差异与分化，挤压了普通高校的发展生存空间。

从 1954 年开启重点大学建设，到“211 工程”实施以前，重点大学的遴选方式都是由中央政府部门“指定”或“确定”；“211 工程”和“985 工程”则分别采取了“预审制”和“专家咨询监督”加“政府决策”的方式进行资格遴选，但这种遴选也并非所有高校都可以成为“备选高校”——如 1994 年 1 月，时任国务院副总理李岚清在浙江、上海等地考察教育工作时指出：要通过各种形式的联合办学，充分发挥现有人力和物力的潜力；基础教育没搞好的，甚至发不出教师工资的省、市不能上“211 工程”[①]——本质

① 教育部. 2015-06. 国家“211 工程”大事记[EB/OL].http：//old.moe.gov.cn/publicfiles/business/htmlfiles/moe/moe_1985/200804/9084.html.[2018-07-16].

上与此前的“指定”“确定”并无太多的差异。正是这种重点高校的遴选机制，使得重点高校与非重点高校两者之间在财政扶持、权力下放、招生生源、毕业生就业、师资队伍建设，以及社会地位等方面产生了巨大差距，导致中国高等教育形成了重点高校与非重点高校的“二元”格局（王建华，朱青，2013）[27-30]。

因为重点大学在经费投入政策倾斜等方面享有较多政策福利，所以在资源配置上，重点高校与普通高校之间在资源配置上极不均衡，两者之间差距极大，重点高校享有巨大的优势，致使高校间的分化程度逐步加剧。由于重点建设政策下对重点高校的长期投入与政策扶持倾斜，尤其是自“211 工程”和“985 工程”实施以来，中央和地方对重点高校的巨资投入与政策倾斜，使得重点建设对象的资源优势极为明显，而非重点建设高校只能获得少量用以维持学校运转的财力资源。资源的分配其实是一个零和博弈，在资源有限的前提下，倾斜性配置必然导致非重点高校资源更大程度的短缺，轻重有别的政策则挤压了普通高校的生存发展空间。另外，重点建设政策为这部分高校带来的不仅仅是经费，列入重点建设项目往往会带来更大的边际效应，并为争取下一个重点建设项目积累优势。所以重点建设项目往往也被称为“锦上添花”工程，正是在一次又一次的重点建设项目的基础上，高校间的差距不断扩大，呈现出显著的“马太效应”。同时，我们还应该注意到，重点建设高校除了可以向国际高等教育领域引进人才以外，还以巨资直接挖走了大量非重点高校的人才资源。加上重点建设的光环作用，一般优秀人才在没有额外报酬的情况下也纷纷投向重点高校，导致非重点高校的人才资源被大量掠夺。在这种背景下，重点高校的优势和非重点高校的劣势被同步放大，通过重点建设，以重点高校“带动”其他高校发展的意图绝难实现。外媒也注意到，21 世纪以来，中国内地大学在世界大学排名榜上的位置在不断前移，但大学之间的分化也在加剧，贫富差距在拉大。

第二，造成高校发展日益趋同。

高校之间的错位发展，本质上属于高等教育内部的劳动分工。高等教育重点建设政策当然含有促使不同高校走不同发展道路的意图，但是，该政策发出的实际信号与政府在其他地方发出的信号不一致，甚至冲突。政府总是倡导高校各安其位，不要攀高趋同，要办出特色。但是，重点高校享受的资源与政策优惠往往诱导其他高校向重点高校看齐，实际上造成政策信号冲突。重点建设政策有一个显著的特点：入选的高等学校均为综合性研究型大学，重点建设的目标也以科学研究成果的国际影响力、科学技术和学术型人才培养等为主，追求的是学术型发展取向。换句话说，政府对高等教育进行重点建设透露出其显著偏好：综合性的、科研取向的学术型高校更受青睐，其他普通高校和应用技术型、职业型高校则被边缘化。为了获取更多的资源，改善在体制内的地位，多数高校纷纷表现出向学术型高校靠拢的动机和行为，形成“攀高趋同”的态势。国家重点建设什么样的高校，其他高校都会向该类高校看齐。政府虽然发出了要求高校走特色办学之路的政策信号，但是重点建设政策却发出了另一种信号，导致了一定的激励错位。可以认为，高等教育重点建设在一定程度上加速了一般高校向学术性高校趋同的恶性正反馈。

第三，导致高等教育发展模式偏离常态。

高等教育重点建设政策自实施之初，就具有先天性的“择优”性。客观而言，在 20 世纪中期，在高等教育基础极为薄弱、资源极为有限的情况下，选择少数高校集中人力物力财力进行重点建设是不得已的战略安排。但我们必须意识到，延续至今的重点建设政策已经在一定程度上扭曲了高等教育的发展模式。“只见重点，忽视体系”的重点建设策略致使高等教育发展模式偏离常态。在多数普通高校难以获得良性发展，甚至深陷生存发展困境之际，致力于建成几所高水平大学，对于提高我国高等教育整体质量与水平，未必具有显著助益。文化教育事业不同于经济政治等其他领域，其发展需要遵循“万丈高楼平地起”的通则，只有在整体上推进高等教育发展的基础上，才可能建成高水平大学。真正的高水平大学是在与众多高校的竞争中脱颖而出的，也是高等教育发展到一定阶段的自然结果。

第四，缺乏创新环境，妨碍教育家的生长。

企业创新有赖于企业家的作为，重点高校要实现创新发展，有赖于教育家的作为。2006 年，时任总理温家宝在政府工作报告中提出，“要培养一支德才兼备的教师队伍，造就一批杰出的教育家”（国务院，2006）。2007 年，温家宝在政府工作报告中再次提到“要提倡教育家办学，鼓励更多的优秀青年终身做教育工作者”（国务院，2007）。教育家之于学校创新，有如企业家之于企业创新。熊彼特认为，在经济“循环流转”（即简单再生产）模式下，没有企业家就没有创新（约瑟夫·熊彼特，1990）[3]，企业家是实现发展的动力和主体，是风险的承担者，不是终身身份；企业家的职能是组合各种生产要素进行创新，是经济体系不断改组和运转的工具，也是各种要素发生连续变化的传递手段，而其获得成功靠的是创造性破坏（徐则荣，2006）[65-66]。高等学校的创新发展所依赖的更多是教育家，教育家是高等教育发展的动力和主体。教育家要发挥创造性破坏作用，发挥不断改组和运转高等教育体系的作用，需要一定的前提条件，其中一个重要条件就是高等教育场域的相对独立与自主性。但是，在重点建设政策之下，高校的内部管理机制是由外部行政化的管理生成的，在这种缺乏自主性的高等教育场域里，很难出现敢于进行大力度组织试验的教育家。缺乏教育家的结果，是学校要么长期陷入因循守旧的窠臼难以实现突破性发展，要么可能出现乱作为、瞎折腾。

（3）宏观治理层面

第一，形成了重点建设的路径依赖及蔓延。

重点大学赖以快速发展的资源主要来源于政府，重点大学对政府办学资源的高度依赖，形成了高等教育资源配置的国家中心模式。同时，由于在高等教育重点建设的各个指导性文件和意见中，国家相关主管部门并未明确指明经费分配的依据，导致各高校为了获得更多的经费支持，茫然猜度教育主管部门经费分配中关注的重心，甚至部分高校“有意”围绕“经费资源的获取”开展学校各项建设工作，严重偏离了教育发展和建设一流大学的逻辑。问题的关键在于，中央、地方和高校都认为自己从重点建设中获得了收益，并倾向于固化这一政策安排。于是，尽管今天中国高等教育发展的背景和条件已经完全不同于中华人民共和国成立初期，原来支持重点建设的诸多条件已经发生重大变化，但是，重点建设依然被视为核心政策选项。而且，除了国家层面出台了重点建设方案外，各省市也相继推出重点建设方案，并波及普通高校。

第二，在某种意义上干扰了高等教育治理现代化的进程。

在计划体制下，政府代表国家对社会进行全面掌管。在此背景下，政府几乎全面涉及高等教育重点建设过程，相应的，大学缺乏足够的自主权和办学积极性。随着我国市场经济体制的建立，市场在高等教育治理中发挥了越来越重要的作用。然而，政府某些情况下对社会管理过多过细，社会的自主性和活动空间不够，导致社会参与高等教育治理能力弱化（周光礼，2014）[17]。在重点建设过程中，政府对重点高校投入了过多资源，对其建设过程与效果必然投入更多关注，并试图主导建设过程，往往导致政府对高等教育发展的过度干预，与政府尽可能少干预微观教育过程的治理现代化原理相抵触。

第三，强化了非理性赶超思维。

在我国高等教育界，在重点建设的话语背景下，从中央到地方都特别热衷于提出超高目标，并强调发展方式上的超常规与跨越式。在国家层面，20 世纪 90 年代提出的“高等教育强国”，“211 工程”和“985 工程”提出的世界一流大学，2015 年提出的“一流大学”与“一流学科”的“双一流”，在某种意义上都带有一定程度的理想导向。在区域层面上，几乎所有省份都提出了包括创建一流大学、一流学科与一流高等教育体系的中长期发展目标。客观而言，考虑到现有基础和资源条件，更主要的是考虑到学术与教育发展的内在规律，在重点建设语境下所提出的绝大多数目标都存在偏高的嫌疑，其中很多根本难以实现（贾永堂，罗华陶，2016）[2]。对快速发展的执着追求，还体现在伴随着高目标而制定的严格的时间表。无疑，这种不顾基础、不顾条件、不顾能力而一味追求超高目标和快速度的做法，体现了一种非理性赶超思维。

第四，项目制的强化。

中华人民共和国成立初期，我国的重点高校建设具有明显的“单位制”特征，重点建设主要是以高校整体，亦即单位为主要建设对象，并没有具体的建设项目。重点建设对象的产生是指定性质或非竞争性的。但是自“211工程”与“985 工程”以来，项目制逐渐显现，“2011”计划，则是“项目制”的突出体现，它强调竞争性并且实施严格的项目管理（李福华，2014）[39]。如今，“项目制”已成为一种基本的制度设计，逐步演化为高等教育治理模式，并有扩大化的趋势，似乎要力图建构一种“项目化大学”的“高等教育形态”（熊进，2016）[57]。客观地说，项目制也曾经推进了国家发展战略意图在大学中的落实，促进了我国高等教育事业的发展以及科研实力的增强，发挥了积极作用。然而，它也不可避免地造成了地方政府以及高校之间的恶性竞争与重复建设局面，导致大学教师角色错位，在动员各级地方政府、各大高校以及广大教师群体参与到项目运作过程的同时，也使得学术失去了其自身应有的逻辑与本色（姚荣，2014）[12]。当项目在某种程度上决定着高校教师的地位与发展前途时，他们必须参与到项目规则中来，否则其发展空间将被压缩；若能成功申报某一项目，高校教师将会建构起其在高等教育场域中的优势地位，由此便形成了一种“双重效应”，即在激励高校与教师时又形成了对高校与教师的“软约束”。教育活动成为一种项目任务，不再是一种神圣的使命，“唯指标是从”的逐利行为充斥于高等教育治理进程中（殷文杰，2016）[34]。

总体而言，高等教育重点建设政策在高校组织发展层面获得了较为显著的预期内和预期外的正面效果，在高等教育系统层面带来了一定的正面效应，而在宏观治理层面带来了一定的负面效应，尤其是政府在某些政策实施过程中的介入在一定程度上干扰了学校的自主发展，也在一定程度上妨碍了高等教育治理的现代化。

四、规避不虞效应的可能与对策

源于 20 世纪 50 年代的高等教育重点建设政策，是高等教育落后国家追赶先进国家的战略选择，在本质上属于政府主导型产业政策，其产生具有历史必然性。相比公平与自由，它更关注秩序和效率。经过半个多世纪的变迁，它实现了若干初始意图，并带来了可观的非预期收益。但是正如罗格·I.鲁茨所言“每一项立法都会出现公共政策的意外后果”（罗格·I. 鲁茨，2005）[12-22]，任何社会行动也必然都会产生意外后果。高等教育治理过程中的重点建设政策，也必然会出现意外后果，必然产生不虞效应。尽管如此，我们依然应该探索减少政策负面效应的可能性，设法规避不虞效应。

（一）充分认识到重点建设政策的局限性

中华人民共和国成立之初，面对特定的内外部环境，在高等教育事业的建设与发展上，不得不采取重点建设政策。经过 60 多年的重点建设，我国高等教育得到了长足的发展。此时，当初推动重点建设的背景和动因发生了根本性改变。首先，制约我国高等教育建设与发展的外部环境条件改变了，当今世界已经进入和平发展时代，我们不再需要采取极端偏颇的重化工业优先发展战略了，也不存在过强的赶超压力，把国家发展战略从相对倾斜向更加均衡调整，正当其时。同时，支持重点建设的计划体制已经逐步转向市场体制，最起码已经弱化。而且，我们也要看到，支持重点建设的资源因素和已有高等教育基础因素都与几十年前不同了。与此同时，我们也应该注意，政府主导型重点建设并非总是通往成功，换句话说，政府主导型重点建设取得预期成效是有前提条件的，即使政府具有持续的发展愿望，且具有强大的资源动员和行为引导能力，也未必能够保证重点工程都能取得预期的成功。更重要的是，我们还要注意到，几十年的重点建设虽然取得了巨大成绩，但是也逐渐显示出成本增大而收益递减的迹象。一旦认识到重点建设政策的局限性，我们就应该逐步摆脱对重点建设的依赖，使高等教育的发展从倾斜走向均衡。

（二）使建设的逻辑遵循生成的逻辑

我国高等教育的重点建设政策总体上属于理想目标导向型政策，它赋予重点建设一系列既定目标，体现了政府理性设计高等教育事业发展蓝图的远大抱负，其间蕴含着鲜明的建设逻辑。但是纵观英美等发达国家一流大学的成长路径，可以明显发现起源于中世纪的西方大学自产生之日起就具有自发性、独立性、超越性和批判性。法国作家圣伯夫把大学比喻为“象牙塔”，借用“象牙塔”来阐述大学作为“一个按照自身秩序规律发展的独立的有机体”的观点。对于高水平大学的成长而言，按照自身的逻辑经由规则的引导衍生而成远比外部政治调控更重要。或许，对于政府来说，直接参与建设哪怕一批高水平大学，其作用还不如建构一个相对自主的高等教育场域，让不同高校在其中探索自己的发展道路，最终或许会自然生长出更多的高水平大学。

（三）从人造秩序到自发自生秩序

既然政府在高等教育建设与发展领域的职责是构建自主的高等教育场

域而非直接建设大学，那它应该如何构建这一场域呢？答案是重视自生自发秩序。哈耶克在《致命的自负》一书中把社会秩序分为“组织”的或者“人造的秩序”和“自生自发的秩序”，前者是建构的，它把社会秩序视为“人造之物”；后者是生成的，它把规则系统视为“经验的总和”和“进化”的成就，并强调“一般性规则”的重要性，所有社会秩序都生成于受一般性规则支配的要素间多样的互动，市场秩序是“自生自发的秩序”的一个范型（邓正来，2009）[27-32]。由重点建设政策产生的高等教育秩序是“人造的秩序”，它人为地在高等教育系统内部建构了重点高校—非重点高校的不对等秩序。高等教育系统及高等学校微观层面产生的种种“意外后果”，尤其是意外负面后果，其根源均可追溯到这一政府“组织的秩序”。如果没有这种秩序，这些“意外后果”很可能不会发生。通俗地说，重点建设更重视有心栽花，却断绝了无心插柳的可能性。只有当高等教育秩序由这种“人造的秩序”向“自生自发秩序”转变，高等教育场域才会成为一个充分自主的场域，高等教育各要素才可能充分互动起来，逐渐释放创造与活力，进而推动组织的创新，高水平大学的脱颖而出就会成为水到渠成的事。

（四）从目标治理到规则治理

“意外后果”的产生不是行动者有意为之，而是由于政策的采用，产生“接续效应”（即如果没有重点建设政策，这些意外后果就不会发生，如政府对重点高校赋予的自主性特权）；或产生“复合效应”（如由于高校竞相为争夺资源而采取的各种手段的叠加导致竞争异化）；或产生“循环效应”（如上一轮重点建设政策成为下一轮重点建设政策的条件）。对消极“意外后果”的防范是高等教育治理过程中需要关注的重要方面。默顿认为防范和矫正社会行动的意外后果必须依赖“适当的制度和行政管理”（默顿，2006）[652-655]，而制度在一定意义上就是规则。国家治理现代化的路径主要有法治、多元主体、有限政府、地方分权和市场机制等几个方面（吴德慧，2014）[38-41]，这些路径本身就是规则。高等教育治理现代化是国家治理现代化的一部分，高等教育治理现代化的路径与此无二致。在哈耶克看来，有助益的社会秩序产生的重要条件是自由，而自由产生于存在“一般性规则”的场合（邓正来，2009）[35]。因此，即使保留重点建设政策，我们也应推动这一政策不断创新，尤其是从基于目标的政策向基于规则的政策转变。事实上，在法治化的原初情境下，我们可以避免政策制定和实施的随意性，特别是通过多元主体的“头脑风暴”，或者说通过思想市场，能够最大限度地预测政策意外后果，进而最大可能地防范负面意外后果。

参考文献

安东尼•吉登斯. 1998. 社会的构成[M]. 李康，等译. 北京：生活 • 读书 • 新知三联书店.
曹建文. 2006. “学术泡沫”：学术难以承受之“轻”. 党政干部文摘，（1）：33-34.
陈超. 2009. 中国重点大学制度建设中的政府干预研究[M]. 广州：广东高等教育出版社.
陈学飞. 2006. 理想导向型的政策制定[J]. 北京大学教育评论，（1）：145-157.
陈学飞. 2016. 导向是建设世界一流大学的关键[J]. 探索与争鸣，（7）：11-13.
邓正来. 2009. 哈耶克社会理论[M]. 上海：复旦大学出版社.
弗里德里希 • 奥古斯特 • 哈耶克. 1997. 自由秩序原理[M]. 邓正来，译.北京：生活 • 读书 • 新知三联书店.
弗里德里希 • 奥古斯特 • 哈耶克. 2015. 通往奴役之路（第六版）[M]. 王明毅，冯兴元，译. 北京：中国社会科学出版社.
龚放. 1999. 从“两个中心”的提出到“四项使命”的界定——20 年来我国重点大学建设的思路与进展[J]. 辽宁高等教育研究，（1）：62-66.
龚放. 2013. “顶层设计”、“基层创新”与“中层担纲”—试论高等教育现代化的责任担当[J]. 中国高教研究，（12）：11-15.
国家教育委员会计划建设司. 1991. 中国教育统计年鉴（1990）[G]. 北京：人民教育出版社.
国家统计局. 2009. 中华人民共和国 60 年[G]. 北京：中国统计出版社.
国务院. 2006-03-15. 2006 年国务院政府工作报告[EB/OL]. http：//www.gov.cn/test/2009-03/16/content_1260216_2.htm.[2018-08-16].
国务院. 2007-03-17. 2007 年国务院政府工作报告[EB/OL]. http：//www.gov.cn/test/2009-03/16/content_1260188_4.htm.[2018-08-16].
何东昌. 1998. 中华人民共和国重要教育文献（1949—1997）[G]. 海口：海南出版社.
胡炳仙. 2010. 中国重点大学政策的历史逻辑与制度分析[M]. 青岛：中国海洋大学出版社.
胡乐乐. 2016-07-26. “一窝蜂”裁撤教育学科不理性[N]. 光明日报，13.
贾永堂，罗华陶. 2016. 中华人民共和国高等教育发展道路的历史考察——基于后发展理论的分析[J]. 高等教育研究，（5）：1-12.
贾永堂，罗华陶. 2017. 试析我国高等教育重点建设政策的意外后果[J]. 高等工程教育研究，（3）：100-105.

教育部. 1995-11-18. “211”工程简介[EB/OL]. http://www.moe.gov.cn/s78/A22/xwb_left/moe_843/tnull_33122.html.[2018-07-17].
教育部. 1998. 邓小平教育理论学习纲要[M]. 北京：北京师范大学出版社.
教育部. 1999.共和国教育50年[G]. 北京：北京师范大学出版社.
教育部. 1999-02-09. 教育部1999年工作要点[N]. 中国教育报.
教育部. 2010-08-02. 国家中长期教育改革和发展规划纲要（2010—2020年）[EB/OL]. http://www.moe.gov.cn/jyb_xwfb/s6052/moe_838/201008/t20100802_93704.html.[2018-07-17].
教育部. 2011-01-13. 国务院办公厅关于开展国家教育体制改革试点的通知[EB/OL]. http://www.moe.gov.cn/jyb_xxgk/moe_1777/moe_1778/201101/t20110113_114499.html.[2018-07-17].
教育部. 2011-11-28. 高等学校章程制定暂行办法. [EB/OL].http://www.moe.gov.cn/jyb_xwfb/xw_fbh/moe_2069/s7135/s7741/s7742/201311/t20131128_160158.html.[2018-07-17].
教育部. 2015-12-27. 中华人民共和国教师法[EB/OL]. http://www.moe.gov.cn/s78/A02/zfs_left/s5911/moe_619/tnull_1314.html？authkey=t6bat3.[2018-7-18].
教育部. 2017-11-10. 中国教育概况——2016年全国教育事业发展情况[EB/OL].http://www.moe.gov.cn/jyb_sjzl/s5990/201711/t20171110_318862.html.[2018-07-14].
教育部发展规划司. 2017. 中国教育统计年鉴（2016）[G]. 北京：中国统计出版社.
李福华. 2014. 从单位制到项目制：我国高校重点建设的战略转型[J]. 高等教育研究，（2）：33-40.
李福杰. 2005. 建国以来高等教育重点建设的历史回顾与思考[J]. 理工高等教育，（4）：10-14.
李国强. 2016. 高校内部质量保障体系建设的成效、问题与展望[J]. 中国高教研究，（2）：1-11.
刘宝存. 2009. 当代重点大学建设的回顾与前瞻[J]. 河北学刊，（4）：1-6.
刘道玉.2009.论“高、大、全”思维对我国高教发展的影响[J].科学文化评论，（1）：89-99.
罗伯特·K. 默顿. 2006. 社会理论和社会结构[M]. 唐少杰，等译，南京：译林出版社.
罗格·I. 鲁茨. 2005. 法律的“乌龙”：公共政策的意外后果[M]. 刘呈芸，译. 经济社会体制比较，（2）：12-22.
罗远鹏，冯贵贤. 1993. 毛泽东哲学思想辞典[M]. 天津：天津教育出版社.
马陆亭. 2015. 高校重点建设思路亟待转型[J]. 北京教育（高教），（4）：8-9.
南京大学高等教育研究所. 2000. 匡亚明教育文选[M]. 南京：南京大学出版社.
宋荐戈. 2006. 探索中国特色社会主义发展道路//宋荐戈.荐戈文存. 北京：中国国际文艺出版社.
王建华，朱青. 2013. 对我国大学重点学科建设制度的反思[J]. 中国高教研究，（12）：27-30.
吴德慧. 2014. 国家治理体系和治理能力现代化的路径探析[J]. 科学社会主义，（2）：38-41.
武力. 2018. 改革开放四十年中国走出自己的发展道路[J]. 中央社会主义学院学报，

（4）：9.
熊进. 2016. 高等教育治理的“项目制”及其可能风险[J]. 教育发展研究，（13-14）：57-59.
徐则荣. 2006. 创新理论大师熊彼特经济思想研究[M]. 北京：首都经济贸易大学出版社.
姚荣. 2014. 大学治理的项目制：成效、限度及其反思[J]. 江苏高教，（3）：12-16.
殷文杰. 2016.“项目治教”：大学治理中技术理性对价值理性的僭越[J]. 高等教育研究，（9）：31-37.
约瑟夫·熊彼特. 1990. 经济发展理论[M]. 何畏，等译. 北京：商务印书馆.
张国兵. 2010. 高等教育重点建设政策研究[M]. 北京：北京大学出版社.
张国平. 2012. 论中国高校教师职业声望社会评价与自我评价的矛盾[J]. 学术探索，（10）：70-72.
张俊洪. 1999. 回顾与检讨——中华人民共和国四次教育改革论纲[M]. 长沙：湖南教育出版社.
张洋磊. 2017. 我国高等教育治理的工具理性主义特征分析——以重点大学建设为例[J]. 高等教育研究，（2）：37.
中央教育科学研究所. 1983. 中华人民共和国教育大事记（1949—1982）[G]. 北京：教育科学出版社.
周光礼. 2014. 中国高等教育治理现代化：现状、问题与对策[J]. 中国高教研究，（9）：16-25.
周全华. 1999.“文化大革命”中的教育革命[M]. 肇庆：广东教育出版社.
宗河. 2013-8-13. 重点建设成绩显著学科建设创造辉煌[N]. 中国教育报，03.
Jones C O.1977. An Introduction to the Study of Public Policy. North Scituate：Duxbury Press.

作者简介
贾永堂，华中科技大学教育科学研究院教授，博士生导师，兼任湖北省高等学校人文社科重点研究基地“区域高等教育研究中心”常务副主任。
李娜，华中科技大学教育科学研究院高等教育学专业博士研究生。

Analysis on the Unintended Negative Consequences of the Key Construction Policies of Higher Education in China

Jia Yongtang　Li Na

Abstract：The key construction policies in the field of higher education is the basic concept of the new Chinese government on the construction and development of higher education, which to a great extent reflects the general intention and concrete thinking of the government in governing higher education. On the basis of investigating the origin and process of the key construction policies, the research tries to restore the initial intention of its policy construction, and emphatically discusses the implementation effect of the key construction. The research holds that the policies of key construction of higher education have achieved significant positive effects in the organizational development of colleges and universities, and have brought about certain positive effects in the level of higher education system, while the policies in the level of macro-governance have produced certain negative effects. Based on this, the research points out that we should fully recognize the limitations of the policies of key construction of higher education, and make the logic of construction follow the logic of generation as far as possible, at the same time, we should pay attention to shaping a reasonable order of higher education, and promote the spontaneous development of artificial order, then from the goal-based policy to the rule-based policy. Finally, in order to achieve the maximum possible prevention of unintended negative consequences of the outcome.

Keywords: key construction policies, policy intentions, unintended negative consequences, development of higher education

我国面向“一带一路”沿线国家留学教育：现状、挑战与对策①

张继桥　刘宝存

摘　要：“一带一路”沿线国家②是我国出国留学的重要目的地国家，也是来华留学的重要生源国家。我国面向“一带一路”沿线国家的留学教育呈现出“一带一路”沿线国家在来华留学教育中的地位更为突出、来华留学与出国留学国别均相对集中、来华留学层次总体偏低等特点，面临着留学制约因素较为突出、留学需求具有较大差异、留学收益具有不稳定性、留学选择具有较强的自发性和盲目性等挑战。今后，应从加强留学教育国别研究工作、协调推进来华留学与出国留学、提高高等教育国际竞争力、创造良好的留学政策环境、强化沿线国家经济合作与经济联系的留学动力作用、创新留学人才培养模式、开展学历学位互认、发挥中国政府奖学金和国家公派引领作用等方面推进我国面向“一带一路”沿线国家留学教育的发展。

关键词：“一带一路”　留学教育　现状　挑战　对策

---

①　基金项目：全国教育科学“十二五”规划2015年度重大课题“一带一路战略中扩大教育开放研究”（VGA150001）。本文中我国的数据不包含港澳台地区。

②　“一带一路”沿线国家指由政府部门划定的65个国家，包括东南亚10国、南亚8国、东亚1国、中亚5国、西亚非19国和中东欧22国。其中，东南亚10国指印度尼西亚、泰国、马来西亚、越南、新加坡、菲律宾、缅甸、柬埔寨、老挝、文莱；南亚8国指印度、巴基斯坦、孟加拉国、不丹、斯里兰卡、阿富汗、尼泊尔、马尔代夫；东亚1国指蒙古；中亚5国指哈萨克斯坦、乌兹别克斯坦、土库曼斯坦、吉尔吉斯斯坦、塔吉克斯坦；西亚非19国指西亚的沙特阿拉伯、阿曼、阿拉伯联合酋长国、格鲁吉亚、阿塞拜疆、伊朗、土耳其、以色列、科威特、伊拉克、卡塔尔、约旦、黎巴嫩、巴林、也门、叙利亚、亚美尼亚、巴勒斯坦和非洲的埃及；中东欧22国指波兰、罗马尼亚、捷克、斯洛伐克、保加利亚、匈牙利、俄罗斯、乌克兰、白俄罗斯、摩尔多瓦、拉脱维亚、立陶宛、斯洛文尼亚、爱沙尼亚、克罗地亚、阿尔巴尼亚、希腊、塞尔维亚、塞浦路斯、马其顿、波黑、黑山。

随着“一带一路”建设的有序推进，我国与“一带一路”沿线国家在经贸、文化、教育等领域的合作逐步深入。截至 2017 年 3 月，我国已与“一带一路”沿线国家签订政府间合作协议近 50 份，与包括一些国际组织在内的部门签订协议 70 余份①。在“一带一路”沿线国家的积极响应和参与下，“一带一路”建设已进入全面铺开的关键时期。在 2017 年 5 月 14 日至 15 日举办的“一带一路”国际合作高峰论坛上，包括我国在内的各国之间达成的项目共 5 大类、76 大项、270 多项，涵盖金融、贸易、桥梁建设等众多领域（王毅，2017）[5-8]。如何更好地推动各协议以及项目的落实，实现“一带一路”建设的有序、有力、有效推进是摆在我们面前的重大现实任务。“一带一路”建设的关键在人才。人才是“一带一路”建设的支撑，各类协议与项目的最终落实是通过人，通过高素质的专业技能人才来实现的。“一带一路”建设不是一个国家的事情，是此区域内所涉国家共同的事业，具有国际性、合作性、互惠性，同时又兼具区域性和民族性等特点。因此，“一带一路”建设所需的人才更多的应该是国际化的人才，是通晓国际规则，具备良好的国际沟通能力和管理能力的国际化人才。因此，基于“一带一路”建设的国际合作性质，培养一批通晓国际规则、具备良好的国际沟通能力和管理能力的国际化专业技能人才是“一带一路”建设顺利推进的重要保障。而留学教育是培养“一带一路”建设所需国际化人才的重要途径。教育部在《推进共建“一带一路”教育行动》中明确提出，“全面提升来华留学人才培养质量，把中国打造成为深受沿线各国学子欢迎的留学目的地国。以国家公派留学为引领，推动更多中国学生到沿线国家留学”②。显而易见，我国与“一带一路”沿线国家留学教育的发展将对整个“一带一路”建设国际化人才的培养起到至关重要的作用。本文拟研究我国面向“一带一路”沿线国家留学教育的现状，分析我国面向“一带一路”沿线国家留学教育的特点及面临的挑战，并在此基础上提出我国进一步发展面向“一带一路”沿线国家留学教育的政策建议。

---

① 何立峰谈“一带一路”的实质性进展[EB/OL]. https：//www.yidaiyilu.gov.cn/ghsl/slsg/9737.htm. [2018-08-28].

② 教育部关于印发《推进共建“一带一路”教育行动》的通知[EB/OL].http：//www.moe.edu.cn/srcsite/A20/s7068/201608/t20160811_274679.html.[2018-08-08].

一、我国面向"一带一路"沿线国家留学教育现状

就我国而言，留学教育包括来华留学教育与出国留学教育两部分。来华留学教育指面向国外来华留学生开展的学历或非学历教育。根据教育部的统计，2017 年，在我国学习的来华留学生共计 48.92 万人，我国已成为亚洲最大的留学目的国①。出国留学教育指我国人员赴国外学习而接受的教育。按照资金来源不同，出国留学教育主要分为三种形式：国家公派、单位公派与个人自费。2017 年，我国出国留学人员总数为 60.84 万人，其中，自费留学共 54.13 万人，占出国留学总人数的 88.97%，其他类型为国家公派 3.12 万人，单位公派 3.59 万人②。目前，我国已初步形成公派留学为主导、自费留学为主体的留学工作格局。改革开放以来，出国留学教育尤其是国家公派出国留学为我国培养了大批行业领军人物和卓越拔尖人才，为我国经济社会建设做出了巨大贡献。自"一带一路"倡议确立以来，我国面向"一带一路"沿线国家的留学教育受到各方面的重视，发展较为迅速。当前，主要表现为以下特点。

（一）"一带一路"沿线国家在来华留学教育中的地位更为突出

"一带一路"沿线国家在来华留学教育中占有重要地位。2010—2015 年，"一带一路"沿线国家的来华留学生人数如表 1 所示。"一带一路"沿线国家来华留学生人数占全部来华留学生人数的比例由 2010 年的 37.3% 提高到 46.6%，其中 2014 年，即"一带一路"倡议提出的第二年，所占比例增长了 5.5 个百分点。2017 年，根据教育部公布的数据，来自"一带一路"沿线国家的留学生人数占全部来华留学生人数的比例达到 64.9%，较之 2016 年增幅达 11.6%③。

---

① 来华留学工作向高层次高质量发展[EB/OL]. http://www.moe.gov.cn/jyb_xwfb/gzdt_gzdt/s5987/201803/t20180329_331772.html.[2018-06-20].

② 2017 年出国留学、回国服务规模双增长[EB/OL]. http：//www.moe.gov.cn/jyb_xwfb/gzdt_gzdt/s5987/201803/t20180329_331771.html.[2018-06-20].

③ 来华留学工作向高层次高质量发展[EB/OL]. http：//www.moe.gov.cn/jyb_xwfb/gzdt_gzdt/s5987/201803/t20180329_331772.html. [2018-06-20].

表 1　2010—2015 年“一带一路”沿线国家来华留学生人数①

年份	全部来华留学生人数/人	“一带一路”沿线国家留学生	
		人数/人	比例/%
2010	265 090	98 964	37.3
2011	292 611	110 558	37.8
2012	328 330	126 743	38.6
2013	356 499	142 461	40.0
2014	377 054	171 580	45.5
2015	397 635	185 322	46.6

具体到来华留学学历生方面，“一带一路”沿线国家为来华留学学历生的主要生源国，其生源占据了全部来华留学学历生的一半左右。2010—2015 年，“一带一路”沿线国家来华留学学历生占全部来华留学学历生的比例由 43.5%提高到 58.9%，其中，2014 年，即“一带一路”倡议提出的第二年，其所占比例比 2013 年增长了 11.3 个百分点（表 2）。“一带一路”建设对于来华留学学历生的推动作用也是显而易见的。具体到留学层次上，“一带一路”沿线国家来华留学专科生占全部来华留学专科生的比例由 56.6%提高到 85.9%，本科生的比例由 42.8%提高到 58.1%，研究生的比例由 42.6%提高到 59.3%。“一带一路”沿线国家在整个来华留学学历教育中的地位愈发显现和重要，尤其是自 2013 年“一带一路”倡议提出以来，这一地位更为突出。可以预见的是，不久的将来，随着“一带一路”建设的持续推进，“一带一路”沿线国家将成为来华留学生教育的主要生源储备区域和来华留学生规模的主要增长极。

表 2　2010—2015 年“一带一路”沿线国家来华留学学历生人数

年份	全部来华留学学历生人数/人	“一带一路”沿线国家来华留学学历生	
		人数/人	比例/%
2010	107 432	46 726	43.5
2011	118 837	54 035	45.5
2012	133 509	62 579	46.9
2013	147 890	69 839	47.2
2014	164 394	96 240	58.5
2015	184 799	108 893	58.9

① 若无特别说明，本文 2010—2015 年来华留学生数据来源于教育部国际合作与交流司编写的 2010—2015 年《来华留学生简明统计》。

但相对于来华留学教育，出国留学教育中“一带一路”沿线国家所处的地位不突出。通常情况下，出国留学生大多选择美国、英国、澳大利亚、加拿大、德国、法国、日本、新西兰等发达国家，而选择到“一带一路”沿线国家留学的则较少，故赴“一带一路”沿线国家的留学规模总体偏小。根据有关统计，在地域分布方面，我国出国留学人员留学目的地相对集中。由中信银行联合胡润百富发布的《2016 留学趋势特别报告》指出，2015 年，排在我国境外留学目的地前十位的国家或地区依次为美国、英国、澳大利亚、加拿大、瑞士、新西兰、德国、新加坡、法国和中国香港，其中，仅新加坡为“一带一路”沿线国家。根据教育部公布的数据，2017 年，我国赴“一带一路”沿线国家留学人数为 6.61 万人，而我国当年出国留学人数总计为 60.84 万人，依此计算，赴“一带一路”沿线国家留学人数占出国留学总人数的比例仅为 10.9%，而这一比例在 2016 年为 10.5%，增加并不显著①。

（二）“一带一路”沿线国家来华留学与出国留学国别均相对集中

在面向“一带一路”沿线国家留学教育中，来华留学国别与出国留学国别均相对集中。具体来讲，“一带一路”沿线国家来华留学生主要来源于“一带一路”沿线的周边国家；赴“一带一路”沿线国家的出国留学生倾向于选择新加坡、俄罗斯等周边较为发达的国家。

在来华留学方面，据统计，2015 年，在“一带一路”沿线国家中，位于我国周边的俄罗斯、蒙古、巴基斯坦、缅甸等 18 个国家的来华留学生规模合计为 128 626 人，占“一带一路”沿线国家来华留学生总规模（185 322 人）的 69.4%，而其余 47 个我国非周边国家的来华留学生规模所占比例仅为 30.6%。周边国家是“一带一路”沿线国家来华留学生的主要生源国。而在“一带一路”沿线国家来华留学学历生中，我国周边国家生源所占的比例更高，达 74.1%，非周边国家生源所占的比例更低，尚不足 26%，其中中东欧 21 国（俄罗斯除外）与西亚非 19 国所占的比例分别仅为 2.3%和 6.5%。当前，“一带一路”沿线国家来华留学教育生源国别的相对集中，不

① 2017 年出国留学、回国服务规模双增长[EB/OL].http：//www.moe.gov.cn/jyb_xwfb/gzdt_gzdt/s5987/201803/t20180329_331771.html.[2018-06-20].

利于“一带一路”建设的开展以及来华留学教育的整体推进。

在出国留学方面，就“一带一路”沿线国家来看，受地理位置、语言、文化、经济发展水平等方面因素的影响，我国留学生选择赴新加坡、俄罗斯等周边较为发达的国家留学的较多，而赴沿线周边发展中国家及非周边国家留学的较少。如前所述，新加坡在我国2015年出国留学目的国的排名中位列第八位，居于法国之前。我国亦是俄罗斯外国留学生群体的重要生源国。据美国国际教育协会统计，2015—2016学年，共有22 529名中国学生在俄罗斯学习，位列俄罗斯外国留学生生源国家第三位，排在哈萨克斯坦、乌克兰之后①。“一带一路”沿线国家中，中东欧国家高等教育较为发达，也是经济上比较发达的地区，但总的来讲，我国赴中东欧国家的留学生数量相对较少。根据经济合作与发展组织的统计，2014年，我国在经济合作与发展组织所有成员国就读硕士、博士研究生及相当层次的留学生中，按照各成员国所占有的比例来看，斯洛文尼亚、斯洛伐克、爱沙尼亚、拉脱维亚等国的比例为0，波兰、土耳其、捷克、匈牙利等国的比例也仅为0.1%，美国占有的比例最高，为41.4%，其次是英国，为16%②。由此可见，我国赴中东欧国家留学的硕士、博士研究生及相当层次的留学生规模远远低于赴美国、英国留学的规模。

（三）“一带一路”沿线国家来华留学层次总体偏低

在来华留学方面，“一带一路”来华留学非学历生比例较大，本科生为来华留学学历生的主体，留学层次总体偏低。2015年，“一带一路”沿线国家来华留学生总规模185 322人，其中，非学历生为76 429人，占比41.2%，虽然较之于2014年的43.9%略有下降，但仍占有较大比例。在来华留学学历生的构成中，本科生为主要构成，远高于硕士研究生或博士研究生的比例。2015年，“一带一路”沿线国家来华留学学历生为108 893人。其中，专科生为2851人，占比为2.6%；本科生为74 286人，占比为68.2%；硕士研究生为22 879人，占比为21.0%；博士研究生为8877人，占比为8.2%。

① OPEN DOORS 2017：Project Atlas Russia[EB/OL]. https：//www.iie.org/Research-and-Insights/Project-Atlas/Explore-Data/Russia.[2018-06-20].

② Education at A Glance 2016：OECD Indicators[EB/OL]. http：//dx.doi.org/10.1787/eag-2016-en. [2018-06-20].

从来华留学的角度看，应鼓励“一带一路”沿线国家更多的学生来我国留学攻读学位，尤其是硕士、博士学位，以此为“一带一路”沿线国家培养更多的“一带一路”建设所需的专门技术人才和硕士、博士层次的高级专门人才。

二、面向“一带一路”沿线国家留学教育面临的挑战

“一带一路”建设是一项庞大的系统工程，其牵涉国家和地区之广，其建设内容之复杂和艰巨前所未有。与此相对应，承载着国际化人才培养重任的留学教育必然存在着诸多制约因素，面临着众多挑战。

（一）留学制约因素较为突出

留学人员的留学选择受多种因素的影响和制约。地理位置、经济发展水平、留学成本、高等教育质量、学位的认可度、授课语言以及留学环境安全等都是留学生在留学选择时一般会考虑的因素。有学者指出，国际学生的流向主要受制于自然地理环境、历史文化传统、国际政治关系、经济发展水平、国家留学政策、教育发达程度等六个方面的因素（李联明，吕浩雪，2004）[71-75]。就“一带一路”沿线国家来看，语言和学历学位互认的程度、留学环境的复杂性、经济发展水平、教育质量等是目前制约“一带一路”沿线国家留学教育的重要因素。

在语言方面，当前我国高校所开设的“一带一路”沿线国家官方语言专业仅有 20 种，这在一定程度上对我国学生赴“一带一路”沿线国家留学构成了制约（文秋芳，2016）[26-32]。在学历学位互认方面，截至 2017 年 4 月，我国仅与“一带一路”沿线国家中的 24 个国家签署了学历学位互认协议，签约国家数量偏少，我国与除泰国、越南、菲律宾、马来西亚、印度尼西亚之外的其他东南亚国家以及西亚 18 个国家尚未签约①。在留学环境方面，“一带一路”沿线国家的留学环境较为复杂。“一带一路”沿线国家

① 推进共建“一带一路”教育行动有关情况[EB/OL]. http：//www.moe.edu.cn/jyb_xwfb/xw_fbh/moe_2069/xwfbh_2017n/xwfb_170419/170419_sfcl/201704/t20170419_302850.html.[2018-07-11].

包括中东、印巴等冲突不断的地区，民族、种族、宗教矛盾相互交织，恐怖主义、极端势力亦不同程度地存在着，赴这些国家和地区留学需要承担较大的人身安全风险，这对我国学生赴以上国家和地区留学形成了较大的挑战。此外，当前，“一带一路”沿线尚有许多国家经济发展水平低，教育质量不高，很难吸引我国学生前去留学。

（二）留学需求具有较大差异

留学需求具有较大差异指“一带一路”沿线国家在国家层面上与我国开展留学教育的需求因国而异。“一带一路”沿线国家发展水平不一，与我国的政治经济关系具有较大的差异性，对“一带一路”建设的期望与参与度不同，因此，各国对人才的需求各异。在来华留学方面则表现为“一带一路”沿线国家的来华留学需求存在着较大的差异性，这种差异性体现在培养层次以及就读专业等方面。目前，在我国留学的博士研究生中，巴基斯坦籍的学生占有较大比例。据统计，2015 年，巴基斯坦籍博士研究生为 3238 人，占当年全部来华留学博士研究生的比例为 22.54%。巴基斯坦与我国的政治经济等各领域的合作比较紧密，其对高层次人才的需求亦比较大。而在来华留学本科生方面，印度籍本科生则在全部来华留学本科生中占有较大比重。2015 年，印度籍本科生占当年全部来华留学本科生的比例为 11.3%，仅次于韩国。另据不完全统计，在我国攻读来华留学英文授课临床医学专业的学生多来自印度、尼泊尔、孟加拉国等国家，而印度尼西亚、泰国等东南亚的来华留学生则更倾向于攻读工商企业管理、经济学、国际经济与贸易等商科专业。

在赴“一带一路”沿线国家出国留学方面，因地缘关系、政治经济关系、“一带一路”建设合作的广度和深度等的不同，我国针对沿线国家开展合作所需的人才类型和规模亦具有较大的差异性，由此而导致的留学需求亦必然呈现出较大的区别。因此，在推动我国学生赴“一带一路”沿线国家留学方面，既要从全局的角度考虑，又要统筹兼顾与沿线各国合作的需要。

（三）留学收益具有不确定性

留学本身就是一个高投资的活动。从国家层面上讲，留学收益指的是国家希望通过组织开展留学活动培养经济社会发展需要的国际化人才，尤其是高层次人才，为经济社会发展提供智力支持与人才支撑。从个体的层面上讲，留学收益指的是留学生个体希望通过留学实现个人的最大发展，由此带来可观的经济收入，取得较高的经济回报。

但高投资并不意味着高回报。当前，“一带一路”建设尚处于探索与初步实施阶段，我国与沿线国家的经济与合作机制尚未健全。由地缘政治关系、地区冲突以及极端势力、恐怖主义等所导致的合作不确定性亦不同程度地存在着。无论是对国家来讲，还是对留学生个体来讲，留学收益均具有较大的不确定性。这种不确定性往往对留学生的留学国家和专业选择产生较强的影响。

（四）留学选择具有较强的自发性和盲目性

“一带一路”留学教育存在着个体留学选择与“一带一路”建设需求之间的矛盾。“一带一路”建设需要大批人才，需要各种类型、各种领域的人才。据此，有学者指出，“一带一路”建设需要人文交流型人才、技术应用型人才、经贸合作型人才、政策法规型人才、创新创业型人才以及政策职能型人才等各类人才（王娟，2016）[64-67]。而这些人才的培养很大程度上依赖于我国与“一带一路”沿线国家教育的交流与合作，依赖于留学教育活动的开展。然而当前，我国面向“一带一路”沿线国家的留学教育活动在很大程度上是留学人员的个人行为，其留学选择存在着较强的自发性和盲目性。留学人才的培养缺乏长远的、系统的、综合的规划和设计，缺乏对留学行为的引导。“一带一路”建设不是一朝一夕的，不能一蹴而就，需要久久为功，层层推进，体现在留学教育上，我们需要根据“一带一路”建设的实际需求和有关规划，做好留学人才培养的科学规划和精准设计。

三、面向“一带一路”沿线国家留学教育：对策与建议

面向“一带一路”沿线国家留学教育事关“一带一路”建设人才的培养，是“一带一路”建设顺利推进的基础性、全局性工程。展望未来，面

向“一带一路”沿线国家留学教育要紧密结合党和国家有关“一带一路”建设的工作部署，服务党和国家对外开放工作大局，针对当前存在的特点及面临的挑战，创造性地开展工作。

（一）强化国别研究，做好留学规划

“一带一路”沿线涉及 65 个国家，国情各异。这些国家具有不同的历史文化，不同的社会经济发展水平，不同的高等教育体制及质量水平。具体到某一国家来讲，其国内的来华留学需求以及接受我留学生的国内环境和条件亦千差万别。如何在“一带一路”建设的进程中，做好双方的留学教育，需要我们加强国别研究。还应在研究的基础上，基于“一带一路”建设国别需求，制订留学教育近期与中长期国别规划，分门别类、有针对性地推进双向留学教育。留学教育国别规划应基于某一国或某一区域建设的实际需求与未来合作领域，分国别、分区域予以制定。譬如，我国与“一带一路”沿线的中东欧国家间的留学教育发展尚有较大潜力，可以通过制定有关留学教育国别规划的方式促进双方留学教育的开展。如位于中欧的波兰，在我国当前的“一带一路”沿线国家留学教育中的地位并不显著，双方留学生的规模相对偏小。然而，我国与波兰的合作进展迅速。2015 年 11 月，双方签署了共同推进“一带一路”建设的谅解备忘录；2016 年 6 月，签署了关于相互承认高等教育文凭和学位的协议。据外交部网站消息，截至 2016 年 11 月底，中国在波兰累计投资约 3.7 亿美元，波兰在华累计投资约 2.2 亿美元，中国在波兰工程承包完成营业额 5.4 亿美元①。双方经济合作呈现出良好的发展势头。在现阶段下，我们应针对中波合作的人才需求制定中波留学教育规划，在此基础上有针对性地推动实现双方留学规模的较大增长。

（二）协调推进来华留学与出国留学，提高留学统筹水平

进一步统筹来华留学与出国留学，是党中央、国务院根据时代变化和现实需要对留学教育提出的明确要求。在 2014 年 12 月召开的全国留学工

① 中国同波兰的关系[EB/OL].http：//wcm.fmprc.gov.cn/pub/chn/gxh/cgb/zcgmzysx/oz/1206_9/1206x1/.[2018-06-11].

作会议上，习近平总书记作出重要指示。他强调，新形势下，留学工作要适应国家发展大势、党和国家工作大局，统筹谋划出国留学和来华留学，综合运用国际国内两种资源，培养造就更多优秀人才，努力开创留学工作新局面，为实现“两个一百年”奋斗目标、实现中华民族伟大复兴的中国梦不断做出新的更大的贡献①。

当前，在“一带一路”建设框架下，作为“一带一路”建设人才培养重要途径的留学教育，更要有效统筹面向“一带一路”沿线国家出国留学与来华留学二者的关系，充分运用好国际国内资源，以服务于“一带一路”建设为根本，立足于“一带一路”建设的人才培养需求。具体措施包括：将“一带一路”沿线国家来华留学与出国留学按国别或区域统筹规划；建立“一带一路”沿线国家来华留学与出国留学工作协调机制；统筹“一带一路”沿线国家来华留学需求与出国留学需求，建立留学需求动态调整机制；将来华留学人才与出国留学人才的使用统筹安排等。通过以上措施，提高留学教育的针对性和有效性，实现来华留学与出国留学的协调发展与有机结合，提高留学效益。

（三）提高我国高等教育国际竞争力，增强留学吸引力

高等教育国际竞争力是全球范围内国际学生流动的重要影响因素。当前，相比美国、英国、加拿大等发达国家，我国的高等教育国际竞争力尚存在着较大差距。在QS（Quacquarelli Symonds）2018年世界大学排名前200名中，美国高校占据47席，英国高校占据28席，德国高校占据12席，澳大利亚高校占据9席，我国内地高校仅占据7席②。相比较而言，我国高校的排名与美国、英国、德国高校存在着较大差距。这导致在招收“一带一路”沿线国家学生来华留学方面，优势不明显，吸引力不强，“一带一路”沿线国家学生更倾向于选择赴欧美发达国家或地区留学深造。

我国要充分利用“双一流”建设的有利契机，大力加强世界一流大学和一流学科建设，切实提高我国高等教育的国际竞争力。具体措施包括建

---

① 习近平：留学工作要适应国家发展大势[EB/OL]. http：//news.xinhuanet.com/politics/2014-12/13/c_1113631292.htm.[2018-06-12].

② QS World University Rankings 2018[EB/OL]. https：//www.topuniversities.com/university-rankings/world-university-rankings/2018.[2018-06-22].

设国际化的教学科研和校园环境；利用自身优势和特色，打造中医学、中国治理模式等优势和特色学科专业；瞄准世界前沿，建设一大批具有国际水准的学科专业；积极参与国际教育教学评估和认证，提高学科专业的国际影响力等。通过以上措施，增强我国高校针对“一带一路”沿线国家学生来华留学的吸引力。

（四）创造良好的留学政策环境，优化留学服务

良好的留学政策环境和优质的留学服务是推动留学教育可持续发展的重要保障，也是吸引留学生留学的重要因素。当前，我国留学回国与出国留学人数之间的“逆差”正逐步缩小。据教育部统计，2017 年我国出国留学人员总数为 60.84 万人，各类留学回国人员总数为 48.09 万人，出国留学与留学回国人数比例从 2012 年的 1.46：1 下降到 2017 年的 1.27：1[①]。这一数据表明，越来越多的留学人员学成后选择回国发展。这一方面得益于我国社会经济发展水平的提高对留学人员的吸引力增强，另一方面也与当前我国针对留学人员回国就业的良好政策环境分不开。

无论是来华留学还是出国留学，从留学生个体的角度讲，做出留学决定在很大程度上是因为良好的留学政策环境以及今后更好的职业和未来发展。留学政策包括奖学金、打工、就业及社会管理等方面。就来华留学政策来讲，我们需要进一步完善来华留学生的奖学金体系，健全来华留学生打工方面的政策，进一步简化出入境手续以及放宽就业限制等，从政策层面打造来华留学相对于西方发达国家的比较优势；就出国留学政策来讲，我们需要加大针对“一带一路”沿线国家出国留学的政策倾斜，在奖学金、回国就业、考研等方面予以政策上的支持，鼓励更多的出国学生选择赴“一带一路”沿线国家留学深造。

（五）强化“一带一路”沿线国家经济合作与经济联系的留学动力作用，扩大留学需求

当前，地缘因素在“一带一路”沿线国家留学活动中发挥着重要影响。

① 2017 年出国留学、回国服务规模双增长[EB/OL]. http：//www.moe.gov.cn/jyb_xwfb/gzdt_gzdt/s5987/201803/t20180329_331771.html. [2018-06-20].

今后，要着力强化经济合作与经济联系在推动“一带一路”沿线国家留学方面的作用。经济合作与发展组织在其教育年度报告《教育概览 2016：OECD 指数》中指出，随着国家之间的经济联系日趋紧密，高等教育已成为拓展学生视野并帮助他们更好地理解世界语言、文化及商业方式的途径，全球范围内迅速增长的高等教育需求以及在国外知名高校留学的价值是推动国际学生流动规模增长及多样化的重要影响因素。经济联系在推动国际学生流动方面发挥着重要作用，起着重要影响。

“一带一路”建设的主要目标是实现沿线国家的共同繁荣发展，建设惠及沿线国家各族人民的利益共同体，其主要内容是沿线国家的经济合作与经济联系。当前，相比地缘因素，经济合作与经济联系因素在面向“一带一路”沿线国家留学教育中的推动作用并不突出。今后，我们要认真研究经济合作与经济联系在推动留学方面的作用机制，实现经济发展与留学事业二者的有机互动和融合，通过深化经济合作与经济联系，扩大“一带一路”沿线国家的留学需求，而后者将反哺于经济合作与经济联系，为“一带一路”建设提供更多的人才支撑，推动“一带一路”建设的深入开展。

（六）创新人才培养模式，增强留学实效

“一带一路”建设涉及国家之广，涉及领域之宽，涉及人才类型之多前所未有。它对人才培养提出了更高的要求，对传统的人才培养模式提出了挑战。面向“一带一路”沿线国家留学教育中的人才培养应该是培养目标的国际性、培养类型的多样性、培养标准的通用性和培养内容的专业性的有机统一。当前，在面向“一带一路”沿线国家的留学教育中，应配合“一带一路”建设进程，不断创新人才培养模式，使人才培养更好地满足于沿线国家的建设实际与发展需要。创新人才培养模式的具体措施包括：针对某一行业、某一领域，基于“一带一路”沿线国家的人才需求，配合中国企业走出去，开展订单式人才培养，使人才培养与社会需求相结合；推动高校与“一带一路”建设有关跨国企业开展校企联合办学，改革修订人才培养方案，提高国内外实践课程比例，提升人才培养、科学研究与产业需求的契合度，推进产学研深度融合；针对当前非通用语人才短缺现象，在部分专业进行试点，试行“小语种＋专业”的人才培养模式，将赴小语种

所在国家进行访学作为人才培养的必要环节等。

（七）开展学历学位互认，提高留学认可度

双边或多边学历学位互认是影响留学国别选择的重要因素。针对当前与我国政府签署学历学位互认协议的“一带一路”沿线国家数量偏少的状况，我国应积极行动起来，争取与更多沿线国家签署学历学位互认协议，推动沿线国家高校间开发学分互认项目，开展学位互授、联授，打造“一带一路”高等教育一体化体系，提高留学认可度，为沿线国家留学教育的顺利开展创造条件。具体措施包括：积极参与国际教育质量标准研究制定，推动落实联合国教科文组织《亚太地区承认高等教育资历公约》；开发“一带一路”区域内的学生交流项目，推动更多学生区域内流动；鼓励、支持有条件的高校与“一带一路”沿线国家有关高校联合制订人才培养方案，共同拟定教学计划，合作实施学位互授、联授项目；鼓励支持有条件的高校赴“一带一路”沿线国家办学，为当地培养培训专门人才；积极吸引“一带一路”沿线国家优质教育资源，在我国开展办学活动等。

（八）发挥中国政府奖学金和国家公派引领作用，优化留学结构

近年来，为配合“一带一路”建设，我国加大了面向沿线国家的来华留学与出国留学工作力度，加大了中国政府奖学金和国家公派留学在沿线国家的投入。2016 年，中国政府奖学金资助的 49 022 名来华留学生中，“一带一路”沿线国家奖学金生占比 61%。在国家公派出国留学方面，2016 年派出 3291 人赴“一带一路”沿线国家出国留学，同比增长 24.05%，其中包括赴 34 个国家的 226 名国别区域研究人才，以及涉及 37 门非通用语种的 908 名人才出国培训进修①。

中国政府奖学金和国家公派在面向“一带一路”留学教育中发挥着重要引领作用。今后，我们要进一步加大中国政府奖学金和国家公派的投入，优化沿线国家留学人员结构。在来华留学方面，重点通过中国政府奖学金

① 推进共建“一带一路”教育行动有关情况[EB/OL]. http：//www.moe.edu.cn/jyb_xwfb/xw_fbh/moe_2069/xwfbh_2017n/xwfb_170419/170419_sfcl/201704/t20170419_302850.html.[2018-07-11].

吸引更多的沿线国家留学生来我国攻读学位，将沿线国家留学生作为今后一段时期内来华留学学历生规模的主要增长点，优化沿线国家留学人员学历结构，为沿线国家培养高层次技能人才；同时，通过中国政府奖学金吸引更多来自“一带一路”沿线国家中非周边国家的留学生，优化沿线国家来华留学人员国别结构。在出国留学方面，通过国家公派留学重点提高沿线国家国别区域研究人员和非通用语种人员的派出规模，同时，发挥国家公派留学的杠杆作用，优化留学人员国别结构。

参考文献

李联明，吕浩雪. 2004. 高等教育国际化进程中制约国际学生流向的主要因素[J]. 比较教育研究，（6）：71-75.

王娟. 2016. 高校国际化与“一带一路”倡议的对接——基于高校来华留学教育的研究[J]. 南京晓庄学院学报，（5）：64-67.

王毅. 2017.“一带一路”建设在新起点上扬帆远航[J]. 求是，（11）：5-8.

文秋芳. 2016. “一带一路”语言人才的培养[J]. 语言战略研究，（2）：26-32.

作者简介 张继桥，济南大学国际合作与交流处副处长、教育学博士，主要从事来华留学教育、高等教育对外开放研究。

刘宝存，北京师范大学国际与比较教育研究院院长、教授、博士生导师，主要从事比较教育、高等教育、教育政策与领导研究。

The Status Quo，Challenges and Policy Proposals of Studying in China and Abroad Education towards the Belt and Road Countries

Zhang Jiqiao　Liu Baocun

Abstract： The status quo of studying in China and abroad education towards the countries of the Belt and Road Initiative is characterized with the highlighting of the role of the countries in studying in China education，relatively concentrated countries both in studying in China education and abroad education and the low academic level in studying in China education， which is faced with such challenges as the salient restrictive factors, the different studying abroad demands, the unpredictable returns, and the spontaneity and blindness in the choices of studying abroad. We should promote the development of studying in China and abroad education towards the countries of the Belt and Road Initiative by the measures of enhancing the research on the education based on each country, integrating studying in China education and studying abroad education together, strengthening the competitiveness of higher education, providing quality service, enhancing the economic driving force in the education among the countries of the Initiative, innovating the cultivation mode, developing the mutual recognition of degrees and diplomas, and strengthening the leading role of CSC scholarship in the education.

Keywords: the Belt and Road Initiative, studying in China and abroad education, status quo, challenges, policy proposals

民办学校收费改革的发展方向和政策建议[①]

方建锋

摘　要：民办教育收费放开意在缓解民办学校成本增加带来的办学压力，促进民办学校健康发展。但是教育本身存在一定程度的自然垄断性质，使其并不能处于完全竞争状态，对此政府部门可以通过学费标准确定、收费方式、信息公开、乱收费监管，以及学生资助等规范措施，真正促进民办学校健康发展。

关键词：民办高校　收费放开　监管机制

十八届三中全会审议通过的《中共中央关于全面深化改革若干重大问题的决定》中明确提出“放开竞争性业务，推进公共资源配置市场化”，“放开竞争性环节价格”[②]，这对“鼓励社会力量兴办教育”具有重要的指导意义。十八届三中全会还提出完善主要由市场决定价格的机制，要求凡是能由市场形成价格的都交给市场，政府不进行不当干预。因此，越来越多的地区对民办学校收费进行放开。但教育属于不完全竞争领域，收费放开之后如何完善相应的监管机制仍然有待加强研究。

---

① 基金项目：国家社会科学基金教育学重点课题“民办教育分类管理制度建设与推进策略研究”（VGA170004）。

② 中共中央文献研究室. 2014. 十八大以来重要文献选编（上）. 北京：中央文献出版社，516-517.

一、民办学校收费改革的基本情况

（一）政府定价、政府指导价和市场调节价三种定价方式

1998 年 5 月 1 日开始实施的《中华人民共和国价格法》（下称《价格法》）第三条规定："国家实行并逐步完善宏观经济调控下主要由市场形成价格的机制"。其第十八条规定："下列商品和服务价格，政府在必要时可以实行政府指导价或者政府定价：……（五）重要的公益性服务价格。"第十九条规定："政府指导价、政府定价的定价权限和具体适用范围，以中央的和地方的定价目录为依据。"价格的制定应当符合价值规律，大多数商品和服务价格实行市场调节价，极少数商品和服务价格实行政府指导价或者政府定价。

由此可见，《价格法》规定的定价方式包括政府定价、政府指导价和市场调节价三种。其中，市场调节价，是指由经营者自主制定，通过市场竞争形成的价格。政府指导价，是指由政府价格主管部门或者其他有关部门，按照定价权限和范围规定基准价及其浮动幅度，指导经营者制定的价格。政府定价，是指由政府价格主管部门或者其他有关部门，按照定价权限和范围制定的价格。

各地方将教育列为"重要的公益性服务"，如北京在《北京市发展计划委员会、北京市物价局关于公布〈北京市定价目录〉的通知》[京价（政）字〔2002〕393 号] 中规定："定价范围为除社会力量办学、中外合作办学外的幼儿园、小学、初高中、中高等职业、大学教育的保育保教费、代办费、学费、杂费、借读费、住宿费（民办公助办学除外）；各类报名考试等收费；依据法律法规进行的强制性培训；机动车教练场练车、考试收费。技工、义务教育、成人教育学校住宿费标准授权区人民政府制定。"民办学校不属于政府定价范围，但是同属于"重要的公益性服务"，不能完全实行市场调节价，可以考虑实行政府指导价。

（二）民办学校学历教育实行审批制，非学历教育实行备案制

1.《中华人民共和国民办教育促进法》（2002 年）规定为审批备案制

《中华人民共和国民办教育促进法》（下称《民办教育促进法》）（2002

年）第三十七条规定，“民办学校对接受学历教育的受教育者收取费用的项目和标准由学校制定，报有关部门批准并公示；对其他受教育者收取费用的项目和标准由学校制定，报有关部门备案并公示”。也就是说，《民办教育促进法》（2002年）规定民办学历教育类学校的收费是审批制，非学历教育类学校是备案制。

《中华人民共和国民办教育促进法实施条例》（2004年）第三十五条规定，“民办学校对接受学历教育的受教育者收取费用的项目和标准，应当报价格主管部门批准并公示；对其他受教育者收取费用的项目和标准，应当报价格主管部门备案并公示。具体办法由国务院价格主管部门会同教育行政部门、劳动和社会保障行政部门制定”。

《民办教育促进法》（2002年）第六十三条规定，“违反国家有关规定收取费用的”，“由上级机关责令其改正；情节严重的，对直接负责的主管人员和其他直接责任人员，依法给予处分；造成经济损失的，依法承担赔偿责任；构成犯罪的，依法追究刑事责任”。

2. 2005年《民办教育收费管理暂行办法》做了细化规定

与《民办教育促进法》（2002年）相一致，2005年国家发展改革委、教育部、劳动和社会保障部联合发布《民办教育收费管理暂行办法》（发改价格〔2005〕309号），规定民办学校申请制订或调整学历教育收费标准应提交的材料中，要有“申请学校近三年的收入和支出状况”，“民办学校学历教育学费标准按照补偿教育成本的原则并适当考虑合理回报的因素制定。教育成本包括人员经费、公务费、业务费、修缮费、固定资产折旧费等学校教育和管理的正常支出，不包括灾害损失、事故等非正常费用支出和校办产业及经营性费用支出”[①]。

该办法是我国首部国家层面规范民办学校收费的正式文件。文件明确规定民办学校可以对受教育者收取学费、住宿费和代办性服务收费，在对教育成本做出界定的基础上，提出民办学校收费调整的程序、依据、要求，基本原则与《民办教育促进法》（2002年）是一致的。

---

① 国家发展改革委，教育部，劳动和社会保障部. 2005-03-02. 关于印发《民办教育收费管理暂行办法》的通知. http://www.moe.gov.cn/jyb_xxgk/moe_1777/moe_1779/201308/t20130808_155390.html. [2018-09-14].

（三）民办教育新法新政规定营利性民办学校实行市场调节价，非营利性民办学校按市场化方向改革

1.《民办教育促进法》（2016年）规定营利性民办学校实行市场调节价

2016年11月7日，全国人大常委会通过了《关于修改〈中华人民共和国民办教育促进法〉的决定》，明确民办教育实行非营利、营利分类管理，修订民办学校收费的第三十七条为第三十八条，规定“民办学校收取费用的项目和标准根据办学成本、市场需求等因素确定，向社会公示，并接受有关主管部门的监督。非营利性民办学校收费的具体办法，由省、自治区、直辖市人民政府制定；营利性民办学校的收费标准，实行市场调节，由学校自主决定”。

《民办教育促进法》（2016年）自2017年9月1日起施行，也就意味着原有民办学校学历教育收费审批制的法律依据有了变化，按学历、非学历教育区分收费改为按照学校法人营利、非营利区分收费，明确规定“营利性民办学校的收费标准，实行市场调节，由学校自主决定”。

2. 国务院的一系列文件提出非营利性民办学校收费办法由地方政府按市场化方向进行改革

关于非营利性民办学校收费的改革方向，国务院一系列文件中均强调“按照市场化方向”根据当地实际确定。2014年11月，《国务院关于创新重点领域投融资机制鼓励社会投资的指导意见》提出“非营利性民办学校收费政策由地方政府按照市场化方向根据当地实际情况确定”。①

2015年《中共中央国务院关于推进价格机制改革的若干意见》再次重申了这一规定，提出“非营利性民办学校收费政策由省级政府按照市场化方向根据当地实际情况确定”。②

2016年12月29日，《国务院关于鼓励社会力量兴办教育促进民办教育健康发展的若干意见》（国发〔2016〕81号），其中第十六条提出，“非营

---

① 国务院. 2014-11-26. 关于创新重点领域投融资机制鼓励社会投资的指导意见. http：//www.gov.cn/xinwen/2014-11/26/content_2783592.htm. [2018-09-14].

② 中共中央，国务院. 2015-10-15. 推进价格机制改革的若干意见. http：//www.gov.cn/xinwen/2015-10/15/content_2947548.htm.[2018-09-14].

利性民办学校收费，通过市场化改革试点，逐步实行市场调节价，具体政策由省级人民政府根据办学成本以及本地公办教育保障程度、民办学校发展情况等因素确定”。①

所以，营利性民办学校实行市场调节价，鼓励非营利性民办学校通过市场化改革逐步实行市场调节价，是当前国家关于民办学校收费的基本方向。与之相应，政府对民办学校收费的管理也将逐步从定价审批管理走向价格监督。

二、全国各地民办学校收费的实践情况

早在 2005 年民办非学历教育收费实行备案制，事实已经放开；民办学历教育收费实行审批制（政府定价或政府指导价）。2014 年，湖北省在全国率先提出全面放开民办学校收费，随后两年内有近 10 个省级行政区在不同程度上放开了民办学历教育学校收费。国家民办教育新法新政发布之后，民办学历教育收费有日益放开的趋势。

（一）全国至少有 8 个省级行政区全面放开民办教育收费

就现有省级地区试点的情况来看，全面放开各类民办教育收费，由学校自主定价的，是湖北、江西、山东、贵州、内蒙古、湖南、黑龙江、云南。其中，湖北自 2014 年秋季开始，贵州自 2014 年 12 月 1 日开始，湖南、内蒙古自 2015 年秋季开始，黑龙江自 2017 年秋季开始。海南“十三五”期间试点非营利性民办学校收费市场调节价，“十三五”后逐步放开非营利性民办学校收费标准，实行市场调节价。

（二）全国至少有 9 个省级行政区对学历教育分阶段放开

从全国范围内来看，各地在民办学历教育特别是义务教育阶段民办学校收费放开方面，仍然比较谨慎，对民办高等教育和民办中专教育放开收费的较多。至少有 9 个省级行政区在不同程度上放开了民办学历教育阶段

① 国务院. 2017-01-18. 关于鼓励社会力量兴办教育促进民办教育健康发展的若干意见. http：//www.gov.cn/zhengce/content/2017-01/18/content_5160828.htm. [2018-09-14].

的收费。例如，上海已经放开的是民办高等学历教育和民办中专教育收费（2015 年）；江苏是民办中等职业学校及民办普通技工学校收费（2016 年）；陕西和云南是民办高校收费（2015 年）。此外，广东在《关于进一步完善我省中小学教育收费政策及有关问题的通知（征求意见稿）》中，提出民办义务阶段教育收费实行政府定价（含指导价），民办高中教育阶段教育收费实行市场调节价；浙江对非营利性民办高等学校学费和住宿费实行市场调节价。

除此之外，北京对 13 所民办高校（2015 年）、安徽对 6 所民办高校（2017 年）、浙江也在部分民办高校进行了收费放开试点。2017 年 6 月河南省发改委、省教育厅发布《关于改革我省民办高校学历教育收费管理方式有关事项的通知》，对非营利性民办高校学历教育收费实行上限管理。天津 2018 年选取 22 所非营利性民办学校进行市场化改革试点。

对于部分放开民办学校收费的省级行政区来说，民办高校和中等职业教育是首选，义务教育阶段基本没有放开。究其原因，一是高等教育成本补偿收费共识基础深厚；二是公办中职在不少省份已经实现了免费教育，属于竞争较为完全的领域，民办中职即便放开收费也不会出现学费上涨过快的情况；三是义务教育阶段老百姓关注度高，是否放开存在较多顾虑。

（三）民办基础教育收费以政府指导价为主

基础教育领域，不少省级行政区通过确定最高收费标准、监审办学成本的合理性，或是制定基准价和浮动幅度，学校在规定幅度内自主确定具体收费标准，或按照办学质量等级确定浮动倍数等方式，推行当地民办学校收费政策。如有的省级行政区对享受政府财政补助的民办幼儿园，当地有关部门可通过合同约定等方式，确定一个最高收费标准“封顶”，对于一些收费明显偏高或涉嫌不合理涨价的民办幼儿园，物价部门将审核其申请备案的办园成本合理性，必要时可实施成本监审[①]；有的则详细制定了民办中小学办学成本的构成，如湖北省提出民办中小学教育收费定价成本由人员支出、公用支出、对个人和家庭的补助支出、固定资产折旧、无形资产

① 湖北省物价局，省教育厅. 2017-06-21. 关于印发《湖北省幼儿园收费管理实施细则》的通知. http：//info.hbpic.gov.cn/hbpic/index.do？flag=trs&form=VIEW02&id=8073. [2018-09-14].

摊销、财务费用等六部分构成[①]。

有的省级行政区规定民办学校按同类别、同层次公办学校标准收费的，报相应的价格、教育主管部门（或人力资源和社会保障主管部门）备案后执行[②]；还有的探索在基准价基础上按照办学质量等级确定浮动倍数，一类学校可在当地上年度生均教育事业费 3 倍的标准内自主确定学年收费标准，特别优质民校可在上年度生均教育事业费 5 倍的标准内自主确定学年收费标准[③]。

（四）民办高等教育收费在不同程度上放开

有的省级行政区结构性调整民办高等学校学费标准，依据学科分类、学校层次，在规定的标准范围内确定具体学费标准，报省物价局、省教育厅、省财政厅备案，如《关于民办高等学校收费标准等有关问题的通知》[④]；有的部分放开民办高校收费，规定通过人才培养工作评估或教学评估的民办高校，允许其自主选择本校当年招生专业总数 20%以内的专业，以有关价格部门核定的学费标准为基础，在 20%浮动范围内，自主制定具体的学费收费标准，同时按管理审批权限报业务主管部门和同级价格主管部门备案[⑤]；有的完全放开民办高校收费，从 2014 年开始民办普通高校可结合办学成本等因素自主确定学费标准[⑥]。

总体来说，各地在放开民办高校收费上争议不大，区别在于是全部放开还是有条件放开，一些省级行政区则是选取部分民办高校进行试点。从放开收费的学校类别来看，这是一种比较平稳的政策选择。历年教育统计

---

① 湖北省人民政府. 2012-02-22. 湖北省民办中小学教育收费定价成本监审暂行办法.http：//guoqing.china.com.cn/gbbg/2012-02/22/content_24701318.htm.[2018-09-14].

② 福建省物价局，福建省，福建省人力资源和社会保障厅，福建省财政厅. 2013-02-07. 关于印发《福建省民办教育收费管理实施细则》的通知. http：//wjj.fujian.gov.cn/xzsysfgl_5855/xzsysfglzc/jybm/201302/t20130207_2816621.htm. [2018-09-14].

③ 温州市发展和改革委员会，温州市教育局，温州市财政局. 2014-05-20. 关于印发《温州市民办学校收费政策补充规定（试行）》的通知. http：//wzpy.zjzwfw.gov.cn/art/2014/5/20/art_17709_16975.html.[2018-09-14].

④ 江苏省物价局，江苏省教育厅，江苏省财政厅. 2013-04-28. 关于民办高等学校收费标准等有关问题的通知. http：//www.ec.js.edu.cn/art/2013/4/28/art_4267_118361.html. [2018-09-14].

⑤ 福建省物价局，福建省，福建省人力资源和社会保障厅，福建省财政厅. 2013-02-07. 关于印发《福建省民办教育收费管理实施细则》的通知. http：//wjj.fujian.gov.cn/xzsysfgl_5855/xzsysfglzc/jybm/201302/t20130207_2816621.htm. [2018-09-14].

⑥ 湖北省人民政府. 2013-12-17. 关于进一步促进民办普通高等教育发展的若干意见. http：//gkml.hubei.gov.cn/auto5472/auto5473/201312/t20131225_484023.html. [2018-09-14].

公报显示，2013 年全国中职在校生比 2011 年减少了 60 多万。公办的中专、中职、技工学校，早已经是免费教育，在这种情况下，即便给了民办中职放开收费的权力，这些学校也不敢轻易涨价。专科（高职）阶段，目前正处于全国生源的低谷阶段，学校招生困难、关闭重组时有发生，出现普遍涨价的可能性也不太大。

（五）收费放开之后的短期影响

调研结果显示，收费放开最主要的短期影响表现为民办学校收费普遍上涨。湖北“民办高校本科学费平均比去年上涨 20%左右，一般本科专业每年学费起价在 1.2 万元，热门本科专业每年学费在 1.4 万元至 1.6 万元之间”（宋迎军，2013）[51-53]。上海、云南的情况也类似，收费放开后学费标准普遍上涨了近 50%。截至 2016 年 6 月 30 日，经营内地民办高等学历教育的民生教育集团收入 2.43 亿元，净利润 1.5 亿元，纯利润率 61.6%[①]。截至 2016 年 5 月底，拥有一所大学和 24 所 K-12 学校的宇华教育集团实现收入 12.85 亿元，净利润 4.68 亿元，纯利润率 36.42%[②]。这些信息都让社会质疑极少数办学者的“投机”冲动和资本天生的逐利性难以有效抑制。

在办学水平和教育教学质量评估制度不够完善和信息不够对称的情况下，完全放开收费可能增加学生家庭的经济负担，短期内可能会在一定程度上影响到民办学校收费标准的权威性和社会公信力。

三、加强民办学校收费管理的政策建议

根据国家政策精神，民办学校逐步放开收费将是一个趋势，民办高校在继续放开收费的基础上强调收费行为的规范，以及政府对民办高校办学的监管。民办中小学在明确办学定位的基础上，逐步实现收费放开。对此，我们有如下建议。

---

① 数据根据民生教育集团官网计算所得. http：//www.minshengedu.com/index.php/cms/item-view-id-906.shtml.[2018-09-14].

② 数据来自宇华教育集团官网. http：//www.yuhuachina.com/index.php/cms/item-view-id-258.shtml.[2018-09-14].

（一）以市场化为基本收费改革方向

1. 坚持市场化改革原则

与中央精神保持一致，坚持市场调节为主，健全完善主要由市场决定民办教育收费标准的机制，充分发挥市场机制和价格杠杆作用。坚持教育公益导向，有效引导民办学校科学合理制定收费标准，兼顾不同学生的经济承受能力和选择性要求，维护学生接受教育的合法权益。坚持分类有序推进，积极探索在营利性和非营利性民办学校分类管理框架下，实行收费管理市场化改革的不同方案和制度机制，不搞“一刀切”。

2. 区分营利、非营利，学历、非学历确定价格管理方式

营利性民办学校以及部分已经放开收费的非营利性民办学校实行市场调节价，由民办学校根据办学成本、市场需求、办学质量和群众承受能力等因素自主确定。基础教育阶段民办学校在政府定价基础上，试行政府指导价，允许民办学校在此范围内自主确定收费标准。

3. 鼓励开展义务教育阶段民办学校收费放开试点

从国务院、国家发展改革委、教育部、人力资源和社会保障部关于民办学校收费管理的系列文件中可以看出，国家鼓励非营利性民办学校收费也向市场化方向改革。目前对非营利性民办学校收费实行政府定价管理的地方，可根据本地实际选择部分地方、部分学段进行市场化改革试点。

（二）民办中小学收费尝试实施政府指导价

1. 民办普通中小学特别是义务教育阶段收费为政府指导价

义务教育阶段民办学校以特色办学，满足老百姓多样化教育诉求为主要定位。建议地方对民办普通中小学实行政府指导价，不超过所在区已经公布的上一年生均经费范围内的，允许民办学校在此范围内自主调价，鼓励民办普通中小学发展学校办学特色。收费标准超出定价范围的，民办普通中小学需要经所在区域教育行政部门向价格主管部门申请。

2. 支持已经具有竞争条件的区开展民办普通中小学收费放开试点

1）对大部分义务教育阶段的民办学校不宜放开，建议维持现状或可通过设置政府指导价，由民办学校根据办学水平、市场需求自主调节。

2）对政府购买服务的民办中小学，根据购买协议，协商收费标准。

3）对获得大量政府财政补贴、承担提供基本公共服务的民办学校不宜放开，如进城务工人员子女学校等，应努力维持较低收费水平。

4）对采取中外合作办学方式的民办普通中小学，以及学校内部参加国际课程学生的收费，可采用市场调节机制。

3. 建立低收费民办中小学风险预警机制

对于低成本运行的民办中小学，尤其是收费低于当地公布的生均经费标准的学校，在推行政府指导价的同时，加强对此类学校的教学指导。对于办学资质较弱的中小学，做好“关、停、转、并”工作，建立风险预警机制，加强对办学情况的实时监控，做好学校关闭之后的后续工作。

4. 超出政府指导价的学费调整需要进行审批

调整超过所在区同级公办中小学已经公布的上一年度生均经费的学费标准、住宿费标准，由民办学校经教育主管部门向价格主管部门提出申请。民办中小学经申请调整收费标准应提交下列材料：①申请学校的有关情况，包括学校名称、地址、法定代表人、法人登记证书，以及教育行政部门或人力资源和社会保障行政部门颁发的办学许可证；②申请调整教育收费标准的具体项目；③现行教育收费标准和申请制定的教育收费标准或拟调整教育收费标准的幅度，以及年度收费额和调整后的收费增减额；④申请调整教育收费标准的依据和理由；⑤申请调整教育收费标准对学生负担及学校收支的影响；⑥家长委员会方面的意见；⑦经第三方评估（核算）的，申请学校近 3 年的收入和支出状况，包括教职工人数、按规定折合标准的在校生人数、生均教育培养成本，财务决算报表中的政府资助、固定资产购建和大修理支出情况、教育设备购置情况、工资总额及其福利费用支出等主要指标；⑧价格主管部门、教育行政部门、人力资源和社会保障部门要求提供的其他材料。

（三）完善民办高校收费管理机制

1. 民办高校收费继续实行市场调节价

从全国的情况来看，民办高等学校学费和住宿费将会继续实行“自主定价、优质优价”的原则。学校可统筹考虑学科专业、教学质量、办学成本、住宿成本，兼顾经济发展水平、社会需求和承受能力等因素，自主确定学费和住宿费标准。

2. 民办高校收费应主要用于教育教学

民办高校收取的费用应当主要用于教育教学活动、改善办学条件和保障教职工待遇。严格要求非营利性民办学校的举办者不得取得办学收益，学校的办学结余全部用于办学。营利性民办学校的举办者可以取得办学收益，学校的办学结余依照公司法等有关法律、法规的规定处理。

3. 加强对民办高校违规收费行为的监管

代办性收费、服务性收费必须体现学生自愿和非营利原则。民办高校向在校学生代收的教材费用，应在学期结束时，按实际支付的费用据实结算，多退少补；学生宿舍床上用品和日用品由学生自主采购，不得强行统一配备。不得向新生收取招生赞助费、体检费、心理测试费等费用。服务性收费，即时发生即时收取，严禁强制服务，或只收费不服务。列入教学计划应对学生提供的服务不得在学费外额外收取服务费。学生缴纳学费、住宿费后，如因故退学或提前结束学业，要根据学生实际学习时间，按月计退还剩余的学费、住宿费。

（四）加强民办学校收费监督管理

1. 收费标准保持一定的稳定性

民办学校调整收费标准应实行“新生新办法、老生老办法”的原则，学生入学时的收费标准一经确定，在读期间不得提高。原则上，民办高校一个办学周期内不得调整收费标准，民办中小学、民办幼儿园 2 年内不得调整收费标准。

2. 严格落实民办学校收费公示制度

民办学校要将收费项目、收费标准、收退费办法、奖助学金政策、执行有效期、监督举报电话等通过公示栏、公示墙、校园网等方式长期向学生、家长及社会公示，自觉接受监督。调整收费政策时，收费公示要及时进行更新，至少在每学年开学前 30 个工作日向学生公示。民办学校招生简章应写明学校性质、办学条件、收费项目和收费标准等内容，不得在标明的收费项目之外另行加收费用，不得使用模糊标价等使人误解的标价内容及方式诱导受教育者，进行价格欺诈。

3. 由第三方提供民办学校办学成本核实报告

针对目前民办中小学收费悬殊，部分学校内部存在分层收费，以及民办高校收费标准不明确的现象，建议配合各级各类学校设置标准，由第三方提供成本核算报告，确以近三年办学成本并适当考虑学校今后发展规划拟定办学成本，定期公布成本核算现状，完善市场调节手段，对在成本核算中提供虚假信息或有误导学生信息的，将进入诚信系统。

4. 规范民办学校学费使用范围

民办学校收取的费用应当主要用于教育教学活动、改善办学条件和保障教职工待遇。民办学校要建立健全奖助学金评定、发放等管理机制，按国家规定从学费收入中提取不少于 5%的资金，用于奖励和资助学生。同时学校要在学费收入中安排一定比例资金用于教师培训。民办学校对贫困生有学费减免规定和其他救助办法的，应在招生简章中明示。

5. 建立健全政府部门协同监管机制

各级价格、教育、人社、财政、审计部门加强事中事后监管，不断规范民办学校收费行为，切实维护学生合法权益，维护市场正常竞争秩序，保证民办教育收费管理市场化改革平稳有序进行。各级价格主管部门应加强对民办学校收费的管理和监督检查，引导学校建立健全收费管理制度，自觉执行国家的教育收费政策。对价质不符、收费水平明显过高、假借民办学校名义变相提高学费、收费标准变动频繁、变动幅度过大、社会反响强烈的，损害其他学校或受教育者合法权益的不正当价格违法行为，由价格主管部门采取成本调查、约谈告诫、建立黑名单等措施，并根据《价格法》有关规定进行价格干预。

参考文献

季卫华. 2009. 教育收费听证制度的完善与立法建议[J].教学与管理，（9）：12-13.

宋迎军. 2013. 民办学校的收费标准研究[J]. 中国市场，（17）：51-53.

作者简介 方建锋，教育学博士，上海市教育科学研究院副研究员，华东师范大学博士后，主要研究方向为教育政策、教育规划。

The Supervision Mechanism of Private Schools' Charging

Fang Jianfeng

Abstract: Private education charges to ease the cost of private colleges and universities to increase the pressure to bring the pressure to promote the healthy development of private colleges and universities. But the education itself has a certain degree of natural monopoly nature, so that it can not be in a state of complete competition, this government departments can be determined by the tuition fees, fees, information disclosure, arbitrary charges supervision, and student funding and other standard measures to truly promote the healthy development of private school.

Keywords: private colleges, release charge, regulatory mechanism

独立后的文莱高等教育发展研究

陈璐蓉

摘　要：文莱高等教育事业起步较晚，但发展迅速。完全独立后的文莱通过探寻符合本国国情的高等教育发展策略，逐步建立了独具特色的高等教育体系。独立后，文莱高等教育发展所采取的策略为集中的行政管理体制，院系两级的大学内部管理体制，以马来语、英语、阿拉伯语为教学语言，发展宗教教育和完善技术教育等，呈现出目标鲜明与策略灵活的特点，但同时在理念与价值、"依附"与自治、信任与失业、速度与质量等方面值得省思。

关键词：文莱　高等教育　发展策略　省思

文莱的高等教育事业起步较晚，直至1985年才有了第一所大学。自完全独立后，文莱快速探寻符合其本国国情的高等教育发展策略，逐步建立了独具特色的高等教育体系。"高等教育不是彼此孤立的各组成部分堆成的'机械聚焦体'，而是相互关联的各组成部分结成的'有机结合体'"（李枭鹰，2010）[24]，文莱现行的高等教育体系便是由保护国影响和本土政治、经济、文化等因素共同作用的产物。

一、独立后文莱高等教育发展的现实策略

（一）集中的行政管理体制

教育行政管理体制即教育行政管理系统上下左右的权力划分和实施教育行政管理职能的组织形式与组织制度（李帅军，1996）[61]。文莱的最高教

育行政机关为教育部，其负责主管全国的教育事业，包括高校在内的各级政府学校、相关教育机构。教育部内部组织由以下部门组成：教育规划委员会，负责讨论、制定教育体制各层面的相关政策及规划问题；资格认定委员会，负责政府所承认的（专业和学术）资格评审及认定；职业技术教育委员会，负责职业、技术教育与培训的计划、标准和证书的审批；学校教育司，负责贯彻实施教育部颁布的各项计划与活动。①此外，重大事务经由教育部大臣、副大臣决策，行政事务则由常任秘书、常任副秘书负责。

文莱曾长期受到英国的殖民统治，直至发展为现代独立国家，英国对其影响犹存，这种影响在高等教育领域也不例外。但由于文莱实行的政治制度为“马来伊斯兰君主制”，文莱教育部相较英国教育与科学部拥有更多的职权，如所有类型的教师教育工作统一归文莱教育部管理，大学教师的招聘与晋升需要由教育部最终批准。

（二）院系两级的大学内部管理体制

大学内部的管理体制是指学校的管理制度、机构设置、管理权限及其相互关系的根本性组织制度，其核心是权力结构（阎亚林，2003）[25]。学术权力、行政权力和其他利益群体权力组成了大学的权力结构，且各权力所对应的主体各不相同。目前世界上有三种具代表性的大学权力结构模式：其一是学术权力为主的权力结构；其二是行政权力为主的权力结构；其三是学术与行政权力基本均衡的权力结构（阎亚林，2003）[25]。而文莱更倾向于融合了第二种权力结构的特征。

文莱的大学内部实行院系两级体制，且行政人员所占比率较低。学院主要负责行政工作，院长一般由大学最高官员任命，具行政官员地位，同时配有助理注册主任以及四五个文员，且无科室之分。系的权力较为分散，侧重负责学术事务，系只设有系主任一人，其余为教师，每个教师对于学术事务均有一定的决策权，且学生一般不直接参与管理。

① 如无特殊标注，本文中所有关于文莱的资料均来自于文莱教育部网站、文莱政府网站及世界银行网站，文中不再一一标明。

（三）以马来语、英语、阿拉伯语为教学语言

1985 年，独立后的文莱政府将英语作为国家规定的教学媒介语之一，全国教育系统开始实行双语教育政策，建立起了以马来语、英语为教学媒介语的双语教育系统。这一政策的施行客观上源自其深刻的历史与文化背景。

从历史背景来看，英语是伴随英国殖民主义者的到来而传入文莱的外来语言。1984 年 1 月 1 日，文莱才完全摆脱英国的殖民统治。近一个世纪的殖民统治留下了不可磨灭的文化烙印，其在教育领域的体现为英语作为文莱主要教学语言之一存在。

从文化背景来看，民族是一个国家的核心，民族文化对于一个国家高等教育的发展政策更是有着极其重要的影响。文莱的人口约 41.75 万（2015 年），是典型的人口小国，然而却呈现出鲜明的民族特性与文化多样性。其人口构成中马来人约占 66.4%，华人约占 9%，其他民族约占 24.6%，因而文莱人十分重视其民族语言。马来语作为国语，是管理国家的行政语言，也是各级各类学校的主要教学语言。

此外，文莱教育部规定，伊斯兰宗教课是在校伊斯兰学生的必修课，且从学前教育持续到高等教育，阿拉伯语故而成为教学中的第三种语言。

（四）独立发展宗教教育院校

文莱的国家宗教为伊斯兰教（逊尼派），宗教精神在高等教育中自觉或不自觉地扮演着“精神领袖”的角色。正如布鲁贝克在《高等教育哲学》中所提及的，大学自诞生之日起，就与教会纠结在一起，高深学问与教会传统的结合，赋予大学作为“世俗的教会”的使命（约翰·S. 布鲁贝克，1998）[128]。虽然文莱的高等教育产生于国际化趋势日益凸显的 20 世纪 80 年代，但其同教会却有着密不可分的关系，进而构成了文莱高等教育的一大特征——宗教教育，且在国家相应的教育方针与政策推进下不断发展。

目前文莱相对资历较深的宗教性高等教育机构有三所，分别是文莱古兰经学院、文莱苏丹·沙立夫·阿里回教大学、斯里巴加湾宗教教师大学。文莱古兰经学院又称苏丹·哈桑纳尔·博尔基亚古兰经学院，建立于 1993

年 1 月 1 日，是一所专门学习古兰经知识和其他相关学术知识的综合教育学院。后两所均为政府设立的大学，文莱苏丹·沙立夫·阿里回教大学是于 2007 年建立的一所回教大学，以三世苏丹的名字命名，苏丹希望这所大学能够成为文莱回教光辉的象征。该校目前共设有阿拉伯语言与伊斯兰教文明学院、回教法与国际法学院、回教法规法典学院、工商管理学院、沙斐仪研究中心五大学院，是一所较纯粹的伊斯兰高等教育机构，旨在培育更多能满足国家宗教发展需要的学者及知识分子。此外，选择进入这三所高等教育机构的学生，通常有着十分明确的职业规划，即成为一名宗教教师或是进入教会工作。

（五）完善技术教育

独立后的文莱凭借其强大的经济实力实现迅猛发展，亦致使本国科学技术人才短缺的问题变得日益严峻，因而政府十分积极地推动职业技术教育的发展。文莱的职业培训体系较为完善，可多数属于中等教育。基于这一情况，文莱政府采取了一系列策略加强对应用型人才的培养。

一方面，文莱的大学（学院）以理工科为主。1986 年政府设立的文莱技术大学以及同年成立的文莱理工学院均是以技术教育为主的高等教育机构。文莱技术大学从事工程、商业、计算机领域的专门研究，研究重点主要聚焦于石油和天然气、绿色技术、水等方面。其于 2008 年升格为大学，并从 2009 年开始提供相应的本科和研究生课程。这所大学正努力通过其研究活动，为丰富知识与解决当代社会问题做出贡献。文莱理工学院同样是文莱培养技术型人才的摇篮，目前设有电气与通信工程、机械工程、电脑与资讯系统、商业管理、土木工程、交际语言与个人发展六个系，且设有计算机中心，在工程与技术研究方面成就颇丰。该学院还计划设立新的、偏实用性的学位课程，如网络工程课程、计算机网络课程等。

另一方面，文莱高等教育领域技术类专业和课程不断增多，相关课程的实用性不断提高。如文莱 1985 年建立的第一所大学——文莱大学，其建立之初仅设有四个系，面对学生人数的增多、高等教育规模的扩大、社会对人才的需求等，其后又增设了理学院、医学院，成为文莱唯一的一所综合性大学。其中理学院设有石油、生物、数学和物理、化学、电子和电子工程、地理六个系，并提供丰富的、相关专业的本科与研究生课程。

此外，文莱政府在部分高等教育机构中设置面向技术教育领域的奖学金，致力于建立一支从事技术研究的专业科研队伍。如联合王储在文莱理工学院设有创新产品与技术进步奖（Creative Innovative Product and Technological Advancement Award），旨在促进文莱科技和技术领域的革新与创造。

二、独立后文莱高等教育发展的主要特征

（一）目标鲜明：巩固政治制度与传承爱国主义

1970 年，文莱国家教育委员会成立，其于 1972 年确立了本国的教育方针和政策，明确主要培养目标为：使受教育者在智力、精神、社会、体美等方面不断得到全面发展；树立以“马来伊斯兰君主制”原则为中心的价值观和文化准则，灌输伊斯兰教义，使他们尊重这一信仰并遵照这些教义生活，培养他们对君主制、国家和法律的忠诚（郑阳梅，2015）[64]。文莱政府将巩固政治制度和传承爱国主义作为教育领域的重要目标，希望树立以“马来伊斯兰君主制”为核心的价值观及文化准则，从而使民众忠于国家、忠于信仰，以此抵消西方思想长期以来对文莱社会的冲击与影响。

文莱实行“马来伊斯兰君主制”，在这一独特的政治制度下，苏丹是伊斯兰教首领，更是国家元首。因此，强调和巩固政治制度、注重培养民众对于苏丹的忠诚作为一种观念，已成为文莱高等教育发展的内在要求，尤其已深深渗入到文莱宗教教师的思想意识当中。教育部所规定的必修思想课，如伊斯兰知识、伊斯兰基础等，在培养国民虔诚信仰的同时，也是稳固本国政治制度的象征与产物。

独立后文莱高等教育的另一项重要目标是传承爱国主义。其通过宗教教育得以传承，并且这一目标与巩固政治制度是相互融合、相互促进的。浓厚的宗教教育某种程度上对于弘扬爱国主义，增强国家的凝聚力，形成良好的社会风尚等具有积极作用。故文莱自完全独立开始，就陆续兴办了

宗教大学和宗教学院。在此后的时间内，有关伊斯兰教的课程以及各种伊斯兰教研究机构在文莱古兰经学院、文莱苏丹・沙立夫・阿里回教大学、斯里巴加湾宗教教师大学、文莱大学等高等教育机构中不断得以完善和发展。如在校长的监督之下，文莱大学设立了有关伊斯兰教的宗教二级学院，文莱高等教育机构中的伊斯兰教院系、专业都得到了政府专门的经费支持，用于印刷和出版经典宗教书籍，供高校师生免费阅读。

（二）策略灵活：与国外高校合作以发展本国高等教育

文莱的高等教育由于历史的因素起步较晚，但独立后的文莱政府尤为重视高等教育的发展。加之文莱是典型的人口小国，独特的地理人文环境决定其必须加强国际合作和交流。通过采取"开放式办教育"的策略，不断向西方寻求参照，汲取国际先进办学经验，并积极地与国外高校进行合作，促进了高等教育的较快较好发展。

在教育资源上，文莱的大学凭借丰厚的薪资吸引了海外一批优秀的大学教师，主要来自英国、澳大利亚、新加坡、马来西亚等，且以英国、澳大利亚的居多，从而为高等教育的快速发展奠定了基础；在办学能力上，文莱高校坚持与国外大学联袂办教育，使得文莱高校的教育能力、教学模式趋向于多样化。如与文莱大学教育联袂的国外大学有谢菲尔德大学、格拉斯哥大学、肯特大学、斯特拉斯克莱德大学等（黄斗等，2008）[19]，文莱理工学院也积极地与英国的高等教育机构商谈相关联袂教育项目的实施；在学科建设上，联合办学形式使得新的专业学科得以更好地建立。文莱大学的医学院采取的便是联合办学形式，该校于2004年同英国伦敦大学的圣乔治医学院签订了谅解备忘录，开设了面向初级卫生保健专业的理科硕士课程和面向从事临床医学的医师的三年期在职硕士课程。这在促使新的专业学科顺利建立的同时，客观上也成为文莱医学教育发展的里程碑。此外，文莱大学于2012年7月与浙江大学签署了合作备忘录，浙江大学帮助文莱大学开设化学工程专业课程，为文莱国民经济支柱产业——油气产业培养专门人才，逐步缓解长期以来困扰文莱政府的本地油气人才严重匮乏的状况。

三、独立后文莱高等教育发展的若干省思

（一）理念与价值：高等教育功能的重新审视

由于历史原因及社会发展需求，文莱多数高等教育机构的定位便局限于职业技术领域，训练学生从事专门的专业工作，部分大学的培养计划也仅局限于狭窄的职业范围，宗教大学（学院）更是在高等教育机构中占据相当比重。

第一，对技术教育的积极倡导与推动，无疑能够在一定的历史时期内促进本国的经济与社会发展，但倘若高等教育机构仅仅致力于适应经济全球化趋势，满足国家现代化建设需要，则会遗忘大学的本质功用，大学的科学研究这一传统但意义重大的职能未能得到相应的发展。克拉克就曾告诫说，在最不发达的国家里，政府才会特别容易催促本国大学生成为国家发展的工具，“当政府当局为了实现这一目标而拼命施加压力时，他们有捡了芝麻丢了西瓜的危险。他们对学术方面的金本位不屑一顾，而只求利用现有的知识为本地的建设服务”（伯顿·克拉克，1994）[258]。第二，对宗教信仰的过分遵从，一定程度上可能制约科学和技术的发展。宗教与科学并非是简单的此消彼长关系，二者在冲突中有和谐，在和谐中有冲突。科学的最初动力与宗教信仰紧密相关，宗教一定程度上能为科学研究提供信仰与研究的动力。但与此同时，这样一种动力对科学的推动是不自觉的、有条件的，即当科学研究没有从根本上反对神学、没能对宗教信仰产生威胁时，宗教才能成为动力，一旦科学的发展超出了宗教教义允许的范围，无疑就会受到宗教的反对甚至是制裁。因此，对于有着鲜明宗教色彩的文莱来说，当科学研究与宗教信仰之间发生冲突时，就必然需要重新审视大学理念与信仰价值间的关系，并作出抉择。

（二）“依附”与自治：文莱高等教育的艰难选择

文莱作为东南亚第三大产油国、世界第四大液化天然气生产国，是世界上最富有的国家之一。其良好的财政实力为高等教育的发展提供了强有力的支撑。

独立后的文莱在全国范围内实行免费教育。“文莱政府为全体公民提供从学龄前到高等教育的一切费用，包括在国内住校生的食宿、家住离校 8 公里以上学生的交通费及到国外接受国内尚不能提供的一些高等学科教育的费用”，“中学毕业后，通过考试达到一定水准，本国公民可到国外上大学，政府提供来回（包括假期回国）的交通、食宿、医疗、书本甚至服装等的费用，学生从上大学开始就能领取一定数量的补贴，甚至连患近视都有一份特殊补贴”（刘新生，潘正秀，2005），同时文莱的大学校舍、教学设施等均达到国际一流水平。因此，文莱高等教育的突出特点便是高福利。但这也意味着其高等教育对于政府具有很强的依附性或依赖性。除文莱拉克萨马纳商学院、国际研究生院等私立大学外，文莱的办学经费主要来自政府的拨款，教育经费更是一直占政府年度财政预算的 10%以上，文莱大学的校长为苏丹，其更是直接处于国家元首的管理之下。文莱教育部主管全国的教育事业，下至学前教育上至高等教育的各级政府学校、相关教育机构均由教育部全面负责管理，大学教师的招聘与晋升由教育部最终批准。文莱的大学在现阶段更希望能够保持既有的特权与福利，但伴随着对实现大学自治、学术自由的理性呼唤，文莱高等教育的发展便面临着继续“依附”或是转向自治的艰难选择。

（三）信任与失业：教育长足发展的思维怪圈

2007 年 5 月 23 日文莱王储比拉在主持文莱理工学院第 16 届毕业典礼时曾指出，尽管政府和民间采取多项措施为大学毕业生提供就业机会，但失业问题依然存在，为解决这一问题，他提出需要鼓励大学毕业生去海外就业，然后将国外工作时所积累的知识、技术及宝贵经验等带回国内（许家康，古小松，2008）。

然而，现实与理想之间存在某种思维怪圈，政府虽然提出支持本国人才为国家发展做出贡献，但在大学教师的招聘、晋升上却表现出对本国人才的不信任，突出体现为：延续独立初高薪聘请海外教师的模式，相对本国人才而言更为信任来自英国等国的博士；同时，有限的教师岗位使得学成归来的本地人才较难进入教师系统，进而导致目前文莱高等教育机构中本地教师数量相对有限、本国人才“被迫”失业或流失的现象。如文莱大学、文莱技术大学中外籍教师的比例分别为 36%、40%，并且除副校长以外，副教授及以上职称几乎没有本地教师。如何转变对本国人才的不信任、培养出更为信任的本国人才，致力于提高本地教师的比例，是文莱高等教育实现长足发展的重要议题。同时，信任问题还体现在文莱的社会领域，目前文莱产业仍然不相信当地大学的研究能力，仅有少数资金有限的本地行业愿意同当地大学进行合作研究。从长远来看，要解决这一问题，既需要当地高校努力提升其研究能力，也需要地方行业逐渐转变其合作心态。

（四）速度与质量：高等教育发展的两难命题

独立后文莱高等教育的产生以 1985 年文莱大学的建立为标志，其高等教育从产生到发展仅有 30 余年的历史。文莱的高等教育虽起步较晚，但发展迅速。以文莱大学为例，2014 年、2015 年，文莱大学入学人数年平均增长率分别为 25.72%、26.03%，其招生规模不断扩大。从 QS 亚洲大学排名来看，文莱大学由 2014 年 171—180 位飞速上升到了 2015 年的 118 位，其从建校发展成为东盟著名学府之一，只用了 20 多年。同时，世界银行数据显示 2014 年文莱的第三级教育入学率增长至 31.7%，已处于高等教育大众化阶段。

但文莱各类院校的大学生的能力能否符合教育部门制定的目标是需要进行研究与反思的。文莱高等教育机构的毕业率预期在 2016—2019 年将达到 88%。为了保证毕业生的素质，文莱高校为高等教育入学要求、课程等设置了较高的评估标准，目的是确保毕业生具备较高的能力和竞争力。然而，为了达到目标毕业率，课程质量与毕业生人数之间的平衡可能难以维持。如何既保证速度又提高质量，是文莱高等教育发展的一个两难命题。

参考文献

伯顿•克拉克. 1994. 高等教育系统：学术组织的跨国研究[M]. 王承绪，徐辉，张民选，等译.杭州：杭州大学出版社.

黄斗，张晓鹏，邓芳娇，等. 2008. 东南亚各国高等教育改革与发展分析[J]. 东南亚纵横，（09）：18-29.

李帅军. 1996. 论英国的教育行政管理体制[J]. 教育理论与实践，（02）：61-63.

李枭鹰. 2010. 复杂性视域中的高等教育研究思维[J]. 中国高教研究，（04）：23-26.

刘新生，潘正秀. 2005. 列国志——文莱[M]. 北京：社会科学文献出版社.
许家康，古小松. 2007. 中国—东盟年鉴 2007[M]. 北京：线装书局.
阎亚林. 2003. 大学内部管理体制比较研究[J]. 教育探索，（10）：25-28.
约翰・S. 布鲁贝克. 1998. 高等教育哲学[M]. 王承绪，郑继伟，张维平，等译. 杭州：浙江教育出版社.
郑阳梅. 2015. 文莱国家教育概况及其教育特色研究[J]. 广西青年干部学院学报，25（2）：64-67.

作者简介 陈璐蓉，厦门大学教育研究院硕士研究生。

Research on the Development of Brunei Higher Education after Independence

Chen Lurong

Abstract: Brunei's higher education career started late, but it has developed rapidly. After being completely independent, Brunei gradually established a unique higher education system by exploring the development strategy of higher education in line with its national conditions. After independence, the strategy adopted by Brunei's higher education development is the centralized administrative management system.The university's internal management system at the two levels, the Malay language, English and Arabic as the teaching language, the development of religious education and the improvement of technical education. It presents the characteristics of clear goals and flexible strategies, but at the same time it is worth thinking about in terms of concept and value, "dependency" and autonomy, trust and unemployment, speed and quality.

Keywords: Brunei, higher education, development strategy, thinking

现代大学制度

中国高校分类设置研究：现状、成因与对策[①]

王保华　王　楠

摘　要：实现高等学校分类设置、分类管理、分类评价是一种理想，也是一种现实。目前，我国高校分类设置现状可谓“喜忧参半”：一方面，国家和地方行政层面一直致力于建设高校分类设置的政策引导体系，部分高校为了自身发展逐步实现转型，国内人才供需结构变化对高校分类设置的需求仍然强烈；另一方面，高校分类管理和发展的现实图景却不容乐观，来自多方面的惯性阻力和现实困难依然较大。从制度经济学角度分析，造成这一现状的原因有：资源依赖型分配体系的束缚，重学轻术的传统文化观念，追求“更名”“升格”的行为习惯仍在发挥作用。破解这一发展困境，要倡导教育理念从“精英教育”转变为“适合的教育”；政府要完成从“划桨者”到“掌舵者”的角色转换，从事务性管理转向宏观管理与信息服务提供，致力于差异化、多元化的评估考核体系建设；高校自身要健全自主机制，增强自主办学能力。

关键词：高校分类设置　制度经济学　路径选择

长期以来，受特殊的历史背景与政策导向影响，我国高校被划分为“985”高校、“211”高校、地方重点高校和地方一般高校等几个类别。这种自上而下的等级式划分不仅造成了国家和教育行政部门的政策倾斜，也导致了高校间的资源分配不均衡，更深刻影响着社会公众对高校的评价与选

① 基金项目：教育部人文社科重大招标课题“高等学校分类体系与设置标准研究”。

择。随着国内经济社会的快速发展，人才供需结构调整倒逼高等教育体系变革，重构高校分类及评价体系势在必行。2017 年，教育部公布了“双一流”建设名单，引起了社会广泛讨论。在这一背景下，全面检视当前我国高校分类设置的现状、成因，并在此基础上探寻高校分类设置和发展的有效路径，无论是从完善高等教育理论的角度还是从提供实践借鉴的角度，都具有重要意义。

一、中国高校分类设置现状：喜忧参半

当前，我国已建成了世界上最大规模的高等教育体系。《2016 年全国教育事业发展统计公报》显示，全国各类高等教育在学总规模达到 3699 万人，高等教育毛入学率达到 42.7%①。但同时必须看到，我国高等教育发展仍然存在着结构性矛盾突出、同质化倾向严重等问题。要从根本上提升高等教育人才培养质量、区分办学评价标准、优化资源配置，就必须推动高校分类设置、分类管理，走特色发展的道路。然而，高校分类设置这一理念在实施过程中，理想与现实出入较大，甚至困难重重。

（一）政府：致力于建设高校分类设置的政策引导体系

从国家和地方教育行政层面看，引导高校分类设置和发展已经成为一种共识。《国家中长期教育改革和发展规划纲要（2010—2020 年）》明确提出高等教育应当优化结构，建立高校分类体系，实行分类管理，以促进高校在不同层次、不同领域办出特色②。2015 年 10 月，国务院印发《统筹推进世界一流大学和一流学科建设总体方案》，从学科建设的角度进一步深化了高校分类发展的指导理念。2017 年 2 月，教育部印发《教育部关于“十三五”时期高等学校设置工作的意见》，要求“把优化存量高等教育资源摆在‘十三五’高等学校设置工作的首要位置”，要求“各地要结合国家高等教育分类体系框架和本地区高等教育事业发展实际，因地制宜地构建符合

① 教育部. 2017-07-10. 2016 年全国教育事业发展统计公报[EB/OL]. http：//www.moe.gov.cn/jyb_sjzl/sjzl_fztjgb/201707/t20170710_309042.html. [2017-07-10].

② 教育部. 2010-07-29. 国家中长期教育改革和发展规划纲要（2010—2020 年）[EB/OL]. http：//www.moe.edu.cn/srcsite/A01/s7048/201007/t20100729_171904.html. [2010-07-29].

本地省（区、市）情和发展需要的高等教育分类体系，积极探索建立不同类型高等学校的拨款标准、质量评估、人事管理、监测评价等管理制度，充分发挥资源配置和政策引导作用，逐步形成不同类型高等学校之间各安其位、相互协调，同类型高等学校之间有序竞争、争创一流的发展格局”①。

在相关政策的引导下，不少省级行政区相继出台了针对高校分类设置和发展的指导意见或改革办法。如表 1 所示，陕西、黑龙江、天津、安徽、河南、浙江、云南等省（直辖市）已先后出台相关文件。云南省在文件中明确提出，按照“层次+功能”的方法，将全省高校分为高水平大学、骨干特色高校、应用型本科高校和技术技能型高职院校四大类，体现出对国家层面高等教育分类体系建设的积极响应②。另外，还有部分省级行政区虽然尚未发布与高校分类设置、分类发展直接相关的文件，但相关工作却已经启动。例如，江苏省就开展了围绕“高校分类、规划分类和管理分类评价”的相关调研，为相关文件的制定和发布做好准备③。这些文件的出台和相关工作的开展，对高校分类设置与发展起到了重要的推动作用。

表 1　部分省份关于高校分类设置与发展的相关文件信息汇总

（以发布时间先后为序）

序号	省（直辖市）	文件名称	发布时间
1	陕西	陕西省人民政府办公厅关于加强高等教育统筹管理和分类指导的意见	2010 年 12 月
		陕西省普通高等学校统筹管理与分类指导实施办法	2012 年 12 月
2	黑龙江	关于加强全省高等学校分类管理和分类指导的意见	2011 年 6 月
3	天津	市教委关于加强高等学校分类管理、分类指导、分类评价的指导意见	2014 年 12 月
4	安徽	安徽省教育厅关于地方高水平大学立项建设分类发展的意见	2014 年 12 月
5	河南	关于促进普通高等学校分类发展的指导意见	2015 年 11 月
6	浙江	浙江省普通本科高校分类评价管理改革办法（试行）	2016 年 8 月
7	云南	云南省人民政府办公厅关于加强全省高等学校分类发展和分类管理的指导意见	2016 年 9 月

① 教育部. 2017-01-25. 教育部关于“十三五”时期高等学校设置工作的意见[EB/OL]. http：//www.moe.edu.cn/srcsite/A03/s181/201702/t20170217_296529.html. [2017-02-04].

② 云南省人民政府办公厅. 2016-09-14. 云南省人民政府办公厅关于加强全省高等学校分类发展和分类管理的指导意见[EB/OL].http：//www.yn.gov.cn/yn_zwlanmu/qy/wj/yzbf/201609/t20160926_27016.html. [2016-09-27].

③ 江苏省教育厅. 2015-04-02. 关于开展江苏高校分类规划分类管理分类评价调研的通知[EB/OL]. http：//www.ec.js.edu.cn/art/2015/4/2/art_4264_178133.html.[2015-04-02].

（二）部分高校：为了更好发展逐步实现转型

在国家级和省级相关部门的政策引导下，高校分类设置和发展的改革试点工作稳步推进，尤其是在引导部分地方本科高校向应用技术型转型方面，已经取得了一些成功的经验。2014 年以来，教育部相继出台了《关于加快发展现代职业教育的决定》《现代职业教育体系建设规划（2014—2020年）》《关于引导部分地方普通本科高校向应用型转变的指导意见》等文件，对引导部分地方本科高校向应用技术型转型发展进行了顶层设计，做出了部署。条件相对成熟的省份陆续启动了改革试点工作。不少高校在竞争中主动转型，逐步走上与地方经济社会发展和产业技术进步融合的特色发展道路，为这项工作的开展探索了道路，积累了经验。

例如，河南省将这项工作作为教育领域综合改革的重要任务，省级教育主管部门和高校所在地方政府全力支持高校转型发展，创造了黄淮学院这一转型发展的成功经验。转型后的黄淮学院培养和造就了一大批高素质技术技能型人才，更好地满足了地方经济发展和产业升级需求。2015 年 4 月，在河南驻马店召开的第二届产教融合发展战略国际论坛上，教育部副部长鲁昕在讲话中指出，引导部分本科高校转型发展目前已经成为各地、行业企业、地方高校的广泛共识和共同行动，转型发展改革试点有序推进，成效显著①。总体来看，部分地方本科高校向应用技术类高校转型发展既受经济社会转型发展的外力驱使，也是高校自身明确办学方向、破解发展困境的内生动力使然。未来，必将有更多高校加入这一阵营。

（三）人才供需结构变化信号：高校分类设置的需求依然强烈

随着经济发展进入新常态，我国人才的供给与需求关系也发生了深刻变化。一方面，社会转型发展带来行业和产业变革，应用型人才需求激增，各类职业技术类人才供不应求；另一方面，高校同质化发展状况严重，人才培养结构失衡，无法满足社会发展对应用型人才的巨大需求。从近几年发布的城市公共就业服务机构市场供求状况分析报告来看，“结构性失业”

---

① 河南省教育厅. 2015-04-17. 第二届产教融合发展战略国际论坛举行[EB/OL]. http：//www.haedu.gov.cn/2015/04/17/1429256547231.html.[2018-07-25].

问题凸显。例如，人力资源和社会保障部发布的《2017年第二季度部分城市公共就业服务机构市场供求状况分析》显示，与2016年同期相比，从需求侧看，市场对具有中高级技术等级和专业技术职称劳动者的用人需求均有所增长。其中，增长幅度较大的是高级技师（+23%）、技师（+21%）、高级技能人员（+12.3%）、高级职称人员（+17.4%）等①。这就意味着高等教育的人才培养目标必须由先前的社会顶层管理者和学术精英，逐步覆盖到社会拔尖创新人才、高级专门人才和高素质创业就业者。在这一背景下，高校必须通过明确自身发展定位、走特色化发展道路，从而培养出更多满足社会经济发展需要的多类型、多层次人才。

（四）现实图景：高校分类设置和发展面临困难与阻力

尽管具备了国家层面的政策引导，改革试点也在逐步推进，但从整体来看，我国高校分类设置和发展的现状仍不容乐观，来自多方面的惯性阻力和现实困难依然较大。尤其是不久前公布的“双一流”高校名单无疑会对非“双一流”高校产生意想不到的作用。有学者选取教育部直属及其与地方共建的94所本科院校为样本开展实证研究发现，“学科覆盖大而全”“学科设置低位趋同”“学科层次差距明显”成为明显特征（刘向东，吕艳，2010）46-47。同时，以广东省属41所本科院校（不含独立学院）为样本的研究同样显示，省属、市属院校不同程度地存在着学科低水平重复建设现象，学科覆盖率偏高，但学科层次较低。如果从办学时间的维度看，办学时间越长，所开设学科和博士点数量越多，单科型大学“综合化”趋势越明显（陈龙，2015）45。由此可见，推动高校分类设置与发展从理念走向实践，仍面临严峻的现实困难与阻力。毕竟，在教育资源不是通过公平竞争，而是按层次高低进行分配的前提下，各高校不会自愿接受分类的限制，它们依然会通过努力博取层次的上升，以便能在资源配置时获得相对的比较优势（王玉丰，2010）58。

---

① 人力资源和社会保障部就业司. 2017-07-18. 2017年第二季度部分城市公共就业服务机构市场供求状况分析[EB/OL]. http：//www.mohrss.gov.cn/SYrlzyhshbzb/jiuye/gzdt/201707/t20170718_274130.html. [2018-08-24].

二、问题成因：制度经济学分析

制度经济学创始人道格拉斯·C. 诺斯曾说过：历史是重要的。其重要性不仅在于我们可以从历史中获取知识，还在于种种社会制度的连接性把现在、未来与过去连接在了一起。现在和未来的选择是由过去所型塑的，并且只有在制度演化的历史话语中，才能理解过去（道格拉斯·C. 诺斯，2008）[1]。在外有政策引导、内有发展需求的情况下，高校分类设置和发展仍然不容乐观的现状恰恰说明了其面临的问题绝非一朝一夕能够解决的。要想破解高校分类设置和发展的瓶颈，就必须从深层次剖析问题背后的成因，找准病症所在。

（一）路径依赖：资源依赖型分配体系的束缚

我国高等教育的经费来源主要是国家财政拨款。高校获得财政拨款数额的多少成为影响高校自身发展的重要因素。长期以来，财政拨款数额直接与高校层次挂钩，入选“985 工程”和“211 工程”的高校获得的财政拨款数额远高于一般本科高校。仅从政府科研经费一项来说，2009—2013 年的公开数据显示，“985 工程”和“211 工程”高校拿走了全国七成的政府科研经费，其中“985 工程”高校拿走 52.7%，“211 工程”高校拿走 19.3%，而“985 工程”和“211 工程”高校的数量只占全国高校总数的 14.3%。更明显的例证是，所有高校中清华大学所获得的政府科研经费最多，是普通高校西南石油大学的 23 倍①。除了财政拨款，入选各类“工程”的高校在人才引进、科研项目申报、基础设施建设等方面也占有明显优势。这样的资源分配体系导致许多高校放弃原有办学特色和优势，一味向研究型、综合型大学靠拢，盲目“求高”“求全”“求大”，造成高校发展千篇一律、同质化倾向严重，在很大程度上束缚了高校的分类设置与发展。

（二）文化基因：重学轻术的传统观念

儒家思想长期占主导地位的中国传统文化，一直存在着“劳心者治人、

---

① 经济观察报. 2014-12-05. 211 和 985 高校 20 年存废之争：财政拨款相差 23 倍[N]. http：//finance.sina.com.cn/china/20141205/224421010203.shtml.[2018-08-24].

劳力者治于人”的思想和重学轻术的价值倾向。“修身、齐家、治国、平天下”是几千年来无数中国知识分子的最高理想和人生信条。在他们看来，以追求经济效率为目的的各类器械制作与技艺操作，是处于社会下层的工匠们应当熟悉和掌握的。它们只不过是一些雕虫小技、奇技淫巧、毫末之艺，难登大雅之堂，无益于求取功名和实现人生理想（王伯鲁，2014）[8-9]。学而优则仕、重学轻术的传统观念经过数千年的文化积淀与传承，已经成为一种独特的文化 DNA，深深植根于民众的内心。而这一观念造成的直接后果就是人们从心理上认同并追求从事学术研究的精英式教育，对传授职业技术技能的现代职业教育则不以为意。学子们一心瞄准各种管理类岗位，技术工种普遍遇冷，不受待见。崇尚“一技之长”仿佛只有在培养兴趣爱好时被人们想起，却很少被当作未来的职业规划考虑。受这样的传统观念影响，应用型高校尤其是职业技术类高校的社会地位普遍被矮化，由此导致学校的技术技能专业生源不足、质量不高，向应用型高校转型的动力也不足。

（三）行为习惯：行为惯性余力犹存

高校分类设置关系到高校的发展定位，关系到高校从宏观到微观的各个层面和各项工作。一所高校发展定位的调整，从“入脑入心”到“落地生根”，势必要经过相当长一段时间的酝酿与探索，而向更高办学层次的发展却显得顺理成章、轻车熟路，因此，很多高校仍然将发展的重心放在追求办学层次的提高上。即使是国家教育主管部门，在开展这项工作时也存在“刹车距离过长”的现象。2012—2016 年仍有 188 所高校得到教育部正式批准设立。其中，47 所学院更名为大学（表 2），80 所专科学校升格为本科学校（表 3）。由此可见，更名、升格的发展路径仍然受到不少高校的追捧。

表 2　2012—2016 年由“学院”更名为“大学”的高校名单（47 所）

序号	改后名称	建校基础	更名年份
1	内蒙古财经大学	内蒙古财经学院	2012
2	内蒙古医科大学	内蒙古医学院	2012
3	广西中医药大学	广西中医学院	2012

续表

序号	改后名称	建校基础	更名年份
4	贵州民族大学	贵州民族学院	2012
5	贵州财经大学	贵州财经学院	2012
6	昆明医科大学	昆明医学院	2012
7	西安邮电大学	西安邮电学院	2012
8	北京建筑大学	北京建筑工程学院	2013
9	天津城建大学	天津城市建设学院	2013
10	大连外国语大学	大连外国语学院	2013
11	吉林建筑大学	吉林建筑工程学院	2013
12	长春师范大学	长春师范学院	2013
13	黑龙江科技大学	黑龙江科技学院	2013
14	上海对外经贸大学	上海对外贸易学院	2013
15	温州医科大学	温州医学院	2013
16	浙江财经大学	浙江财经学院	2013
17	安徽中医药大学	安徽中医学院	2013
18	安徽建筑大学	安徽建筑工业学院	2013
19	闽南师范大学	漳州师范学院	2013
20	江西中医药大学	江西中医学院	2013
21	齐鲁工业大学	山东轻工业学院	2013
22	华北水利水电大学	华北水利水电学院	2013
23	武汉轻工大学	武汉工业学院	2013
24	广州医科大学	广州医学院	2013
25	成都信息工程大学	成都信息工程学院	2015
26	四川医科大学	泸州医学院	2015
27	贵州医科大学	贵阳医学院	2015
28	大理大学	大理学院	2015
29	西藏民族大学	西藏民族学院	2015
30	陕西中医药大学	陕西中医学院	2015
31	兰州财经大学	兰州商学院	2015
32	甘肃中医药大学	甘肃中医学院	2015
33	喀什大学	喀什师范学院	2015
34	河北地质大学	石家庄经济学院	2016
35	锦州医科大学	辽宁医学院	2016
36	上海应用技术大学	上海应用技术学院	2016
37	苏州科技大学	苏州科技学院	2016
38	徐州医科大学	徐州医学院	2016
39	浙江海洋大学	浙江海洋学院	2016
40	中国计量大学	中国计量学院	2016
41	安庆师范大学	安庆师范学院	2016
42	景德镇陶瓷大学	景德镇陶瓷学院	2016

续表

序号	改后名称	建校基础	更名年份
43	赣南师范大学	赣南师范学院	2016
44	河南中医药大学	河南中医学院	2016
45	湖北师范大学	湖北师范学院	2016
46	广东药科大学	广东药学院	2016
47	广东医科大学	广东医学院	2016

注：本表格根据教育部官网公布信息整理

表 3　2012—2016 年由专科升格为本科的高校名单（80 所）

序号	改后名称	建校基础	批准时间
1	河套学院	河套大学（专科）	2012
2	桂林航天工业学院	桂林航天工业高等专科学校	2012
3	重庆警察学院	重庆警官职业学院	2012
4	重庆第二师范学院	重庆教育学院	2012
5	成都工业学院	成都电子机械高等专科学校	2012
6	成都师范学院	四川教育学院	2012
7	昭通学院	昭通师范高等专科学校	2012
8	普洱学院	思茅师范高等专科学校	2012
9	西安航空学院	西安航空技术高等专科学校	2012
10	陕西学前师范学院	陕西教育学院	2012
11	兰州工业学院	兰州工业高等专科学校	2012
12	新疆工程学院	新疆工业高等专科学校	2012
13	新疆警察学院	新疆警官高等专科学校	2012
14	铁道警察学院	铁道警官高等专科学校	2013
15	河北中医学院	河北医科大学中医学院（资源） 河北省中医药研究院	2013
16	张家口学院	张家口教育学院	2013
17	太原学院	太原大学（专科）	2013
18	山西传媒学院	广播电影电视管理干部学院	2013
19	营口理工学院	营口大学园（资源）	2013
20	黑龙江工业学院	鸡西大学（专科）	2013
21	泰州学院	泰州师范高等专科学校	2013
22	江苏第二师范学院	江苏教育学院	2013
23	浙江水利水电学院	浙江水利水电专科学校	2013
24	景德镇学院	景德镇高等专科学校	2013
25	萍乡学院	萍乡高等专科学校	2013
26	南昌师范学院	江西教育学院	2013

续表

序号	改后名称	建校基础	批准时间
27	山东管理学院	山东省工会管理干部学院	2013
28	山东农业工程学院	山东省农业管理干部学院	2013
29	河南牧业经济学院	郑州牧业工程高等专科学校 河南商业高等专科学校	2013
30	信阳农林学院	信阳农业高等专科学校	2013
31	武汉商学院	武汉商业服务学院	2013
32	长沙师范学院	长沙师范学校（专科）	2013
33	广州航海学院	广州航海高等专科学校	2013
34	河北工程技术学院	石家庄城市职业学院	2014
35	山西应用科技学院	山西兴华职业学院	2014
36	辽宁传媒学院	辽宁美术职业学院	2014
37	哈尔滨信息工程学院	哈尔滨华夏计算机职业技术学院	2014
38	南通理工学院	紫琅职业技术学院	2014
39	泉州信息工程学院	泉州信息职业技术学院	2014
40	江西工程学院	江西渝州科技职业学院	2014
41	江西应用科技学院	江西城市职业学院	2014
42	山东华宇工学院	山东华宇职业技术学院	2014
43	青岛恒星科技学院	青岛恒星职业技术学院	2014
44	郑州财经学院	郑州经贸职业学院	2014
45	黄河交通学院	郑州交通职业学院	2014
46	湖南信息学院	湖南信息科学职业学院	2014
47	湖南交通工程学院	湖南科技经贸职业学院	2014
48	湖南应用技术学院	湖南同德职业学院	2014
49	广东理工学院	肇庆科技职业技术学院	2014
50	广州工商学院	广州工商职业技术学院	2014
51	广东东软学院	南海东软信息技术职业学院	2014
52	北海艺术设计学院	北海艺术设计职业学院	2014
53	重庆工程学院	重庆正大软件职业技术学院	2014
54	四川工业科技学院	四川工业管理职业学院	2014
55	四川电影电视学院	四川电影电视职业学院	2014
56	云南经济管理学院	云南经济管理职业学院	2014
57	西安交通工程学院	西安科技商贸职业学院	2014
58	内蒙古艺术学院	内蒙古大学艺术学院（资源）	2015
59	鄂尔多斯应用技术学院	内蒙古大学鄂尔多斯学院 内蒙古工业大学矿业学院 内蒙古医科大学鄂尔多斯学院（资源）	2015
60	广西警察学院	广西警官高等专科学校	2015

续表

序号	改后名称	建校基础	批准时间
61	桂林旅游学院	桂林旅游高等专科学校	2015
62	广西科技师范学院	柳州师范高等专科学校	2015
63	阿坝师范学院	阿坝师范高等专科学校	2015
64	贵州商学院	贵州商业高等专科学校	2015
65	滇西科技师范学院	临沧师范高等专科学校	2015
66	甘肃医学院	平凉医学高等专科学校	2015
67	河北水利电力学院	河北工程技术高等专科学校	2016
68	河北环境工程学院	中国环境管理干部学院	2016
69	山西能源学院	山西煤炭管理干部学院	2016
70	山西警察学院	山西警官高等专科学校	2016
71	哈尔滨音乐学院	哈尔滨师范大学音乐学院（资源）	2016
72	杭州医学院	浙江医学高等专科学校	2016
73	亳州学院	亳州师范高等专科学校	2016
74	厦门医学院	厦门医学高等专科学校	2016
75	福建商学院	福建商业高等专科学校	2016
76	河南财政金融学院	河南财政税务高等专科学校 河南教育学院	2016
77	河南工学院	河南机电高等专科学校	2016
78	郑州工程技术学院	中州大学（专科）	2016
79	汉江师范学院	郧阳师范高等专科学校	2016
80	琼台师范学院	琼台师范高等专科学校	2016

注：本表格根据教育部官网公布信息整理

也有部分高校虽然已经认识到要根据人才需求来调整学校发展定位，走分类办学和特色化发展道路，但在响应分类设置上或是“心动大于行动”，或是“雷声大雨点小”。具体体现为：办学定位上，未能摆脱向综合类、研究型高校看齐的一贯做法，办学规模求大、学科设置求全，不能及时调整办学定位与发展目标；人才培养上，学术型人才培养的惯性思维痕迹还很明显，不少应用实践类专业从培养目标、课程结构、课程实施、教学方法、课程评价到教材选用都变化不大，人才培养目标未能真正与经济结构、产业结构调整相适应；资源配置上，仍然将国家财政拨款作为高校办学经费的主要来源，“等靠要”和“吃老本”的情况仍不同程度地存在，缺乏与行业企业密切合作、主动拓展办学资源的创新意识和思维。

三、政策建议：推动高校分类设置的路径选择

高校分类设置是一个系统工程，从内要转变观念，从外要积极行动，从上要做好顶层设计，从下要做好贯彻落实。目前来看，至少有三方面工作亟须开展。

（一）教育理念：从“精英教育”到“适合的教育”

高等教育改革发展受到全社会的广泛关注。推动高校分类设置和发展，需要经过一个凝聚社会共识、重塑教育理念的过程，逐步淡化直至完全摒弃“重学轻术”的传统观念影响，切实提高职业技能型人才的社会认可度。在教育理念上，要逐步实现由“精英教育”向“适合的教育”转变，真正做到因材施教，根据学生自身的不同特点选择不同的成才道路，满足现代社会多元化人才结构的现实需求。“适合的教育”就是我们的教育要面对社会的所有成员，要提供让他们适应未来的可选择性的教育。要在全社会倡导树立“不惟学历看能力，不惟身份看素质”的多元化人才观，为高校分类发展创造宽松的社会环境。引导社会公众客观看待高校分类，高校的分类设置不是分出三六九等、优良中差，而更应该注重高校的办学传统和优势、发展方向和定位及地域特色等，使高校分类成为一种不带评价色彩的属性分类，不同类别的高校满足不同的市场和功能需求，具有不同的角色分工和发展方向。

（二）制度制定：政府从“划桨者”到“掌舵者”

1. 政府要从事务性管理转向宏观管理与信息服务提供

目前，政府在高等教育事业发展中，除了宏观管理之外，比较多地陷入了高等学校的事务性管理，而更好的状态应该是政府作为高校设置的管理者，主要行使行政规划、统筹引导、扶持支持、信息服务的职责。2009年教育部启动的新建本科院校合格评估工作，有效地引导了一批院校向“地方性、应用型”高校建设与发展，这批院校的办学定位真正做到了“顶天立地”，既顺应国家社会经济发展和高等教育分类改革的需要，又满足了地方经济社会发展和产业技术进步融合的需要。在这一过程中，政府的政策

引导发挥了“航向标”与“定海针”的作用。2017 年 2 月出台的《教育部关于“十三五”时期高等学校设置工作的意见》明确要求，以人才培养定位为基础，将我国的高等教育从总体上分为研究型、应用型和职业技能型，为高校分类设置指明了方向。未来，要推动高校分类设置和发展走得更远，需要政府继续出台相应的配套政策，做到因校制宜，真正使不同类型、不同层次的高校都找到适合自己的发展目标与发展轨道，各安其位，有位有为。同时，在政策制定过程中，要更多地考虑未来发展的不确定性，宜粗不宜细，要为高校提供更好的信息服务，为每所高校未来发展预留空间，更多地考虑持续性发展。

2. *政府要致力于差异化、多元化的评估考核体系建设*

推动高校分类体系建设，促进高校多元化发展，核心是评价问题。如果评价标准不摆脱传统的“齐步走”“一刀切”，分类设置与发展就难免沦为一句空洞的口号。从目前看来，比较可行的是设置差异化、多元化的评估指标，努力做到“一校一策”，主要是：一方面，针对不同类型和层次的高校合理设置评估标准，构建高校多元评估制度；另一方面，完善评估配套制度，推动评估制度与绩效问责和奖惩制度挂钩，提高高校的主动性与积极性。简言之，对各类高校的评估不应是一套而应是多套的，只有如此，每所高校在考虑发展战略、制定发展规划时，才可以实事求是地根据自己的主客观条件、自己的优势和特点，在各自层次和类型中争创一流（潘懋元，2003）[5]。

（三）高校发展：从“依赖办学”到“自主办学”

目前，我国高校依赖政府办学的惯性很大，自主办学能力不够。高校自主办学不仅是高等教育宏观管理体制改革的关键环节，也是高校内部管理体制改革的重要前提和基础。曾有学者专门考察了高等教育自主权、竞争、特色化三者之间的内在逻辑关系，得出的结论是“高等教育自主权的获得与扩大带来或伴随高等教育内部的竞争，如何在竞争中立于不败之地和谋求更大的发展则有赖于高等教育的特色化”（卢晓中，1995）[21]。因此，当前推动高校分类设置与发展，一方面要考虑外部政策引导和压力驱动；另一方面也要健全高校自主机制、增强高校自主办学能力。高校有了自主机制，才能自我约束，自我发展，成为一个对自己行为完全负责的行为主体，才会对自己的发展有正确明晰的定位，而不是盲目发展（史秋衡，冯典，2005）[97]。可以说，政府能否在资源分配过程中减少对高校的管控，赋予高校应有的办学自主权，在很大程度上决定了高校分类设置和发展的积极性和长效性。

参考文献

陈龙. 2015. 本科院校同质化发展的归因及出路：基于大学治理和高校分类理论[J]. 黑龙江高教研究，（6）：44-48.

道格拉斯·C. 诺思. 2008. 制度、制度变迁与经济绩效[M]. 杭行，译.上海：格致出版社.

李建新. 2015-04-17. 转型发展高校须主动拥抱变革[N]，中国教育报，03.

刘向东，吕艳. 2010. 高等学校分类的实证研究——基于 75 所教育部直属高校和 19 所地方共建高校的分析[J]. 清华大学教育研究，31（4）：45-51.

卢晓中. 1995. 自主权·竞争·特色化——高等教育未来发展的现实思考[J]. 教育研究，（5）：21-25.

潘懋元. 2003. 大众化阶段的精英教育[J]. 高等教育研究，（6）：1-5.

史秋衡，冯典. 2005. 美国政府在高校分层分类中的作用及启示[J]. 科学学与科学技术管理，（9）：91-97.

王伯鲁. 2014. 技术化时代的文化重塑[M]. 北京：光明日报出版社.

王玉丰. 2010. 对高校分类的理性审思[J]. 教育发展研究，（19）：56-60.

作者简介 王保华，中国传媒大学高教传播与舆情监测研究中心主任、教授，主要研究方向为高等教育管理、传媒教育。

王楠，北京第二外国语学院教师，中国传媒大学新闻传播学部传播研究院 2017 级博士生，主要研究方向为高等教育管理、网络舆情。

Research on Classification and Setting of Chinese Universities: Current Situation，Causes and Countermeasures

Wang Baohua　Wang Nan

Abstract: It is an ideal and a reality to realize the classification，classification management and classification evaluation of colleges and universities. At present, the status quo of colleges and universities in China can be described as "mixed and mixed": the national and local administrative levels have been committed to building a policy guidance system for the classification of colleges and universities; some colleges and universities have gradually transformed for their own development; the demand for the classification of colleges in China is strong, but the reality of the classification management and development of colleges and universities is not optimistic, and the inertia resistance and practical difficulties from many aspects are still large. From the perspective of institutional economics, the reasons for this situation are: the shackles of resource-dependent distribution systems, the traditional cultural concepts of re-learning light techniques, and the pursuit of "rebranding" and "upgrading" behaviors are still playing a role. To solve this development dilemma, we must advocate the transformation of the educational concept from "elite education" to "appropriate education"; the government must complete the transition from "sculler" to "leader", from transactional management to macro management and information. Service provision is committed to the development of a differentiated and diversified assessment and assessment system; universities themselves must improve their autonomy mechanisms and enhance their self-sponsorship.

Keywords: college classification setting, institutional economics, path selection

“世界一流大学”的内涵疏解集释[①]

田建荣

摘　要：集释就是汇辑诸家对某一概念的解说，断以己意。对于“世界一流大学”的内涵，长期以来众说纷纭，莫衷一是。本文从概念界定、精神阐发和时代内涵三个方面对有关世界一流大学的界定、标准、内涵等不同说法进行了有限的集结、梳理和阐发，旨在在“双一流”建设的背景下，进一步明确世界一流大学的内涵：首先，要有一流的办学理念，这集中体现在要有一流的大学校长。其次，要有若干大师。最后，毕业生的总体水平和社会影响较高。而其时代内涵是：必须有中国特色。

关键词：世界一流大学　内涵　集释

当今世界，几乎所有发达国家都有自己的世界一流大学。这些大学凭借着众多优秀的人才和领先的科技优势对本国的经济、政治、科技以及社会的发展有着重大的影响。创建世界一流大学，是中国在世界舞台上全面崛起的一个根本前提。历史表明，一流大学的建设，必须超前于国家的全面崛起。同时，建设世界一流大学还具有广泛的推动作用，不仅能够促进和带动经济与社会发展以及科技进步，还能引领整个高等教育改革与发展。然而，什么是“世界一流大学”？可以说，这是一个仁者见仁、智者见智的问题，对此，至今认识还不够清晰，观点更是诸多分歧。不同的人从不同的角度给出多种解释，世界上也没有任何权威机构来进行界定，未能形成一个世界公认的、统一的评价标准。理论层面的探讨尚不充分，实践中

---

① 基金项目：国家社会科学基金教育学一般课题“高考分类考试与普通高中转型发展研究”（BHA160090）。

就容易造成认识上的偏差和误区。

一、“世界一流大学”的概念界定

王大中院士认为，“世界一流大学应是学校实力、社会贡献及国际声誉的一个综合概念”（王大中，2003）[3]。“国际上属世界一流大学概念下的应有一批大学，世界一流大学应是一个群体概念。”王战军认为，“一流大学是一个动态发展中的比较性概念，它可以是高等教育机构类型的比较，也可以是地理范围之内大学间的比较，也可能是在学科等层面的比较”，“只要居于领先地位，我们就可以说它是一流。欧洲古典大学、英式大学、德国模式大学都曾经是世界一流大学，美国研究型大学则是目前世界一流大学的主体，这就提示我们，必须动态地看待一流大学建设问题，要有前瞻性”（王战军，2003）[15]。

袁贵仁曾在《求是》杂志撰文指出：①一流大学是个建设性概念。一流大学是动态的、开放的。②一流大学是个过程性概念。要经过长期的奋斗与拼搏、竞争与合作、筛选与淘汰，从中涌现、生长和发展出若干得到世人认同的世界一流大学。③一流大学是个总体性概念。一流是指它的总体办学水平。一流指的是教育质量。④一流大学还是个精神性概念。要求所有大学都办成一流大学不现实。但争创一流、追求卓越的意识和精神，应该是所有大学都必须具备的。（袁贵仁，2002）[51-52]

可见，无论是在学术界，还是在社会上或人们的心目中，“世界一流大学”都并非一个有明确定义和内涵的概念。人们从不同的视角、各自不同的理解和认识描述其所认为的一流大学。这种现象的出现，一方面说明学术界对世界一流大学的研究有待深入；另一方面则可归因于世界一流大学本身的复杂特性。刘承波《试论“世界一流大学”概念的模糊性问题》一文对此进行了分析。他认为，人们揭示出的这些特征都是对世界一流大学内涵的某些反映，并不能由此说明其内涵是什么，即诸多特征之和并不等于一流大学的内在本质。而对于世界一流大学的外延，人们提起世界一流大学想到的就是英国的牛津大学和剑桥大学、美国的哈佛大学和麻省理工学院、德国的柏林大学等，它们都是世界一流大学的样板，而样板范围的大小直接影响人们对世界一流大学的认识。也就是说，无论世界一流大学的内涵还是外延都是不确定的：内涵的不确定性使我们不能确切地界定世界一流大学的外延；而外延的不确定性又反过来影响我们对于世界一流大学内涵的理解。尤其目前对世界一流大学的认识是建立在对某些世界一流学府的认识基础上的。因为“世界一流大学”概念本身具有不确定性，即模糊性，为此我们可以试着引入“集合”的概念，即人们形成某个概念总是要以集合论为依托的，给出集合的定义就是给出了概念的内涵，而列出组成集合的所有成员（元素），就等于告诉了我们概念的外延。刘承波认为，“世界一流大学”是一个模糊概念，只能用模糊集合来描述，即世界一流大学是指那些在世界上处于最高水平学术地位的大学，这些大学在人类科学研究的某些或某个领域和方面取得那个时代最杰出的成就，并在此领域以及相关领域的科学研究产生奠基性、开创性和革命性的推动作用；也是人们在世界林林总总的大学之中，通过比较，对那些具有超群办学实力、卓越教育科研成就以及非凡社会影响的大学的评价和认定（刘承波，2001）[10-13]。现在我们所使用的“世界一流大学”就是这样一个意义相当模糊的日常概念，而非是具有严格学术意义的科学概念。

可见，“一流”很难说是一个有着严密内涵的词语，概念本身存在着模糊性和不确定性。它不仅和某些人为的认定标准相关，而且还是与时间、地域等有关的多元函数。如果说一定要问“世界一流大学的标准到底是什么”，潘懋元先生认为，一流大学至少要具备三个基本特征：第一，一流大学要有自己的理念，这个理念应是在发展过程中证明行之有效的，有利于高等教育的发展提高的；第二，一流大学除了师资的总体水平高，还要有大师，有名师；第三，一流大学要培养出优秀的学生，并为社会所承认（潘懋元，2003）[50-51]。也就是说，我们也只能概括、笼统、模糊地提出判断世界一流大学的三个标准：首先，要有一流的办学理念，这集中体现在要有一流的大学校长；其次，要有若干大师；最后，毕业生的总体水平和社会影响较高。

二、“世界一流大学”的精神阐发

20 世纪末和 21 世纪初，国内刚开始讨论建设世界一流大学之时，香港科技大学的丁学良教授关于什么是世界一流大学的演讲，曾被 400 多家报刊媒体转载。2004 年，丁学良教授对这些演讲和访谈进行整理，出版了《什么是世界一流大学》一书，更系统地表达了自己的认识和见解。他认为，大学的兴衰和大国的兴衰是密切相关的。从 11 世纪到现在，哪里有世界一流大学的兴起，哪里就有一个国家的崛起、一个民族的兴旺。但什么才是世界一流大学，怎样才能建成世界一流大学呢？他认为，对于研究型大学而言，世界一流大学的衡量标准有九项：教员整体的素质；学生的素质；常规课程的丰富程度；通过公开竞争获得的研究基金；师生比例；大学各项硬件设备的量和质；大学的财源；历届毕业生的成就和声誉；学校的综合声誉。而海纳百川、兼容并包的精神气质对于成就世界一流大学至关重要，所以他更强调大学理念和特有的一流大学的精神气质——世界主义的、普遍主义的。

关于世界一流大学的特质，还有更多的人士进行了探讨，表达了自己的观点和看法。杨东平（2007）归纳为 5 个比较重要的特点，分别是大学自治、学术自由、教授治校、通才教育和学生自治。眭依凡认为世界一流大学必须具有“学术实力雄厚，做出世界贡献，享有国际声誉”三大特征，据此他认为：世界一流大学绝非什么评估的结果，而是具有诸多世界一流水平之要素特征的、在知识创新和杰出人才培养等方面做出诸多世界级贡献并被国际社会认可的高等教育组织，而按规律办学治校育人、学科卓杰、高端人才集中、制度科学、文化优良和资源雄厚是世界一流大学不可或缺的六大要素（眭依凡，2016）[6]。陈学飞认为，世界一流大学在精神气质上应当具有普遍主义或世界主义的取向，在体制上应当享有学术自治、学术自由的特权，在核心使命上应当追求真理；此外，世界一流大学具有良性的学术水平评价与发展机制，是在遵循教育规律和学术发展规律的基础上，经过长期实践逐步形成和发展起来的（陈学飞，2016）[11-12]。王英杰认为世界一流大学有四条标准，即：对大学精神、性质、功能和使命有深刻的认识；把学术自治与学术自由作为大学的核心价值与制度；要选好校长；要以教师和学生为主体民主管理大学（王英杰，2001）[1]。

贾米尔·萨尔米（Jamil Salmi）则从三个方面描述世界一流大学特征：①人才汇聚（优秀教师和学生高度集中）；②教学资源丰富，科研经费充足；

③治理规范，不仅能够激发出战略愿景、创新和活力，而且能够在进行决策和管理资源上不受官僚作风的影响（菲利普·阿特巴赫，贾米尔·萨尔米，2011）[2]。有人曾对时任美国大学联合会常务副主席约翰·冯（John Vaugh）进行了访谈。约翰·冯认为，一所世界一流大学要有足够广泛的学科领域，应当基本涵盖所有主要的学术和人文领域。另外，他认为世界一流大学就意味着其教育质量应该是世界顶级水平的，“一所世界一流大学就意味着这所大学的地位受到了全世界大多数国家的关注和认可”（王晓阳等，2010）[13]。

王英杰、刘宝存等在对哈佛大学、耶鲁大学、斯坦福大学以及剑桥大学等11所世界一流大学个案研究的基础上，对其办学历史以及办学理念加以归纳，总结出世界一流大学的基本特征包括8个方面：①学科门类比较齐全，具有世界先进水平且特色鲜明的优势学科；②拥有卓越的师资队伍，荟萃一批世界著名的大师级学者；③开展高水平的科学研究，能够取得划时代意义或影响本学科研究方向和研究趋势的科学研究成果；④拥有一流的生源，能够培养出国际公认的优秀人才；⑤开展以学术研究为基础的社会服务，在推动本国、本地区经济建设和社会发展中起重大作用；⑥拥有充足的办学经费和优越的办学条件；⑦国际化程度高，是世界科学文化学术交流的中心，能够吸引大量外国优秀人才去留学；⑧正确的办学理念、科学的管理机制和宽松的学术氛围。（王英杰，刘宝存，2008）[356-369]

有人认为，世界一流大学的定义完全取决于人们的主观认识和评价指标设定。主观认识上，世界一流大学就是抽象意义上的“好大学”，那些特定指标更多地会对大学带来自我形象价值的满足感，而对于大学关乎知识责任和社会进步的推动力有限。也就是说，世界一流大学体现了举世公认的水平、地位、卓越成就，以及对世界范围的才子的巨大吸引力；它不仅具有世界一流的办学实力、悠久的历史和文化，更培养出一批对政治、经济和社会发展做出突出贡献的杰出人才，拥有一批在若干领域引领科学前沿和技术进步、在世界享有崇高学术声誉的杰出教授。从理论上看，世界一流大学无论在何种评价指标体系比较下都应是世界一流的，实际上又是做不到的。世界一流大学只能是在一定范围内相对其他同类大学的比较而言，是在一定评价指标下的相对排名靠前而已，并没有绝对的世界一流大学。（李志民，2016）

三、"世界一流大学"的时代意涵

由于究竟什么是世界一流大学，中外高教界都没有定论，于是人们一般将那些文化教育实力雄厚、拥有极大的世界声誉，特别是排名在世界前列的大学框定在世界一流大学范畴。实力雄厚、声誉极大并不是可以用公认的尺度去衡量的东西，所以，排名在世界前列往往就成为衡量世界一流的"硬标准"。各种世界大学排行榜也成为一些大学创建世界一流大学的参照系。

大学排名，是指为了某种需要，在依据一定的标准、采用一定的方法、对反映大学状况的基本要素进行综合或单项评估后，按照评估的结果与所选定标准的接近程度，对大学排定次序。大学排名是 20 世纪 80 年代初在世界范围内开始兴起的。1983 年，《美国新闻与世界报道》以计量学的方法推出了第一份美国高校排行榜，这在当时引起了不小的轰动。1986 年，英国的《泰晤士报》同样以排名的方法发布了英国优秀大学指南，此后，各国媒体和学术机构推出的大学排行榜便层出不穷。尽管各种排名不可能完全反映各学校之间的差异，但在没有新的、更科学的替代方法之前，它仍不失为一种对大学评价的参考，并且其结果形式显得更加中立和公正。然而正如潘懋元先生在 2002 年第 5 期《求是》杂志上刊载的《一流大学与排行榜》一文中所指出的，根据排行榜的顺序定一流大学，虽然简单易行，但并不科学。且不说排行榜版本众多，即使较权威的版本也存在许多问题。特别是像校风、凝聚力、社会声望等这些构成一所著名大学的重要因素很难量化。所以，"一流大学不是排行榜排出来的"。

2015 年 10 月 24 日，国务院公布《统筹推进世界一流大学和一流学科建设总体方案》，指出：我国通过 20 世纪 90 年代中期起实施"211 工程""985 工程"以及"优势学科创新平台"和"特色重点学科项目"等，一批重点高校和重点学科建设取得重大进展，为经济社会持续健康发展做出了重要贡献。同时，重点建设也存在身份固化、竞争缺失、重复交叉等问题，迫切需要加强资源整合，创新实施方式。为认真总结经验，加强系统谋划，加大改革力度，完善推进机制，每五年一个周期，2016 年开始，将分"三步走"，推动若干高校和学科跻身世界一流，实现我国从高等教育大国到高等教育强国的历史性跨越。

2017 年 9 月 21 日，《世界一流大学和一流学科建设高校及建设学科名单》公布。进入“双一流”大学建设名单的高校一共有 42 所，其中 A 类 36 所，B 类 6 所；进入一流学科建设名单的高校一共有 95 所。国务院印发的《统筹推进世界一流大学和一流学科建设总体方案》明确 “双一流”建设的基本原则涵盖：坚持以一流为目标，坚持以学科为基础，坚持以绩效为杠杆，坚持以改革为动力。其五大建设任务包括：建设一流师资队伍，提升科学研究水平，传承创新优秀文化，着力推进成果转化及培养拔尖创新人才。新的“双一流”建设被定性为八个字：“中国特色、世界一流”，是中国特色和世界一流的有机融合，它不是“985 工程”“211 工程”的翻版，也不是升级版，更不是山寨版。“双一流”建设是一个全新的计划，是在“985 工程”“211 工程”的基础上，把我国建设世界一流大学的事业在新的历史潮流下继续推向前进。（陈宝生，2017）

但总体来看，我国世界一流大学建设就结果而论，缺少的是“学术声誉”，即是否是世界一流大学有待中国公众广泛认可，有待世界同行广泛认同；就过程而言，缺乏世界一流大学的学术氛围和校园文化。同时，世界一流大学建设切不可急功近利，更不能列出所谓“时间表”。哈佛大学前校长埃利奥特曾感慨：一流大学建设需要两百年。耶鲁大学前校长莱文说：亚洲最好的大学东京大学也需要一百年才有可能建成世界一流大学。十年树木，百年树人。考虑到后发优势等因素，“我国建成一批世界一流大学究竟需要多少年”是一个值得深思并且很难回答的问题。著名比较高等教育专家阿特巴赫认为，世界一流大学的竞争会越来越激烈，对于大多数国家而言，通常只有一两所能够达到世界一流。克拉克·克尔在《高等教育不能回避历史——21 世纪的问题》一书中预言，全球化将使得大学在一个国家内部的差异小于国家之间的差异。因此，中国建设世界一流大学必须瞄准国际共同规范，切不可自说自话。但在中国这样一个人口众多、资源贫乏、传统文化深厚的大国建设世界一流大学，既要参照世界一流大学的“共性”特征，也要避免盲目跟从。遵循教育规律，创造性地传承民族优秀文化，借鉴人类高等教育改革发展的文明成果，积极探索中国化的世界一流大学之路，才能做到“世界一流，中国特色"。

2014年5月4日，习近平总书记在北京大学师生座谈会上的讲话中指出，"办好中国的世界一流大学，必须有中国特色。没有特色，跟在他人后面亦步亦趋，依样画葫芦，是不可能办成功的"，"世界上不会有第二个哈佛、牛津、斯坦福、麻省理工、剑桥，但会有第一个北大、清华、浙大、复旦、南大等中国著名学府"，为此"我们要认真吸收世界上先进的办学治学经验，更要遵循教育规律，扎根中国大地办大学"①。可见，抽象的世界一流大学并不存在，世界一流大学只能建设在各国历史文化土壤中，它们既存在一些普遍的共性特征，也存在显著的特殊性和个性化特征，换言之，各国均有权结合自身历史、国情、文化等因素筹划建设自己的世界一流大学。这就是新时代建设世界一流大学的实质内涵。

阿特巴赫曾指出，世界一流大学需要卓越的研究来支撑，需要学术自由和学术激励的氛围，良好的内部治理，充足的设备和足够多的资金投入。但是，他首先表明："每个国家都想拥有一所世界级大学，似乎一旦离了它，便寸步难行。问题是，没有人知道世界级大学究竟是什么，更没有人描绘过如何才能建成世界级大学。"（菲利普·阿特巴赫等，2004）[21]阿特巴赫的这句话既反映了世界各国对世界一流大学的渴望和创建世界一流大学的难度，也反映了世界一流大学研究的难处和困惑。

总之，尽管"世界一流大学"这一概念在世界各国得到广泛使用，然而对于什么是世界一流大学，世界高等教育学术界和实践界对此至今并无统一的认识和界定，所用的术语也有一定的差异，如 world-class university、research university、innovation university、world-renowned university 等。可见，"世界一流大学"是一个群体性、比较性和发展的概念，同时又具有很强的模糊性和个性化色彩，它只是指人们心目中的最好的或最有影响力的大学。因此，如果我们纠结于世界一流大学的定义，或者世界一流大学的指标体系和评价标准，既难以达到预期的目的，更于创建世界一流大学的实践无益。

---

① 习近平. 2014-05-04. 习近平：青年要自觉践行社会主义核心价值观——在北京大学师生座谈会上的讲话. [EB/OL]http：//www.xinhuanet.com/politics/2014-05/05/c_1110528066_3.htm.[2018-08-08].

参考文献

陈宝生. 2017-03-13. 陈宝生就“教育改革发展”答记者问[N]. 中国教育报，01.

陈学飞. 2016. 导向是建设世界一流大学的关键[J]. 探索与争鸣，（07）：11-13.

菲利普·阿特巴赫，叶志坚，周岳峰. 2004. 世界级大学的代价和好处[J]. 高等教育研究，（05）：21-23.

菲利普·阿特巴赫，贾米尔·萨尔米. 2011. 世界一流大学：发展中国家和转型国家的大学案例研究[M]. 王庆辉，等译.上海：上海交通大学出版社.

李志民. 2016. 关于建设世界一流大学的“冷”思考[J]. 中国高校科技，（Z1）：7-9.

刘承波. 2001. 试论“世界一流大学”概念的模糊性问题[J]. 教育发展研究，（01）：10-13.

潘懋元. 2003. 一流大学不能跟着“排名榜”转[J]. 清华大学教育研究，（03）：50-51.

眭依凡. 2016. 世界一流大学建设的六要素[J]. 探索与争鸣，（07）：4-8.

王大中. 2003. 建设世界一流大学的战略思考与实践[J]. 清华大学教育研究，（03）：2-7.

王晓阳，刘宝存，李婧. 2010. 世界一流大学的定义、评价与研究——美国大学联合会常务副主席约翰·冯（John Vaugh）访谈录[J]. 比较教育研究，（01）：13-14.

王英杰. 2001. 规律与启示——关于建设世界一流大学的若干思考[J]. 比较教育研究，（07）：1-8.

王英杰，刘宝存. 2008. 世界一流大学的形成与发展[M]. 太原：山西教育出版社.

王战军. 2003. 目标与途径：世界一流大学与研究型大学建设[J]. 清华大学教育研究，（03）：14-17.

杨东平. 2007-10-16. 一流大学的 5 个特征[N]. 科学时报，（B4）.

袁贵仁. 2002. 建设社会主义高水平大学的动员令——学习江泽民同志关于建设一流大学的论述 [J]. 求是，（07）：51-54.

作者简介 田建荣，陕西师范大学教育学院教授，博士，博士生导师，主要从事教育历史、高等教育和考试理论研究。

The Collected Explanations and Various Connotations of "World-Class University"

Tian Jianrong

Abstract: Collected explanations means that many scholars have different perceptions to one concept. A world of various connotations of World-Class University has been popular for a long time. The paper explores the definition, spirit meanings and era connotations of World-Class University in the background of Double First-Class Construction, in order to confirm first-class university. That is, for a World-Class University, it is necessary to have the advanced notion behind university running firstly, which is to have an excellent headmaster, and then, to have many academic masters and high level of graduates and great society influence eventually. Era connotation also includes Chinese characteristics.

Keywords: world-class university, connotations, collected explanations

高校办学自主权的逻辑[①]

——阿什比的大学自治理论及其当代意义

蒋　凯　朱彦臻

摘　要： 拥有较充分的办学自主权是高校正常运作和办学成功的必要条件。英国著名教育家、科学家，曾担任一些著名大学的校长和大学拨款委员会要职的阿什比对高校办学自主权进行了深入的考察和比较系统的论述。阿什比提出了高校办学自主权的要素、学者掌握高校自主权、高校内外力量平衡、高校内部改革等独具特色的大学自治理论。面对大学内外力量失衡的危机和内部逻辑遭受破坏的挑战，他还提出了大学进行内部渐进式改革的应对方式。本文对阿什比的大学自治理论进行探讨和分析，并讨论了这一理论的当代意义。在“双一流”建设的背景下，落实和扩大我国高校办学自主权具有十分重要的意义，阿什比的相关理论对此提供了一些有益的启示。

关键词： 高校办学自主权　大学自治　政府与大学关系　大学治理　阿什比

在通常情况下，拥有较充分的办学自主权[②]是高校正常运作和办学成功的必要条件。过去几十年，大多数国家和地区的高校为争取办学自主权或获得更充分的办学自主权而孜孜以求，不断努力。在转变政府职能、简政

---

① 基金项目：全国教育科学“十二五”规划2014年度课题（国家一般）“高等教育理论创新的条件、路径与方法研究”（BIA140108）。

② 高校办学自主权又称高校自主权、院校自治（institutional autonomy 或 autonomy）、大学自治或学术自治（academic autonomy），在不同时代、不同国家和地区有不同的称谓。千百年来，从未出现过绝对、完全的大学自治，高校始终受到政府和其他外部机构的监管，高校的办学自主权是相对而言的。在我国广泛使用的高校办学自主权概念，是一种比较贴切的表述，反映了政府与高校关系以及高校内部治理的实际情况。

放权以及“双一流”建设的背景下，落实和扩大我国高校办学自主权具有十分重要的意义。埃里克·阿什比（Eric Ashby）是英国著名教育家、科学家，曾担任剑桥大学等著名大学的校长，并在英国大学拨款委员会（University Grants Committee，UGC）担任重要职务。阿什比对欧美一些国家、印度和非洲多个国家和地区的大学进行了深入的考察，创造性地将生物学知识运用于高等教育研究中，提出了著名的“高等教育生态学”“大学遗传环境论”等理论，在世界范围内尤其是英语国家的高等教育界产生了深远的影响。他对高校办学自主权问题提出了独到的理解，较早就此进行了比较系统的论述，其大学自治理论对许多国家和地区落实和扩大高校办学自主权、处理高校内外部关系具有积极的启示意义。

一、阿什比对高校办学自主权的考察与态度

阿什比是国际著名教育家、科学家，他的数十年职业生涯基本在大学度过，先后游历多国，具有广泛的国际阅历。阿什比出生于伦敦东部的雷顿斯通，早年在伦敦城市学校和英国皇家科学院就读，1926 年获得英国皇家科学院理学学士学位，此后在帝国理工学院担任助教。1929 年，阿什比获得哈克尼斯奖学金，前往芝加哥大学留学，两年后返回英国，先后在帝国理工学院和布里斯托尔大学任教，并担任实验生物学学会秘书长。1938—1946 年，阿什比担任澳大利亚悉尼大学植物学教授，在此期间，他曾前往莫斯科进行考察并担任苏联科学顾问。1947 年，阿什比回到英国，担任曼彻斯特大学植物学讲座教授，先后于 1950—1959 年、1970—1983 年两度出任贝尔法斯特女王大学校长，1967—1969 年担任剑桥大学校长，1968—1974 年担任卡尔福德学校理事长。阿什比还把目光投向欧美以外国家的大学，早在 1952 年，他就访问印度，对当地一些大学进行考察。从 1954 年起，阿什比每年都会访问非洲的大学。除此之外，他还曾任英国科学促进协会主席、英国大学拨款委员会专业委员会主席等重要职务。

阿什比在欧美亚非四大洲许多国家高等教育界丰富的求学、工作和考察经历，对他的学术研究和高等教育管理都是非常宝贵的实践，他的大学自治理论正是基于对众多国家大学的考察形成的。他在 1966 年出版的《英

国、印度和非洲的大学：高等教育生态学研究》（*Universities: British, Indian, African: A Study in the Ecology of Higher Education*）和1974年出版的《科技发达时代的大学教育》（*Adapting Universities to A Technological Society*）这两部著作中，结合国际比较和对英国高等教育的深入研究，比较早而系统地阐述了自己的大学自治理论。

大学自治（academic autonomy 或 institutional autonomy）、学术自由（academic freedom）、学术中立（academic neutrality），是欧美一些大学所推崇的价值观，并称“3A 原则”。特别的工作经历和广泛的国际阅历，使得阿什比格外关注大学自治和学术自由问题，尤其是大学自治问题。鉴于经常有人将大学自治与学术自由混淆，阿什比指出，虽然大学自治与学术自由密切相关、在很多方面相互影响，但是它们是两个完全不同的概念，大学自治主要指大学的自我管理，而学术自由是国际公认的大学教师的特殊权利（Ashby，1996）[290-295]。

英国大学有自治的传统，当然其自治并不是绝对的自治，并且这种办学自主权是该国大学通过几百年的努力逐步争取到的。阿什比指出，一方面，英国大学从来就不是政府的组织机构，过去是、现在仍然是自治团体；另一方面，虽然大学自我管理的传统在英国深深扎根，但是在现实中并没有一所完全自治的大学，在其他国家同样如此。芝加哥大学校长赫钦斯（Robert M. Hutchins）曾经指出：“失去了自治，高等教育就失去了精华。”（约翰·S. 布鲁贝克，2002）[31]阿什比坚信，大学自治对大学在社会中实现自身的功能至关重要。但是，阿什比又认为，对大学的干预（intervention）不可避免，“一个事实就是，当今没有一所大学能够像一个独立的州或者自治区那样实现完全的自治”（Ashby，1996）[294]。与之相反，正确、适度、有效的干预不但能够使大学更好地适应社会的需要，而且更有利于保障大学自治。阿什比提到，在20世纪70年代初英国大学3/4以上的经费来自国会，但办学自主权并没有受到侵害，关键就在于1919年建立的中介组织UGC发挥的缓冲和协调作用。阿什比在UGC任职8年，对该委员会的运作模式了如指掌。他肯定UGC在英国大学自治中所发挥的积极作用，原因主要有三点：其一，UGC的成员百分之七八十是学者，其决策主要由学者做出，因此UGC向拨款受益者（大学）负责，而不是向拨款者（政府）负责；其二，国会拨款并没有限制或侵犯大学的办学自主权，如招收学生、聘任教师、课程内容、院系学生人数、考试标准等，相反正因为大学既获得了拨款又有充分的经费支配权，政府拨款越多，大学反而越自由；其三，UGC 扮演了政府与大学之间缓冲器（buffer body）的作用，教育科学部要介入大学事务就必须先经过 UGC 的同意，这种防御体系保障了英国大学不受政府的干预。正如阿什比所言，“UGC 有维护大学办学自主权的决心”（阿什比，1983）[54]。

在高等教育所处环境发生变化特别是大众化背景下，英国高等教育需要做出相应的调整，以便正确、适度、有效的干预发挥作用，最典型的例子就是英国城市大学（civic universities）建立和“一元制-二元制”高等教育体制改革。阿什比提出，“大学章程必须继续为大学所处的环境的变化而做出适应性的调整”（Ashby，1996）[303]。英国新型城市大学相继建立，其推动力正来自于对传统大学的不满。阿什比认为，牛津剑桥式的传统大学有三个明显的缺点。第一，英国学术职业结构已经发生实质性的变化，非全职学术人员数量大大增加，然而教育事务管理权一直掌握在小部分资深的全职学术人员手中，造成很多非教师的职员没有参与机会；第二，从 19 世纪继承来的大学章程并没有对大学各系进行充分的规定；第三，大学行政结构集中化，即大学校长权力过大，对其缺乏制约（Ashby，1996）[304-306]。城市大学模式正是在修正对这些缺点造成的不适应中慢慢浮现的。“二元制”下新型大学的雏形是维多利亚时代由股份公司或个体赞助人、公民组织提供资金的社会团体。基金和捐助款的委托人发挥主管部门的作用，对他们所管理的大学进行管理，并把大学教师当作自己的雇员。20 世纪初，在曼彻斯特、伯明翰、苏格兰等地相继建立起城市大学。1939 年，英国城市大学治理模式正式建立。在这种模式下，主要有三个治理主体：董事会（court）、校务委员会（council）和评议会（senate）。三者相互制衡，既对大学进行有效管理，又保障城市大学的办学自主权不受侵犯（阿什比，1983）[298-304]。

那么，什么是正确、适度、有效的干预呢？阿什比曾经做过一个比喻，可以帮助我们理解干预的界限。他认为“（大学）应该由学者干预是有充分理由的。大学教学同医学临床一样，具有高度技术性。外行人要求教授和医师做出什么贡献，是可以的；让外行人去指点教授应如何教学或医生如何处方，那就荒唐了”（阿什比，1983）[60-61]。阿什比十分重视学者在大学管理中的作用。他认为，UGC 干预对大学自治是有益的，因为 UGC 主要由学者组成，体现了学者和大学的意志，并且它始终致力于维护大学自治，起到了缓冲政府等其他外部机构干预大学的作用；“一元制-二元制”改革后，虽然看似董事会、校务委员会和评议会都参与到了大学治理之中，但是三者在相互制约中达到了巧妙的平衡，并且真正参与大学具体事务管理的，也主要是由校内学术人员组成的校务委员会和评议会。由此可见，阿什比所赞同的对大学的干预是学者干预，而非其他形式的干预。在此基础上，阿什比提出了集体自主权（collective autonomy）的概念，鼓励学者与大学联合起来，UGC 与大学校长联合会合作并形成联盟，共同维护大学办学自主权。他指出“这些相互依存的社团（指大学）所需要的是集体自主权，就是每个社团依然享有各自的种种自主权，但对关键性重要事务共同采取一致行动。只有这样，英国大学才能继续依靠政府经费，并通过集体努力，而有足够力量以获取完成社会职责所必需的条件（即大学自主权）”（阿什比，1983）[61]。在阿什比看来，如果英国大学是一盘散沙，不能联合起来并且形成合力，它们就会被政府各个击破，无法保障办学自主权，因为没有集体自主权也就没有单个大学的办学自主权。

二、高校办学自主权的要素与逻辑

通过以上分析，可以看出阿什比对大学自治或高校办学自主权的基本态度，但是他关于大学自治的概念仍然比较模糊。实际上，在阿什比看来，大学自治的含义本身就是模糊的，并且大学内部治理模式在不同国家如英国、美国、德国、印度和非洲国家也是千差万别。他认为，相对于对大学自治进行定义、在一些声明或法案中寻求保障大学自治而言，更重要的是明确大学自治具有决定性、典型性并且为公众、政治家和公职人员所广泛理解的要素。归纳起来，这些要素主要包括六点：①在管理上免于非学术干预的自由；②以大学看来适当的方式分配经费的自由；③招聘教职员并决定其工作条件的自由；④选择学生的自由；⑤设计和传授课程的自由；

⑥设置标准和决定评价方式的自由。（Ashby，1996）[290-295]阿什比的大学自治要素观被广为接受，产生了深远的影响。当然，阿什比的归纳主要是基于对英国、印度和非洲大学的考察做出的，实际上大学自治或高校办学自主权还包括了哈佛大学校长博克（Derek Bok）所提出的合法组织或团体依法举办高校的权利和自由等（德里克·博克，1991）[3]。阿什比提出的大学自治六种要素成立的前提，是大学内部权力的平衡和连贯性，也就是：非学术人士必须认同大学，而不是要代表大学之外的利益；所有学术决策都应当委托给学术人士，他们必须始终被视为社会的一员，而不是雇员（Ashby，1996）[296]。否则，大学可能虽然不受外界的干预，但是却从内部背叛了办学自主权。

阿什比的大学自治理论强调在大学治理中内外部力量的平衡，这一特点与他的大学生态学说和大学发展观一脉相承。阿什比的大学生态学说是他的高等教育理论形成的基础。作为一名生物学家，他将一些生物学概念借用到高等教育研究中，提出了著名的“大学遗传环境论”。在阿什比看来，社会机构如同自然界中的生物，是社会中一种特殊的自然与培养的产物，其中“自然”是指传统、内部遗传的模式，而“培养”则是指同时期的社会思潮。如果一个社会机构可以几百年地延续下去，在充分保留传统和特性的同时还能在每一阶段都能适应时代的变化，就可以对这一社会结构进行生态学研究。大学就是一种这样的社会机构，即“任何类型的大学都是遗传和环境的产物”（阿什比，1983）[138]。至于大学的遗传和环境分别是什么，阿什比进行了具体的阐释。对于遗传，他说“就遗传的角度而看，它表现为大学教师对‘大学意义’共同的一致的理解。例如，大学应代表人类的精华、客观无私、发展理性、尊重知识的固有价值等，如果这种共同的认识强而有力，就形成一种强而有力的内在逻辑，而这种内在逻辑就由新的大学继承下去”（阿什比，1983）[114]。对于环境，他认为“就环境的角度看，那就是资助和支持大学的社会体系和政治体系”（阿什比，1983）[114]。具体来说，环境力量主要有三种：顾客（学生）需求；人力需求，即用人单位对毕业生就业时的要求；资助人影响，这里的资助人不再是顾客和企业雇主，而是政府，因此政府掌握着大学的最高经济支配权（阿什比，1983）[139]。阿什比归纳了大学存在和发展的内外逻辑：内部逻辑（即遗传）指学者公认的大学意义和传统精神；外部逻辑（即环境）指大学所处的社会的政治、经济、文化等条件。

阿什比大学自治理论的出发点隐藏在大学内外逻辑的关系之中。在阿什比看来，尽管大学的内在逻辑和外部逻辑往往同时发挥作用，但内在逻辑的传统力量并非永远符合社会对高等教育系统的要求。这就要求大学要不断适应社会环境的变化，同时还要保持自身的内在逻辑，否则就无法真正承担起大学的社会使命。大学“必须足够稳定地保持它得以产生的理念，必须有足够的行动同支撑它的社会保持联系”（阿什比，1983）[5]。由此，阿什比对 UGC 在大学自治中发挥的作用以及他对英国大学改革的赞同就比较容易理解了，原因在于在传统大学模式逐渐脱离时代需要的情况下，UGC和新型大学的治理模式为大学保持传统理念与适应社会环境需要之间搭建了有效的桥梁，恰到好处地让二者都保持在合理的范围内，而不是互相侵犯和产生冲突。

在此基础上，阿什比构建了大学发展动力的动态模型。他将力学中的动力学 0 点运用于大学发展中，以英国大学为例阐明了其中的原理。在他看来，英国大学同样处在 0 点上，并且有三种动力加在它身上：第一种力是政府，有时指内阁，有时指国会，有时指国务大臣，有时指教育科学部官员；第二种力是 UGC 和一些帮助大学开展专业研究的学会；第三种力是大学自身内部逻辑所产生的力量（阿什比，1983）[51]。阿什比的这一模型对九年后克拉克（Burton R. Clark）提出高等教育三角协调图产生了重要的影响，也为后来马金森等（Simon Marginson，et al.）提出高等教育“全球-国家-地方高等教育解释框架”（Glonacal Agency Heuristic）提供了积极的启示。这三种力量的具体含义以及如何保持这些力量的平衡，在各国各不相同。但可以确定的是，这些力量并不均衡，决定 0 点运动的主要力量是每所大学自身的内在逻辑，其他力量会对大学的规模和形式产生影响，但不会影响 0 点的运动方向。阿什比指出，“内在逻辑对高等教育系统的作用，犹如基因对生物系统的作用，它要保持这种系统的特性；它是这种系统的内在回转仪”（阿什比，1983）[139]。但是，外部逻辑即社会环境的力量则变动不居。因此，大学治理取决于大学的内在逻辑，大学该怎么办主要由从事大学教育的人来决定，同时要抵制社会潮流的干扰。这也正是阿什比强调学者在大学自治中的作用的原因。可以看到，即使 UGC 和新型大学治理模式中的其他机构可以发挥作用，但是这些作用必须在学者的决策和主导下具体落实。换言之，这些作用必须经过学者网络的过滤，从而符合学者和大学的整体意志，这样才能真正保障大学自主权。阿什比在这里所说的学者并非是某个学者，而是能够充分代表大学意志和精神的学者群体，这个群体在关键时刻能够联合起来，维护大学的集体自主权。正如阿什比在《科技发达时代的大学教育》一书后记中所指出的："大学的前途，就其协调传统与革新的职能而言，应多取决于成千上万个别教师的价值观，而很少取决于大学的理事或校长。"（阿什比，1983）[150-151]

三、高校内外平衡的挑战与应对

阿什比的大学自治理论形成于 20 世纪六七十年代，但他在那时已经凭借敏锐的眼光察觉到了大学正在和将要面临的危机与挑战。这种危机与挑战不仅仅限于大学，而是席卷了西方社会的方方面面。他说："西方工业国家正处于一场史无前例的危机的开端。因为社会上的很多机构不能迅速地发展变化，来跟上科学技术发展所造成的形势，而一切落后于形势的事物是必将被淘汰的。"（阿什比，1983）[1]第一、二、三次工业革命像是源源不断的浪潮，推动时代发展和社会变革，冲击原有的社会结构。始终处在社会中的大学也越来越感到自身的社会基础正在经历震动和嬗变。阿什比还认为，人们正处在这样一个历史时期，即在世界各国的大学中，上述各种力量的平衡都因为社会变迁而遭到破坏，正在进行着令人眼花缭乱的大改组（阿什比，1983）[147]。

那么，大学面临的挑战具体表现在什么地方呢？如前所述，内外平衡是大学履行社会职责的条件，一旦不能保持制约与平衡，高等教育系统就不能很好地为社会服务。然而，环境变化迅速而激烈，这就使得大学在维持内外平衡上陷入了进退两难的困境："一方面它们本身必须改变以适应社会的新形势，否则将遭受社会的抛弃；另一方面，它们在适应社会的改变中，又不能破坏大学的完整性，不然就将无法完成它们所承担的社会职责"（阿什比，1983）[13]。具体来说，这种内外失衡的困境表现为外部力量正在逐步加强，大学自治的内在逻辑开始面临遭受破坏的危险。在英国，有许多以牺牲大学文化传统为代价来增加社会环境影响的例子。例如，过去外部力量对大学发展变化的影响微不足道，现在却可能发挥巨大的作用；以前政府对大学采取听之任之的不干预态度，如今却想逐步加强对大学的控制。

阿什比的这一论断不但具有现实性，而且具有先见性。阿什比生活的时代主要是在第二次世界大战后，英国 UGC 职权范围得到扩展，使其在塑造大学系统以满足国家需求方面发挥了重要作用。自 20 世纪 60 年代以后，在一些也成立了 UGC 的国家，UGC 似乎越来越多地融入政府机构，而且服务于它们的学者被指责为不再像过去一样能保持政府与大学之间的缓冲作用，而只是执行政府的决策（Shattock，Berdahl，1984b）[615-616]。1963 年，英国高等教育委员会发布《罗宾斯报告》（*Robbins Report*），其主要目标是在高等教育方面优先考虑顾客要求，使更多的学生能够上全日制大学。自此，1963—1979 年，UGC 试图转型，发挥更积极的作用，但政府对更多和不同的高等教育的需求，加上院校数量的增加，更活跃的 UGC 实际上失去了权力（Shattock，Berdahl，1984a）[496-497]，积极的战略定位模糊了它之前作为中立“缓冲器”的角色定位，转变的管理机构降低了在英国高等教育领域的权力地位，沦为“半行政化、半政治化的磨合体”。1988 年，UGC 被大学资助委员会（Universities Funding Council）所取代，“大学资助委员会虽然自诩为大学拨款委员会的继任者，但却在重大决策中日益边缘化，失去了‘缓冲器’的角色和保护高校办学自治权的作用”（许心，2014）[98]。自 20 世纪 80 年代起，英语国家大学的自治传统受到挑战，各国政府缩减高等教育经费，不少大学不得不投入到市场竞争之中，调整自身的发展方向来适应市场。1992 年，阿什比逝世，同年英国《延续与高等教育法》（*Further and Higher Education Act*）颁布，规定任何高校包括之前由地方当局管理的高校，都要按照国务大臣批准的政府条款进行管理（此前是按照大学条例和章程进行管理）。

在阿什比看来，种种迹象表明，英国大学处于自我检验的阶段，其内在逻辑正在受到政府、社会和学生等各方面的压力，大学自治受到了挑战。对此，他认为，大学不应当回避事实上也无法回避，更不应当采取消极被动的态度。大学必须勇敢地直面新变化，承担起历史赋予的新责任，因为大学是社会人力投资的工具，是学术研究的神经中枢，应当为社会服务，不能游离于社会发展之外。以积极主动的态度应对，不只是为了适用社会发展的需要，更是为了大学自身的改革控制权。“大学必须主动进行改革并控制改革，从而适应社会需要，避免招致外力强制下的改革。”（阿什比，1983）[7] 与此同时，阿什比反对大学为了适应社会变化而操之过急，认为有些改革时的权宜之计并不能真正解决问题，需要进行更有深远意义的改革。归纳起来，他认为有深远意义的大学改革具有以下三个特点。

其一，内部性。阿什比认为，大学改革的关键不在于某次改革的成功与否，而在于通过大学内部改革培养其适应社会的能力，这样其他改革问题也就能迎刃而解。令人惋惜的是，大学还没能设计出这样的内在结构，并且还会受到内部惯性的阻力。一旦阻力过大导致不得不用外力推动进行改革时，就要同时面对外力改革可能造成的后果：受外力推动的变革往往是非常激烈的，以致会危害大学的传统（阿什比，1983）[20]。

其二，渐进性。回到大学生态学说，这种观点不仅适用于解释大学适应性问题，同样适用于解释大学改革。阿什比指出，大学进化其实很像有机体进化，是一个渐进和累积的过程，在固有传统的基础上通过持续不断的小规模改革来完成，切不可拔苗助长、一蹴而就，大规模的突变往往会导致毁灭（阿什比，1983）[20]。

其三，不可预见性。就像动物的进化和生存一样，社会机构也不可能预想到环境即将产生的变化，从而进行未雨绸缪、早早着手适应性的改革。这种社会生物学事实是无法改变的。那么，是不是可以寄希望于政府，从它们那里提前获取信息，或者要求他们为改革留出渐进的时间呢？阿什比对此持悲观态度。在他看来，很难使整个国家或政府成为人类社会遥远理想的大公无私的保卫者。要想适应将来形势的需要而不受淘汰，只有把希望寄托在敏于适应环境变化的内在平衡机器的渐进变革上（阿什比，1983）[147]。只有这样，大学才能在时代和变革的洪流中不至于惊慌失措，丧失把握自身命运的能力和机会。

四、关于阿什比大学自治理论的讨论和思考

如果一所学院或大学要有效地界定其目标并且选择或发现实现其目标的方法，它就必须具有充分的自主权（Schmidtlein，Berdahl，2011）[69]。英国著名历史学家帕金（Harold Perkin）指出："从中世纪大学到20世纪的大学，自治或自我管理一直是高等教育机构的思想体系中的一个重要成分。"（奥兰多·阿尔波诺兹，1992）[64]阿什比有在欧美亚非许多国家高等教育界求学、工作和考察的丰富经历，这对他的学术研究和高等教育管理都是非常宝贵的实践，他的大学自治理论正是基于对众多国家大学的考察而形成的。他对高校办学自主权进行了深入的考察和比较系统的论述，最早对高校办学自主权的要素进行了经典的阐释，对学者掌握高校办学自主权、高校内外力量平衡、高校内部改革等问题进行了深刻的论述。面对高校内外力量失衡的危机和内在逻辑遭受破坏的挑战，阿什比还提出了高校进行内部渐进式改革的应对方式。上述观点和其他有关论点构成了阿什比独具特色的大学自治理论，在国际高等教育界和高等教育研究界产生了广泛的影响。

与有些学者相比，阿什比的大学自治理论具有一定的折中意味。18世纪末19世纪初，将政府干预与大学自治对立起来的观点在学界影响很大。柏林大学创办人洪堡（Wilhelm von Humboldt）指出：政府的任何介入，只会产生阻碍作用；脱离政府，（大学）其发展会更加顺利（陈洪捷，2006）[198]。即使在20世纪后半期，帕金也认为，大学的内部自由与外部控制存在一定的对立性："当种种控制力量软弱分散时，大学知识之花就开得绚丽多彩；就大学需要资源维持办学，并因此依赖富裕、强大的教会、国家或市场支持而言，当种种控制力量强大时，大学在物质上就显得繁荣昌盛，但是这种力量可能——也的确常常——以各种有害于教学和研究自由的方式实行控制。因此便出现这种奇怪现象：当大学最自由时，它最缺乏资源；当它拥有最多资源时，却最不自由"（伯顿·克拉克，1988）[24]。阿什比却不同，他在"最多资源"与"最大自由"之间发现到了一种新的可能性：外部干预与自我管理并非完全对立，只要实现内部与外部的平衡，更多的资源就不仅不会妨碍大学自治，甚至还会起到促进作用。大学应时代而变，

不应当是一种无可奈何的妥协，而应当是一种积极主动的适应，并且应当通过渐进式小规模改革来形成适应性强的内部结构。同时，阿什比又为大学的适应设置了底线。在学者干预的底线之外，大学的内外逻辑如同在跷跷板的两端，可以寻求不稳定的平衡。这种观点的启示是，对于高校办学自主权问题，不能仅仅用“自治与干预或控制”这种二元对立的思维方式，还应该看到大学与外部因素之间的“共生”关系——一种“学术生态学”的思维方式（和震，2008）[13-14]。阿什比的大学自治理论固然为大学平衡外部干预与办学自主权提供了一条可行的路径，但也不是万能的。事实上，外部干预的力量正在以越来越多样和隐蔽的方式发挥作用，有时看似不强势、非强制的外部力量反而更加危险，它们可以悄无声息地越过大学自主权的学者干预的底线。在这种情况下，尽管看起来没有受到强迫，大学掌握自己命运的能力已经大大减弱。与阿什比同时代的著名学者、曾在英国大学任教的芝加哥大学社会学教授希尔斯（Edward Shils），在考察欧美多个国家的政府与大学关系后发现：大学正在朝着降低其办学自主权的方向运动，政府与大学的关系变得越来越密切和多样；随着科学技术和其他有关知识受到政府更加高度的重视，对于政府而言，大学的地位也就水涨船高，政府对大学投入了更多的关注、资源和要求（Shils，1997）[185-189]。但是，政府应当以长远的眼光看待大学发展，尊重大学的自治传统和学术使命，避免过于追求短期效益和透支学术资本（阎光才，2002）[37-42]。由于传统大学自治的外部条件已经不复存在，阿什比的大学自治理论启示我们，面对外部力量日益复杂的影响，高校应当坚持和维护办学自主权，同时进行自我约束，形成健全的内部调整机制，这样才能保持着强大的生命力和对社会环境的适应性。

办学自主权问题是高校面临的一个永恒的课题。在不同国家和地区，高校办学自主权体现出不同的发展趋向。20 世纪 80 年代以来，在英国、美国等传统上高校自主权比较充分的国家，由于政府问责不断加强，高校自主权受到了削弱（Clark，2005）[2]。在法国、荷兰、瑞典等以往高校自主权比较有限的西欧国家和日本，政府向高校下放了一部分权力，但是政府的权威并没有削弱，并且能通过质量评估、认证和绩效资助等方式加强对大学办学的引导。还有一些研究者发现，当前高校一方面被给予了更多的

“自主权”；另一方面在质量保障和问责的名义下受到了更严格的监管（Neave，2001）[1-5]。一些持批判观点的学者甚至认为，虽然高校获得了更多的企业意义上的自主权，但是削弱了学术意义上的自主权；高等教育分权实质上是一种“再集权”（recentralization），在分权过程中政府加强了对高校的控制（Braun D，Merrien F-X，1999）[123-125]。在拉丁美洲一些国家，以往享有特殊地位和待遇的国立大学，则宁可放弃政府拟下放给高校的一些办学自主权，而希望保留自己在各类高校中资源和地位上的优势。

香港科技大学于 1991 年创校，用不到十年的时间建成亚洲前十名大学，进入世界一流大学之列。该校培养和造就了一批优秀人才，取得了一批优秀成果，推动了香港乃至珠三角地区科技和经济社会发展，并且推动了香港高校良性竞争和制度建设，促进了香港其他高水平大学向研究型大学的转型。香港科技大学办学成功最重要的五项因素包括聘任高水平教师、拥有充分的自主权、治理结构完善、教授治学、资源充足，充分的办学自主权对于该校迅速崛起和成功具有十分重要的意义（Postiglione，2011）[63-100]。反观中国台湾地区，高校办学自主权发展出现了令人担忧的趋向。2018 年 4 月，台湾地区教育主管部门确定驳回台湾大学校长遴选会依据正当程序严格选出的管中闵为台大校长的决议，要求其重新回到校长候选人初审阶段，引起岛内外一片哗然。高校办学自主权的一个关键问题是如何处理政府与高校的关系，政府插手高校的人事任命，是对高校办学自主权的极大破坏。

由于历史原因，中国最早诞生的近现代公立高校没有发育成为自治团体，而是成为附属于政府的行政组织（张应强，2006）[16-17]。此后一百多年，高校办学自主权走过了艰难曲折的发展道路。改革开放初期，与呼吁扩大企业自主权相呼应，北京大学校长周培源、复旦大学校长苏步青等著名教育家呼吁扩大高校办学自主权。1985 年，《中共中央关于教育体制改革的决定》强调简政放权，扩大高校办学自主权。1998 年制定的《中华人民共和国高等教育法》规定高校具有法人地位，并规定了高校的具体各项办学自主权。但是，中国高校办学自主权的发展一波三折，起起伏伏，时至今日办学自主权仍然不够充分。《国家中长期教育改革和发展规划纲要（2010—2020 年）》指出，落实和扩大高校办学自主权是建设现代大学制度的一项重要任务，政府及有关部门要依法保障高校充实行使办学自主权和承担相应责任，文件还重申了高校依照国家法律法规和宏观政策自主开展有关活动、自主进行管理的权利。当前，“双一流”建设如火如荼，但是无论建设世界一流大学还是建设一流学科，高校办学自主权都是一项必不可少的条件。并且，从长远看，落实和扩大高校办学自主权，理顺政府与高校关系，加强高校治理结构和内部制度建设，建设健康的学术文化，要比保障和加大资源投入更为紧迫。在落实和扩大高校办学自主权的过程中，回顾和探讨阿什比的大学自治理论，深入发掘其启示和借鉴意义，是一件积极有益的工作。

参考文献

阿什比. 1983. 科技发达时代的大学教育[M]. 滕大春，滕大生，译. 北京：人民教育出版社.

爱德华・希尔斯. 2007. 学术的秩序——当代大学论文集[M]. 李家永，译. 北京：商务印书馆.

奥兰多・阿尔波诺兹. 1992. 高等教育中的自治与会计责任制[J]. 曾子达，译. 教育展望，21（2）：64.

伯顿・克拉克. 1998. 高等教育新论：多学科的研究[M]. 王承绪，徐辉，张民选，等译. 杭州：浙江教育出版社.

陈洪捷. 2006. 德国古典大学观及其对中国的影响（修订版）[M]. 北京：北京大学出版社.

陈学飞. 2010. 高校去行政化：关键在政府[J]. 探索与争鸣，（9）：63-67.

德里克・博克. 1991. 美国高等教育[M]. 乔佳义，编译. 北京：北京师范学院出版社.

和震. 2008. 美国大学自治制度的形成与发展[M]. 北京：北京师范大学出版社.

许心. 2014. 变革与转型：“后罗宾斯时代”的英国大学拨款委员会[J]. 大学教育科学，（6）：98.

阎光才. 2002. 识读大学：组织文化的视角[M]. 北京：教育科学出版社.

约翰・S. 布鲁贝克. 2002. 高等教育哲学[M]. 王承绪，郑继伟，张维平，等译.杭州：浙江教育出版社.

张应强. 2006. 把大学作为学术组织来建设和管理[J]. 中国高等教育，42（19）：16-17.

Ashby E. 1996. Universities：British，Indian，African. A Study in the Ecology of Higher Education[M]. London：Weidenfeild & Nicolson.

Braun D，Merrien F-X. 1999. Toward A New Model of Governance for Universities？A Comparative View[M]. London & Philadephia：Jessica Kingsley Publishers.

Clark B R. 2005. The character of the entrepreneurial university[J]. International Higher

Education，Winter，（38）：2.

Clark B R，Neave G. 1994. The International Encyclopedia of Higher Education[M]. New York：Pergamon Press.

Hawkins J N，Futuro L. 2008. Higher education reform in Japan：The tension between public good and commodification[J]. Journal of Asian Public Policy，1（2）：164-173.

Hennessy P. 1973. Britain's Eric Ashby[J]. Change，5（1）：22-25.

Postiglione G A. 2011. The rise of research universities：The Hong Kong University of Science and Technology[A]//Philip G A，Jamil S. The Road to Academic Excellence：The Making of World-class Research Universities[M]. Washington DC：The World Bank，63-100.

Shattock M L，Berdahl R O. 1984a. The British University Grants Committee 1919-83：Changing relationships with government and the universities[J]. Higher Education，13（5）：471-499.

Shattock M L，Berdahl R O. 1984b. The UGC idea in international Perspective[J].Higher Education，13（5）：613-618.

Schmidtlein F A，Berdahl R O. 2011. Autonomy and accountability：Who controls academe？[A]//Philip G A，Patricia J G，Robert O B. American Higher Education in the 21st Century：Social，Political，and Economic Challenges（3rd Edition）[M]. Baltimore：The Johns Hopkins University Press：69-87.

Shils E. 1997. The Order of Learning：Essays on the Contemporary University[M]. New Jersey：Transaction Publisher.

Tight M. 1992. Institutional autonomy[A]//Clark B R，Neave G. The Encyclopedia of Higher Education（Vol.2）[Z]. Oxford：Pergamon Press：1384-1390.

作者简介 蒋凯，北京大学教育学院教授，研究方向为高等教育理论、比较高等教育。
朱彦臻，北京大学教育学院硕士研究生，研究方向为比较高等教育。

The Logic of Institutional Autonomy：Ashby's Institutional Autonomy Theory and Its Contemporary Significance

Jiang Kai　Zhu Yanzhen

Abstract： It is a necessary condition for a university to have sufficient autonomy in its normal operation and success. Ashby, a famous British educator and scientist who once served as vice-chancellor of some prestigious universities and key leader of UGC, made a thorough investigation and systematic discussion on the issue of institutional autonomy. He put forward some distinctive concepts of institutional autonomy, such as elements of autonomy, scholars' control of autonomy, internal and external balance of institutional power, university internal reform and so on. In the face of the crisis of internal and external power imbalance and the challenge of internal logic being destroyed, Ashby proposed the solution that universities push forward internal gradual reform. This article analyzes Ashby's institutional autonomy theory and discusses its contemporary significance. In the context of "double first-rates" construction of higher education, it is of great significance to realize and expand the autonomy of China's colleges and universities. Ashby's relevant theory offers some useful inspirations.

Keywords: autonomy of institutions of higher education, institutional autonomy, government-university relationship, governance of universities, Ashby

高校内部质量保障体系的构建与特色①
——以厦门大学为例

乔连全　王佳慧

摘　要： 近年来，厦门大学不断致力于构建内部教育质量保障体系。经过多年实践，目前已形成以年度教学评估为“抓手”，教学质量报告和教学状态数据为支撑，结合日常的课程测评、教学督导、教学委员会、学生问卷调查、党政干部听课、青年教师教学比赛、教师培训、用人单位满意度调查、毕业生跟踪调查等多种手段，进行教学质量把控，构建了较为完善的内部质量保障体系，形成了一系列配套规章制度。重点关注课程质量，形成完备、多方参与的体系，构建相应的配套设施是厦门大学内部质量保障体系中值得关注的几个显著特色。

关键词： 高校　内部质量保障　厦门大学

提升高等教育质量是当前我国高等教育关注的热点和焦点。在此背景下，建立科学有效的高等学校质量保障体系成为解决方法之一。高等学校教学质量保障体系可以分为高校内部质量保障体系和外部质量监督机制。外部质量监督机制主要是政府、社会对高等学校的认证与评价。高校内部质量保障体系则是通过高校的自我约束、自我管理来推动自身教育教学质量的提高，近年来越来越受到社会各界和高校的重视。

---

① 基金项目：教育部人文社科规划项目“我国高校课程与教学改革七十年：经验、问题与对策”（17YJA880058）。

一、高校内部质量保障体系简述

20 世纪 80 年代，欧洲率先兴起了高等教育质量保障运动（魏红，钟秉林，2009）[64-70]，之后各国一直对此给予高度关注。目前很多国家都已建立了完备的外部质量监督机制，同时也逐渐认识到要从根本上实现高等教育质量的可持续发展最终取决于高校内部的质量保障措施，因此纷纷将关注重点转向高校内部。

伴随高校的教育质量问题引起社会广泛关注，我国自 20 世纪 90 年代开始，教育部就着手采取措施以保障高等教育质量。1990 年，国家教委颁布了《普通高等学校教育评估暂行规定》，把普通高等学校教育评估分为合格评估（鉴定）、办学水平评估和选优评估三种基本形式。1994—2014 年一共实施了五次高校本科评估。2009 年，新的评估办法——“五位一体”评估制度浮出水面。2011 年《教育部关于普通高等学校本科教学评估工作的意见》明确了“建立健全以高校自我评估为基础，以院校评估、专业认证与评估、国际评估和教学基本状态数据常态监测为主要内容”的“五位一体”评估制度①。教育部对于高校自我评估的重视越加凸显。在此情形下，高等教育质量管理主体开始由外转向内，高校开始关注如何保障高等教育质量，主动承担起提高高等教育质量的责任。

高校内部质量保障（internal quality assurance，IQA）体系是指学校以提高和保证教育质量为目标，运用系统方法，依靠必要的组织结构，把学校各部门、各环节与教育质量有关的质量管理活动严密组织起来，将影响教育质量的一切因素加以控制，从而形成一个有明确任务、职责、权限，相互协调、相互促进的质量管理的有机整体（李志义等，2013）[74-78]。

IQA 体系大致由五个系统构成：高等教育质量保障的指挥系统、高等教育质量保障的信息收集系统、高等教育质量保障的评价与诊断系统、高等教育质量保障的信息反馈系统、高等教育质量保障的支持系统（杨昆蓉，2010）[59]。在此分类下，学校各个组织机构、各主体都应参与质量保障体系。在实施系统的运行中，学校分管校长领导本科教学质量管理（戚业国，

① 教育部. 2011-10-31. 教育部关于普通高等学校本科教学评估工作的意见[EB/OL]. http：//www.moe.edu.cn/s78/A08/s8341/s7168/201403/t20140313_165450.html.[2018-08-08].

2009）[71-73]；以教务处为中心的实施体系负责建立教学督导与专家评估组织；在校学生则参与到教育评估中，等等。

二、厦门大学 IQA 体系的建构与发展

2014 年，厦门大学的 IQA 体系作为案例，与德国、奥地利等八国高校共同参与了联合国教科文组织国际教育规划研究所开展的“高等教育内部质量保障优秀原则和创新实践”项目。这是对厦门大学 IQA 体系的高度认可。21 世纪初期，厦门大学就开始致力于构建 IQA 体系，经过多年实践，目前已经形成了以年度教学评估为“抓手”，教学质量报告和教学状态数据为支撑，结合日常的课程测评、教学督导、教学委员会、学生问卷调查、党政干部听课、青年教师教学竞赛、教师培训、用人单位满意度调查、毕业生跟踪调查等多种手段，构建了较为完善的 IQA 体系，形成了一系列配套规章制度①。这为厦门大学教育质量的稳步提升提供了坚实后盾。

具体而言，根据针对的对象，可将厦门大学的 IQA 主要措施划分为四类：宏观监控、课程质量、教师发展和学生学习。

（一）宏观监控

宏观监控是从宏观层面对高校的教育教学质量进行管理控制，在这方面厦门大学主要采取了本科教学自我评估及日常质量监督机制。

1. 本科教学自我评估

从 2006 年起，厦门大学就开始实施教学评估。每年年底，在学校选取有关本科教育质量的核心监测指标基础上，先以学院为单位进行全面自查，然后成立以校领导为组长的评估专家组，再次对各个学院本科教学工作进行检查，最后形成专家反馈意见和学校评估报告，每年发布“厦门大学本科教学质量报告”，2015 年改为“本科教学信息公开报告”。学校同时把检查中暴露出来的问题反馈给各学院，督促各学院进行整改。

① 教育部本科教学工作审核评估培训研讨会在我校召开[EB/OL]. http：//ctld.xmu.edu.cn/manage/view_article.asp？id=2680&xx=99&yy=. [2018-08-08].

以学校教务处网站上公开的“厦门大学2016年本科教学信息公开报告”为例，评估内容涉及师资队伍、教学条件、专业建设、课程与教材建设、创新创业教育、教师培训、经费投入等各个方面，涵盖了教学质量的诸方面①。

2. 日常质量监督机制

这是一个包含教学督导制度、党政领导听课制度、日常教学检查制度等在内的系统化机制，其中教学督导是通过专业化的监督提高教学质量。根据1997年颁布的《厦门大学教学督导办法》，由校长聘任若干名教学督导员，成立教学督导组。其职责包括深入教学第一线以帮助教师改进教学方法、了解各项教学设备使用情况、关注学生学习情况、协助教务处关注全校教学情况等。党政领导听课制度的主体包括机关部处、院系党政领导及管理干部。根据《厦门大学党政管理干部听课制度》规定，教务处领导干部每学年至少听课12次，其他部处领导每学年至少听课6次，院系党政领导干部每学年至少听课10次②。这些机制实现了对本科教学运行过程的实时监测、预警和调控。

（二）课程质量

课程建设是高校教育质量建设的核心，是影响人才培养质量的关键环节。因此在对课程质量的监控上，学校给予了高度重视，教务处作为负责全校本科教学管理的工作部门，承担着本科课程教学测评工作。

评价本科生培养质量的方法很多，其中学生评教被认为是最有效、最可靠的方法之一。自2011年秋季学期，厦门大学本着“重在诊断、重在反馈、重在改进、重在提高”的原则，每学期以随堂测评和在线测评的方式开展本科课程教学测评。测评采用“厦门大学课程教学测评表”收集收据并进行数据分析处理，最后根据测评结果编制分析报告并反馈相关学院和任课教师，对测评成绩较低的教师实行约谈、听课制度，帮助其改进教学。通过学生对教师的课堂评价，真实反映学生的课堂体会和课堂收获，发现

① 厦门大学 2016 年本科教学信息公开报告[EB/OL]. http：//jwc.xmu.edu.cn/_upload/article/files/e0/84/ecaeb6234b1693b0aeb747944f81/b82c305c-57ec-46dc-9510-731aae610346.pdf. [2018-08-08].

② 厦门大学党政管理干部听课制度工作的意见[EB/OL]. http：//jwc.xmu.edu.cn/_upload/article/files/05/0c/3734d3e04350b358e493976dafc5/23241ed7-032c-4572-bcdd-e45892815e7d.pdf. [2018-08-08].

问题，从而推动教学质量提升。

（三）教师发展

良好的高校教师发展制度是保障教师质量，进而提高高等教育质量的必然要求（潘懋元，罗丹，2007）[5-8]。为保障学校的教育教学质量，厦门大学一直以来对教师群体的能力发展倾注了极大关注。

厦门大学教师发展中心成立于 2011 年 5 月。2012 年 8 月该中心被确立为国家级教师教学发展示范中心，2013 年又被教育部评为全国 7 个教师发展中心建设示范项目单位之一。中心从教学能力提升、教学咨询服务、教学改革研究、教学质量评估、教学资源共享等方面开展工作，在促进全校教学质量提高等方面取得有效发展。中心目前开展的工作主要包括：举办青年教师教学技能比赛，搭建一个青年教师相互交流学习、提升教学能力的示范平台；开展教师教学培训，帮助教师更深入了解教学与科研；建立教师教学档案，通过对青年教师的教学进行录像，了解、帮扶青年教师的个人成长。

（四）学生学习

学生是高校教育教学工作的中心，学校采取的一切工作措施最终落脚点都指向提高人才培养质量，因此在 IQA 体系构建中，学生的主体地位必须予以凸显。学生学习经历调查在此背景下应运而生。

学生学习经历调查能帮助了解高校的教学效能与课程质量。厦门大学基于学生学习增值的理念，自 2008 年起，每年坚持开展新生、毕业生学习经历调查。新生刚从高中进入大学，入学衔接问题、教学方式的变化、学习方式的转变、生活习惯的适应等问题非常突出，因此新生学习经历调查关注学生个体学习体验，注重对学生学习过程、学习效果和学习期待的评估；而毕业生经历了本科四年的学习，对学校的相关制度、课程建设、学业活动等有了全方位接触，因此毕业生学习经历调查关注学生个体学习体验、注重学生对人才培养过程满意度及学生自我成长评价的评估。

三、厦门大学 IQA 体系的特色

厦门大学 IQA 体系之所以能入围联合国案例，与其他八国高校共同参与“高等教育内部质量保障优秀原则和创新实践”项目，其独特之处值得关注。

（一）以提高课程质量为核心

课程质量是大学安身立命之本（陆昉，2014），这一直也是厦门大学抓教学的重中之重。目前已建立了包括教师备课、授课，学生作业、考试等环节在内的规范管理体系，并配套有党政干部听课制度和学生对课堂的测评制度。

为提高课程质量，厦门大学从多方面入手，加强对课程的管理监控。按照课程类型的不同，学校采取了不同的激励机制，对于公共课程，实行挂牌上课制度；对于专业基础课程，学校实行教授讲课制度。另外，对于教师，改变工作量的计算方式，以鼓励教师在开设课程的基础上，关注课程质量的提高。对于学生，通过测评，了解学生对课程的真实感受，从而归纳总结，帮助教师提升课程质量。

（二）形成完备、多方参与的体系

厦门大学的 IQA 工作经过多年探索，业已形成一个较为完善的体系。IQA 体系包括分管校领导、学校管理服务机构、教学辅助机构、学院部系在内。分管校领导牵头构建质量保障体系，学校管理服务机构和教学辅助机构是体系运行中的核心力量，学院部系是体系中首当其冲落实相关工作的部分。

另外，学校管理者、教师、学生、用人单位等多主体参与其中。IQA 体系的建设，不仅仅关注学生或者教师某单一群体，而是将所有与教学质量相关的群体包括在内，群策群力，共同服务教学质量提升。

（三）构建相应的配套措施

为了保证 IQA 能顺利、完善进行，厦门大学还有一系列措施提供相应保障，包括建立、完善制度规范。学校目前已有《厦门大学本科生学籍管理规定》《厦门大学本科教学管理办法》《厦门大学三学期制本科教学计划（2012级）修订总则》等在内的一系列教学管理规定，对包括教学计划、教师授课、学生学习评价等在内的教学环节进行了规定，明确各环节的质量要求。一方面各部门能以此为依据开展工作，另一方面各学院以此为依据进一步细化操作规范和细节要求。此外，厦门大学还完善了学校组织建设，包括之前提到的教师发展中心，为教师的不断发展、教学质量的不断提升提供有针对性的帮助；成立了教学工作委员会，专门负责学校教育教学改革的重大事项。

厦门大学作为“985工程”“211工程”院校，历来对高等教育质量给予极大关注，而IQA体系的形成、发展，更是为学校教育教学质量提供了制度化保障。从某种意义而言，厦门大学的IQA体系作为中国高校IQA体系发展的一个缩影，逐步展现出中国高等教育质量保障体系发展的态势与方向。

参考文献

李志义，朱泓，刘志军. 2013. 审核评估范围结构及内涵解析[J]. 中国大学教学，（9）：74-78.

陆昉. 2014. iMOOC引领复旦大学教学改革[EB/OL]. http：//www.ict.edu.cn/forum/huiyi/n20140626_14611.shtml. [2018-08-08].

潘懋元，罗丹. 2007. 高校教师发展简论[J]. 中国大学教育，（1）：5-8.

戚业国. 2009. 高校内部本科教学质量保障体系建设的理论框架[J]. 江苏高教，（2）：71-73.

魏红，钟秉林. 2009. 我国高校内部质量保障体系的现状分析与未来展望[J]. 高等工程教育研究，（6）：64-70.

杨昆蓉. 2010. 高校内部质量保障体系的内核：自评管理与监控[J]. 中国高等教育评估，（2）：59.

作者简介

乔连全，厦门大学教育研究院副教授，从事高等教育学基本理论、高校课程与教学研究。

王佳慧，厦门大学教师发展中心教师，从事课程与教学论研究。

The Development and Feature of Internal Quality Assurance of University

——A Case Study of Xiamen University

Qiao Lianquan　Wang Jiahui

Abstract: In recent years, Xiamen University is committed to the construction of internal quality assurance. After years of practice, XMU has been formed the annual evaluation as a starting point, the teaching quality report and teaching data as main evidence, with the curriculum evaluation, teaching supervision, teaching committee, student questionnaires, leaders supervision, teaching competition of young faculty, teacher training, employer satisfaction survey, survey of graduates for teaching quality control and constructed a relatively complete system. Focus on the quality of the curriculum, the formation of a complete, multi-party participation system, the construction of the corresponding facilities are the main characteristics of the internal quality assurance system of Xiamen University.

Keywords: university, Internal Quality Assurance (IQA), Xiamen University

高校教育教学与人才培养

研究生创新型人才培养：加快政府管理体制改革的思考

汪　霞

摘　要：培养研究生创新型人才是创新型国家建设的根本。创新的核心是变革，它与市场需求的变化、政府管理体制的改革息息相关。当前，我国研究生教育管理体制改革面临严峻挑战和重大机遇。加快政府管理体制改革要着力解决创新型政府建设、创新政策体系构建、研究生创新能力评价机制完善、企业参与研究生培养渠道强化等四方面的问题。

关键词：研究生　创新型人才　政府管理体制改革

2017年1月，由教育部、国务院学位委员会印发的《学位与研究生教育发展“十三五”规划》正式发布。规划明确指出，研究生教育是国家人才竞争和科技竞争的重要支柱，是实施创新驱动发展战略和建设创新型国家的核心要素。实施创新驱动发展战略、制造强国战略和人才优先发展战略，统筹推进世界一流大学和一流学科建设，必须以高素质人才构建新的竞争优势，以创新激发新的发展动力。我国研究生教育面临前所未有的发展机遇和挑战，必须树立科学的发展质量观，大力提升高层次创新人才培养水平。面对国家创新体系建设和社会经济发展创新驱动的需求，研究生人才培养需要遵循高等教育的外部规律，为国家和社会经济转型发展服务。当前，最重要的是培养大批具有开拓精神和创新能力的研究生创新型人才。

但研究生创新型人才的培养是个系统工程，需要“全攻略”，即以系统的观点统筹政府管理部门、研究生培养单位管理者、研究生导师、研究生自身等各个方面，着眼于整个培养系统的建设和创新，通过各方共同努力，采取一系列的措施，形成培养创新型人才的有效机制。只有这样，“想创新、敢创新、能创新”的创新文化和社会氛围才能形成，培养研究生创新型人才和建设国家创新体系的战略目标才能实现。

创新的核心是变革，它与市场需求的变化、政府管理体制的改革息息相关。下面从创新型政府建设、创新政策体系建立、研究生创新能力评价机制完善、企业参与研究生培养渠道强化四个方面，分析如何通过加快政府管理体制改革促进研究生创新型人才的培养。

一、建设创新型政府，深化研究生教育管理体制机制改革

党中央和新一届政府把加快转变职能、简政放权作为一件大事，以自我革新撬动中国改革大局，此举极大地释放了改革红利和社会活力，成为当前中国新一轮改革的一个新特点、鲜亮点。从统治型政府、管理型政府、服务型政府到现在着力打造的创新型政府，这不仅是一种政府理念的转变，更是政府本质职能的一种还原和归真。

培养研究生创新型人才首先需要通过创新型政府的建设，转变管理观念，重塑管理角色，强化供养职能，释放研究生教育管理体制机制活力。关于政府、大学和社会三者的关系，美国教育家伯顿·克拉克（Burton R. Clark）提出了著名的三者相互作用的“三角协调模式”，有的国家高等教育发展可能是市场主导性强，有的是学术力量主导性强，有的是政府主导作用大。我国研究生教育发展中一直采用的就是政府主导模式，即主要由政府通过法律、政策、拨款等形式管理和引导研究生教育的发展。这种统治和管理型的履职方式有力地促进了研究生教育的快速扩张，并在一定程度上促进了区域间、高校间研究生教育的平衡发展。但毋庸讳言，管治式的全面监管和具体干预也在一定程度上导致研究生教育发展模式的僵化、研究生人才培养活力的遏制，难以满足社会日益增长的培养创新型研究生的需求。

作为服务型政府的升级版，创新型政府更强调通过治理模式和手段的

创新，转变管理职能、改进管理方式、优化管理体制和机制、增强服务能力，从而提高政府管理工作的效率、效益和效果。建设创新型政府，深化研究生教育管理体制和机制的改革，必须实现四大转变。

1. 转变由上而下的管理模式，建立多元主体间的网络互联和协商对话机制

中央、地方和培养单位都是研究生教育质量保障的主体，多元主体间应形成网状的结构系统，这是一种共同面向培养研究生创新型人才的网络互联系统，各主体肩负共同的使命和目标，但所处的地位层次和相应的职责功能各不相同，多元主体需在协商和对话的基础上，明确各自的职责，充分发挥系统主体的协同效能，实现管理的最优化和管理效能的增值。从而克服传统的由上而下的管理模式存在的因中央、地方和培养单位在研究生教育管理方面上下信息不对称、管理权力不均衡、管理中沟通不顺畅，出现的各地方和培养单位盲目式发展、同质式发展和增量式发展的现象。

2. 转变被动和滞后的服务方式，更好地发挥政府在打造良好发展环境方面的职能

政府需在服务上下功夫，既要转变各级研究生管理人员的教育理念，真正重视拔尖创新人才的培养，提高各级管理者的创新素养和服务能力；又要建立以服务为中心的行政管理制度，把政府的研究生教育管理职能限定在服务、协调、评估与监督等的范畴之内；还要寓协调、评估、监督于服务之中，努力变被动服务为主动服务，变滞后服务为超前服务，变单一服务为全程服务，在服务中提高管理质量、提升管理成效。

3. 转变责任泛化的评估和监督方式，建立、健全研究生教育问责机制

问责即利益相关方有权利要求研究生教育质量得到保证，中央可以就研究生教育发展的质量问责地方，政府、社会组织和相关利益方可以就研究生培养的规范和过程、研究生管理的过程、研究生教育资源的使用等方面的质量问责研究生培养单位。

4. 转变利益相关者和社会力量参与不足的状况，构建质量监督的多方参与机制

首先，需要提高政府研究生教育质量信息公开和检查监督的透明度，

引导社会各方合规合理参与决策与监督。其次，调动培养单位内部各利益相关方的积极性，特别是要充分发挥研究生的主体作用，通过制度保障使之能广泛参与教育发展的决策和教育质量的评判与监督。最后，充分发挥社会行业部门的监督反馈作用，进一步理顺关系，明确和完善参与的方式与路径，全面实现社会第三方对研究生教育质量的有效评估。

二、建立创新政策体系，激励和引导研究生创新能力的培养

强化研究生创新能力的培养需有社会环境这个坚强的后盾支撑，提升研究生的创新能力既涉及培养单位内部的质量保障体系建设，也要在外部建立相应的政策保障体系。社会环境是影响研究生创新能力的重要因素之一。“影响研究生创新能力的社会环境包括：国家政策、社会文化和家庭环境”，国家政策对创新能力的影响比社会文化和家庭环境因素更为重要（何青，2013）[176]。不确定的研究生教育政策会对整个研究生创新型人才的培养造成很大的影响，具有促进作用的国家和各级政府的宏观教育政策应该保持一致性和针对性，通过政策的影响，在全社会营造出有利于创新和鼓励创新的社会风气、舆论导向和支持系统，并对研究生创新能力的培养发挥激励和引导作用。研究生创新能力培养的提升需要有坚强的后盾支撑，要提升我国研究生的创新能力培养，需从各个方面进行综合系统的运作，要建立相应的保障体系。

1. 完善学位制度和相关法律法规体系，为研究生创新能力的培养提供制度保障

《中华人民共和国学位条例》从2004年8月开始实施，迄今有十多年了，其所规定的学位制度已不适应当前高等教育“大众化”的深刻变革和研究生创新型人才的培养，存在着学位体系缺乏多样性、灵活性，对推动研究生教育发展的法制出现支持不足，存在管理体制改革的法律保障不到位，导致形成教育实践中的重管制、轻保障状况，难以激励和支持研究生教育的创新。

当前，《中华人民共和国学位条例》立法类型虽然没有改变，但是我国

学位制度实施逻辑却在悄然改革。如学位授予权审核制度的改革，研究生培养制度的一系列改革，都使我国立法之初设立的较为单一的国家学位制度发生了明显的变化（赵强，朱平，2017）[114-116]。可见，我国学位制度法律条文的“应然”状态与实施过程的“实然”状态已出现逻辑上的矛盾，迫切需要厘清逻辑关系，完善我国的学位制度和相关法律法规。新的学位制度应把学位的授予权下放到培养单位，加强对学位申请者权益的保护，高校在已有的法律框架下自主设置学科专业与颁发学位，高校也可以根据情况确定高于国家标准的培养目标和要求。国家权力在法律中的主要体现应该是在对大学颁发学位最低标准的控制上，即设立“门槛”，鼓励和规范高校间以学位为品牌进行竞争（赵强，朱平，2017）[114-116]。通过竞争机制，提高研究生教育质量，创新人才培养模式。

2. 提高研究生教育创新计划实施质量，支持研究生做出重大创新成果

研究生教育创新计划实施以来，内容不断丰富，项目类型逐渐增加，取得了明显成效，通过创新计划的推动已在全国初步形成激励和支持研究生创新的良好氛围。《国家中长期教育改革和发展规划纲要（2010—2020年）》进一步把实施“研究生教育创新计划”作为大力推进研究生教育机制改革，提高人才培养质量，培育高层次拔尖创新人才的重要举措，这不仅是对“研究生教育创新计划”实施15年来所取得成效的充分肯定，也是对未来继续推进此计划的政策支持和方向指引。

当前，我国研究生教育质量存在的首要问题是创新能力，尤其是原创能力较差，表现在创新意识差、参与创新研究机会少、有影响的创新性成果少（朱红等，2011）[74-82]。研究生教育创新计划实施中迫切需要关注的一个问题是如何提高质量、如何取得创新成果。如研究生教育创新项目实施中，申请者在申请时往往热情高涨，但是在项目研究过程中却心不在焉甚至敷衍了事，不能完全按协议履行责任，最后取得的成果不免存在缺少创新的问题。有的项目虽然如期完成研究工作，但其成果仅是在技术应用层面有一定的新意。创新应该既包括理论上的也包括应用上的。从目前计划实施的情况，理论上的突破和创新仍较为缺乏。所以，如何进一步调动研究生的创新积极性、主动性和创造性，以提高创新的质量是研究生教育创

新计划实施中需要改进之处。

总结前期实施中的经验和问题，深化研究生教育创新计划的改革。首先，需要确立“创新”的中心地位，更加明确“创新”的标准和要求，创新项目也好，创新基地也罢，都应该建立更加明确的指导思想、基本原则和核心标准。其次，研究生教育创新计划应更加突出特色，注重实效，鼓励原创，并拓展内涵，构建全方位、宽领域、多维度的“研究生教育创新计划”实施体系，加强对研究生培养工作的全覆盖。最后，改进对计划的管理工作，设计合理的制度、完善相关的规范，强化过程控制、成果展示、创新评估、成果利用等项工作，为更好地发挥“研究生教育创新计划”在高层次创新人才培养中的作用，探索更加有效的路径。

3. 加大对研究生创新能力培养的资金投入，增强对科研项目的支持力度

通过加大资金投入和增强对科研项目的支持力度旨在激励和诱导研究生的创新动力和积极性。行为科学认为，满足人的需要，并采用激励和诱导的方式来调动人的主动性和创新性，可以把人的潜力充分发挥出来。激励是通过激发人的动机，诱发人的行为，以期高效达成目标的过程。需求是激励的起点和基础，是个体行为的内在动力，是驱使人从事工作和进行创造性活动的启动器（何晓聪，李焕荣，2013）[40-43]。我国研究生教育中普遍存在的一个问题是经费短缺，虽然 21 世纪以来，各级政府十分重视研究生创新能力培养，实施了一系列研究生教育质量提升计划，但在研究生教育相关的经费投入方面，特别是对研究生创新能力培养的资金投入和科研项目的支持力度方面，与发达国家相比仍有较大差距。近年来，全国高等教育经费投入没有随高等教育规模扩张同步增加，生均事业费和生均公用经费反而呈现逐步降低的趋势；全国科研经费虽然总量呈现逐步增长的趋势，但是高等学位使用科研经费占全国科研经费的比重却呈徘徊减低的倾向，特别是支撑研究生培养的人均科研经费在不断下降（何青，2013）[181]。在研究生科研项目的奖金支持方面，近年来在部分地区甚至出现政府逐步减少投入的情况，研究生申请的创新项目虽然可以获得省级立项，但政府并不资助，而是建议由培养单位资助。如此，若是培养单位本身研究生培养资金就短缺，所谓资助就可能成为一张空头支票。

发达国家为加快培养研究生创新人才，21世纪以来都纷纷加大资金投入，更加重视对研究生创新项目的支持，不仅通过国家拨款，还运用政策杠杆激励更多企业、社会团体、民间机构以及个人投资教育的积极性，扩大社会公益基金的支持。我国要加快创新型国家的建设，培养大批高层次的研究生创新型人才是当务之急。国家应继续加大对研究生教育的支持，增加研究生教育经费投入力度，扩大研究生教育经费来源，积极制定优惠税收政策，主动搭建科研成果共享平台，引导和激发地方政府、企业、社会团体、民间机构以及个人投资教育的积极性，保证培养单位有足够的研究经费来培养研究生，有更多的专项经费支持研究生的创新项目，并通过健全的奖学金制度，较大幅度地提高研究生的待遇。

4. 制定与国际接轨的研究生教育质量评价政策，支持和培育中介组织

数量和质量的矛盾是我国研究生教育中需要关注的焦点之一。知识经济时代，随着研究生规模的扩展，社会对研究生的需求越来越多元化，研究生就业的趋向更加多样，人们对研究生教育质量的评价也越来越多样，开始出现不同的质量评价标准问题。21世纪以来，关于质量的认识，已实现从“产品合格”到“用户满意”的转变。质量观的转型必然推动研究生质量保障体系的建设和研究生教育质量评价主体与评价方式的完善。

研究生教育质量评价主体的重建旨在从管理走向治理，依据治理的逻辑，政府不再是研究生教育质量评价的唯一主体，利益相关者都有权评估研究生教育质量，有权对培养单位提出问责，从而形成社会广泛参与监督研究生教育质量。英国就形成了社会广泛参与的研究生教育质量外部监督与评价体系，如除了政府依据相关法律参与质量评价，还有政府或高校发起的中介机构、科学研究委员会以及社会各种专业团体的鉴定以及民间组织排行。可见，社会参与监督研究生教育质量保障主要是通过社会中介组织来进行的，这就需要政府转变职能，支持和培育研究生教育领域的中介组织，并给研究生教育评估机构更多的自主权，使其具有独立性、公正性和学术上的权威性，充分发挥其协调政府、社会和研究生培养单位关系的纽带和桥梁作用，保证各中介组织能客观、独立地实施评估活动。

政府还需要通过制定与国际接轨的研究生教育质量评价政策，鼓励社

会中介组织加强对研究生教育的评估模式与评估方法的理论研究，探索适合我国研究生教育评估机构的评估模式与方法；支持社会中介组织借鉴国际标准、评估方法科学评估研究生教育质量，国外对研究生教育质量的评估不仅有各具针对性的评估标准，也有面向特定环境、特定评估对象和特定评估目标的多样化的评估方法，用得比较多的是定量定性相结合的评估方法。

三、完善研究生创新能力评价机制，激发研究生的创新活力

研究生教育的根本任务是培养高素质的创新人才，培养研究生的创新能力是国家竞争力提升的当务之急，也是知识经济社会赋予的时代责任。研究生创新能力的提高一方面是培养的问题，另一方面则是评价的问题，人才评价机制对研究生创新能力的培养具有不可估量的作用，研究生创新能力的提升迫切需要研究生创新能力评价的科学化。

目前我国研究生创新能力评价中还存在不少问题，例如：只是让研究生培养单位承担研究生创新能力评价的工作，评价主体过于单一；评价中主要关注论文发表的数量及所发表论文刊物的级别，并将论文发表与读博、出国甚至奖学金等挂钩，评价内容过于功利；评价时重数量轻质量、有定量无定性。现行的评价机制在一定程度上扰乱了知识积累的自然进程，无异于拔苗助长。论文发表如同一道无形枷锁，使研究生心态浮躁，不甘心坐冷板凳，将厚积薄发的成果生产方式置于脑后，忽略学术基本功的训练，急于出成果，通过捷径生产各类学术产品，阻滞了提出真正创见的学术通路。这种评价机制的功利驱动，虽能在短时间内产生一些可视性成果，但没有充分考虑研究生创新能力的延续性和成长性（王焱，2013）[40-43]。培养研究生创新型人才须弱化单一的结果评价内容和量化评价方式，构建激发研究生创新活力的能力评价机制，全方位地评价研究生的创新能力。

1. 建立研究生创新能力评价标准，增强评价的全面性和有效性

研究生的创新能力已经成为衡量研究生人才培养质量的重要指标之一，建立科学、有效的研究生创新能力评价标准尤为重要。对研究生而言，

相对明确的评价标准使研究生对自己的创新能力有更加客观、全面的认识，从而有意识地巩固自己的优势，同时有针对性地加强自己的薄弱环节，实现全面发展；对培养单位而言，基于科学的评价标准，使研究生人才培养工作有章可循、有的放矢，推动研究生教育模式的变革，更加重视人格特征、思维品质、实践能力的培养，提高研究生创新能力的社会认可度；对社会用人单位而言，有科学的评价标准这个抓手，便于比较和甄别所聘用研究生的质量，对他们选择录用高质量的人才具有参考价值。

研究生创新能力评价标准的构建，应遵循全面性、科学性、可行性、针对性、有效性的原则。

全面性即研究生创新能力评价标准要全面覆盖知识、人格、思维、实践以及成果等各个维度。知识维度需关注知识结构，特别是研究生所具有的各种创新知识的搭配与排列，侧重的不是知识的“总量”，而是知识的“构成”，既需要基础知识、专业知识，也需要工具知识、方法知识；创新人格是有利于创新活动顺利开展的个性品质，它具有良好的自觉性和高度的独立性，创新人格的维度需特别关注创新意识、创新精神、科学献身精神和好奇心，侧重的是创新的动机、品质和个性；思维的维度需关注新观念的提出、新问题的解决，侧重的是批判精神与质疑能力，而不是循规蹈矩或人言亦言，创新思维既是延伸式、扩展式、联想式思维，也是运用式、逆向式、综合式思维，旨在打破常规、突破传统；实践的维度方面需关注新产品的创造，侧重的是主体与外部环境之间知识的转化与交换，创新实践既包括基于信息整合解决现实问题，也包括基于现实问题，整合各方面的知识创造性地解决问题；创新的成果维度方面需关注成果的多样性，侧重的是目的性、变革性、新颖性、超前性和价值性，创新成果既包括理论创新，也包括模式创新、管理创新、技术创新、服务创新等。

有效性即研究生创新能力评价标准要有利于通过评价发现研究生创新能力的不足之处，改进研究生培养的方式方法，促进研究生的自我认知，明确研究生自我完善和发展的方向，推动研究生创新能力整体水平的发展。一是要对评价标准进行广泛的宣传，获得社会的响应和研究生的认同，并需要通过严格的管理制度、严密的组织程序和实事求是的态度体现研究生管理部门、研究生培养单位和社会用人单位对研究生创新能力评价的重视，以此引起研究生、指导教师以及社会雇主等各方面的关注，进而按评价标准引导的方向加强人才培养和人才引进。二是关注研究生创新能力评价标准的国内外衔接，推动评价标准的国际化，在经济全球化、高等教育国际化的背景下，研究生教育旨在培养国际化的高素质、高层次创新型人才，研究生创新能力评价标准必须具有国际视野、国际思维和国际水平。三是评价标准应该具有可操作性，这是保证研究生创新能力评价达到预期效果的关键，所以，评价标准需有可观测性，标准的描述能清晰准确，并要综合考虑研究生评价主体、评价对象和研究生教育管理部门各方面的因素，以确保评价工作能够真正落实。

2. 实施多主体评价，充分发挥不同评价主体的功能

目前，我国研究生创新能力评价的工作主要是由培养单位承担，各培养单位评价的标准也不一致。而研究生培养单位特别是高校，具体评价的主体则是学校教育管理部门，如研究生院。而且，即使在现有关于研究生创新能力评价的研究中，学者们也都是以培养单位为评价主体，并主要从高校层面设计研究生创新能力评价体系，评价往往只是围绕研究生的课程成绩、发表论文情况、学位论文水平、科研工作能力等方面的内容进行。但是，如同企业产品由生产单位来评价会遭到顾客不满一样，研究生创新能力由培养单位——高等学校来评价也受到社会的普遍怀疑。有人认为，研究生创新能力的高低不能由培养单位自己说了算，而应该在研究生毕业步入社会后由社会来评判。然而，高校毕竟不同于企业，研究生也不同于企业产品。研究生创新能力评价是一项系统工程，评价主体并非单一对象所能承担，而应由一系列对象来完成，具有系统性（陈新忠等，2010）[10-13]。

培养单位当然是研究生创新能力评价的主体，但应该是主体之一，而不应是唯一的主体。作为培养单位，其对研究生创新能力的评价不仅要关注其论文发表情况和学位论文水平，更要高度重视评价研究生在学习、研究和实践中的创新意识、创新智力、创新思维、创新技术、创新方法等。不是以单一的成果而是以综合的方式全面评价研究生各方面的情况，突出对其创新素质、成效和潜能的评价。

研究生创新能力评价不仅在于选拔与甄别优秀人才，随着大众创新、万众创业时代的来临，评价不应单纯为选拔与甄别服务，还需要发挥评价

的激励导向功能和自我教育功能，引导研究生的培养，关注研究生成长与进步的状况，促进研究生整体教育质量的提升。所以，研究生自身也是创新能力评价的主体，研究生创新能力的发展离不开研究生的自我认识和超越，研究生创新能力的评价也同样需要研究生的自我认识、自我总结和反省。相对于外界的评价而言，研究生对于自己的基础和能力、优势和不足、投入与产出、完善与突破，通常都有比较清醒的自我认识和评价，也有更加明确的标准和方式。

另外一个更需要重视的研究生创新能力评价主体是社会，包括社会用人单位、社会的第三方评估机构或社会的专业性组织。这是一个在国际上得到普遍重视并始终发挥着重要作用的研究生创新能力评价主体，英美国家都已形成比较成熟的社会评价环境，包括评价机构本身的权威性、评价的公正性、评价数据的准确性，特别是诚实守信的社会大环境。离开这些前提而希望达成对创新能力的准确评价既不可能也不现实。目前，我国研究生创新能力评价主体中最薄弱的就是社会主体。真正实现研究生创新能力评价主体的多元化，迫切需要建立更加中立的社会评价体系，充分发挥用人单位评价、第三方评价的作用，引导支持各种社会评价机构建立独立、科学、公正的研究生创新能力评价机制，充分调动用人单位、第三方机构开展研究生创新能力水平检测、现状调查和需求预测。

3. 超越量化模式，建立综合化的评价方法体系

对于研究生创新能力的评价，培养单位常常通过具体的成果指标的设定，对研究生的创新表现进行评分。关于研究生的创新能力，其评价标准不仅包括知识创新、成果创新，还包括人格创新、思维创新和实践创新等方面，而在培养单位的评价实践中则将其仅仅落实到学术文章的发表、学位论文的撰写、科研成果的获奖这些具体的标准中，达到则具有创新能力，达到的程度则成为衡量创新能力水平的杠杆。这种量化指标评价的方式使研究生的创新能力变成了形式化的学术发表能力，研究生仅仅是为了追求发表的数量而进行创新活动，难以呈现和发展研究生的人格、思维和实践等方面的创新。在研究生创新能力的评价中，很多方面恰恰是不能简单地用数量的多少来判断。

所以，研究生创新能力评价的方法必须实现从量化模式向综合化体系

的超越。综合化评价意味着评价方法和途径的多样性、互补性。

1）定量方法和定性方法相结合。定量评价主要是根据统计数据、检测数据、同类和类似系统的数据资料，依据相关标准，应用科学的方法进行定量化评价的一类方法，旨在对评价对象的特性用数值进行描述和判断，由于特别强调数量计算，所以具有客观化、标准化、精确化和简便化的特点。定性评价则主要是依据评价者对评价对象平时的表现、现状或文献资料的观察和分析，对评价对象的性质、特点进行文字性的描述和判断，定性评价具有尝试性和细腻性的特点，更有利于评价人格创新、思维创新等难以数量化和精确化的方面。研究生创新能力的评价既需要面向可以进行数量统计和数值描述的因素，又需要面向无法统计和难以量化、只能用文字描述或通过现象观察与判断的内容，因此必须将定量方法与定性方法结合起来才能保证评价结果的客观和有效。

2）同行评价和自我评价相结合。美国著名教育评价学家斯塔弗尔比姆（Stufflebeam D L）认为，评价最重要的意图不是为了证明（prove），而是为了改进（improve）（Stufflebeam，1983）[117-141]。自我评价是研究生自己依据一定的标准，对自身的创新活动、创新过程和创新成果进行自我监控和调节，以促进创新能力的发展。同行评价则是由同行专家或研究生同伴，从专家、专业的角度对创新活动、创新过程和创新成果进行评价。相比自我评价，同行评价是从他人的视角对研究生创新能力进行评判，这样的评价使研究生评价对象能更客观地认识自己的创新能力，更有力地激发研究生的创新热情和促进他们的创新水平。

3）过程性评价和结果性评价相结合。结果性评价即终结性评价，一般是以预先设定的评价目标为基准，对评价对象达成目标的程度即最后的结果做出评价。研究生创新能力的结果性评价显然是在创新行为或活动告一段落后，为了解其最终效果而进行的评价，但这种评价往往易于忽视创新行为或活动中人格、思维等方面的变化。过程性评价则更重视非预期的结果，更加关注创新活动过程中的各种变化和各方面的发展。研究生创新的过程是复杂多样的，也是丰富多彩的，不同的个体在不同的情境、活动中都会有不同的创造经历，从而产生不同的创新成果。因此，过程性评价将评价的视野投向研究生的整个创造活动中，这样的评价有利于及时发现和激励研究生的创新潜能，强化研究生创新的积极性，增强研究生创新经历的丰富性。不管是社会第三方机构还是研究生培养单位或研究生自己，对创新能力的评价既要关注对创新结果的评价，也要更加重视对创新过程的评价，在全社会形成兼顾创新结果与创新过程评价的社会导向与社会环境意义重大，将更加有利于研究生创新能力的促进、研究生创新型人才的培养和创新型国家的建设。

四、强化制度建设，畅通企业参与研究生培养的渠道

《中共中央国务院关于深化体制机制改革加快实施创新驱动发展战略的若干意见》指出，要坚持走中国特色自主创新道路、实施创新驱动发展战略，到 2020 年，基本形成适应创新驱动发展要求的制度环境和政策法律体系。研究生教育中，实现国家的创新驱动战略首先取决于教育者的培养目标，其次是研究生的成长目标，最后是教育管理者的目标。如果三者的目标能够统一到创新驱动的价值观之下，那么 21 世纪中国的创新驱动就不难实现了（周渝慧，2013）[48]。国际上研究生教育模式经历了德国学徒式、美国专业式及以美国为代表的协作式等多种培养模式，目前协作式研究生教育模式渐成主流趋势，协作式即校企合作模式，通过教学、科研、生产的融合，在研究生培养过程中实现了教学、科研与生产的统一，这种模式是培养研究生创新人才最有效的模式。

但该模式作用的发挥仍需政府搭建推动平台和强化相关支持制度，打通人财物市场，建立调动企业参与研究生培养的激励制度。亚当·斯密的经济人假设告诉我们，理性人的行为动机来源于所采取的行动是否能给自己带来利益。不管是从企业来说还是从高校来说，企业愿意与高校合作或者是高校积极谋求与企业的合作，主要动机都是希望合作能给双方特别是自己带来各种各样的利益。所以，促进产学研合作或成功的校企合作培养研究生，须建立在双赢的基础上，实现人才培育与企业赢利双丰收。21 世纪以来，国家和地方政府已先后出台优化研究生培养模式、推行产学研培养的相关政策，建立了一些激励制度，但一方面，部分政策在执行过程中变形，出现政策执行的表面化、形式化，造成政策的应然价值与实然价值

的内在统一性被割裂，导致各种推进以校企合作方式培养研究生政策的实施效果严重弱化。另一方面，虽然各级政府已建立不少推动校企合作培养研究生的制度，但在实际的协作培养中仍面临着各种各样的问题，需要政府进一步细化各种措施，完善激励制度。此外，计划没有变化快，目前情况是政策制定的速度不如研究生教育发展的速度快，特别是近几年专业学位研究生教育发展过快，如何调动企业参与的积极性，加强专业学位研究生创新能力的培养，社会、政府及高校方面都缺乏与之相适应的配套政策和适用性的制度。所以，当前特别关键的是需要政府加强制度建设，全面打通校企协作培养研究生的人财物市场。

1. 共建企业研究生工作站，促进企业深度参与研究生人才培养

企业研究生工作站是促进产学研合作、校企业协作式培养研究生的一种形式，通过政府驱动和科技、教育、企业三方联动来推动企业研究生工作站的建设工作，能在一定程度上促进企业和高校的双赢发展，企业以此促进成果转化、技术创新，提升竞争优势，高校以此强化对研究生综合素质和创新能力的培养，推动研究生教育模式的改革。企业研究生工作站是由企业申请设立、出资建设并引入高校研究生导师指导下的研究生团队开展技术研发、促进成果转化的机构，是规模企业与高校产学研合作的重要平台，也是高校研究生培养的重要创新实践基地。企业研究生工作站融合了科研、人才培养以及市场等要素，以合力的方式实现研究生的培养（敖永胜，2011）[68-72]。显然，工作站建设与管理的主体是企业，需要企业为研究生培养创造条件，促进了企业较深入地参与研究生的人才培养工作。从高校来说，工作站的建设要有效益，研究生的科研必须具实效，这种科研实效导向或应用型导向的研究生教育模式，有利于提高研究生的实践能力和创新能力。

为保障企业研究生工作站有序、有效地开展，既促进人才培养质量的提升，又提高企业技术研发和企业技术创新的水平，还需进一步完善研究生工作站的运行机制。

1）研究生工作站的建设需要有顶层设计和长期的规划。明确建设的目标和任务，建设过程中还要有持续和稳定的经费投入、人员支持，避免出现只是把参与建设工作站作为企业的金字招牌，甚至不投入必须的研究经

费，导致企业研究生工作站出现“空壳化”现象。

2）寻求企业和高校共同的合作基础，完善合作选题机制。合作选题是工作站设置的关键，但合作选题时需兼顾企业和高校的研究兴趣，既重视选题的市场需求又重视学术研究、人才培养，双方找到共同点开展合作研究，避免合作选题中出现“剃头挑子一头热”的状况。

3）建立良好的沟通机制，加强双导师队伍的建设，促进高校导师与企业导师的互动沟通与交流。工作站的建设需要高校导师主动承担和积极参与入站研究生的教育和指导工作，明确自己作为研究生培养第一责任人的主体职责，避免出现对入站研究生放任自流，或者将培养责任推卸给企业导师。企业导师在研究生培养中也具有重要的作用，是研究生培养的第二责任人，特别是当研究生入站后主要置身于企业环境中时，企业导师应该是其研究、学习、工作和生活的直接指导者，在站研究生的培养质量与企业导师的指导质量直接相关。为提高在站研究生的实践能力、应用能力和创新能力，高校导师与企业导师还需加强密切的联系，围绕研究生培养方案，进行及时、广泛和深入的沟通与交流。

4）建立进站研究生培养质量评价体系，提高工作站管理水平。企业研究生工作站的有效运行需建立在完善的管理制度之上，高校应会同设站企业联合成立企业研究生工作站管理委员会，针对在站研究生的学习与工作，制订规范的研究生工作站管理办法，明确双方合作的目标与计划，包括在站研究的条件、研究经费、相应的生活补助等。同时，建立进站研究生培养质量评价体系，在重点考察研究生进站后在实践过程中解决实际问题的能力以及参与企业技术创新，或为企业创造新技术、新产品的能力，具体的评价可以参考企业对科研人才业绩评价的指标体系。

2. 高校提供配套政策和资金支持，保证企业在校企合作中有利可言

企业和高校合作，参与研究生的培养，不免要投入大量的资金进行相关场地、研究条件及实验室的建设，合作中企业如果不盈利，合作就难以持续，即使一开始合作的热情很高，但若出现不盈利，形成的合作联盟很快就会破裂。校企合作必须是有利于学生、学校和企业三方利益的共赢机制，共赢性是校企合作培养模式的基本原则。因此，在高校和企业的合作中，高校不仅要出人、出力，利用自己的人才和技术方面的优势，帮助企

业解决发展中的实际问题、技术转型升级中的难题，促进企业技术的革新及产品的研发。还要出资金，高校需要提供配套政策和资金支持，包括配套相应的资金支持实验室、孵化基地等软件建设，也包括通过积极申请国家级、省市级等纵向科研项目筹措资金，加强合作研究中的硬件建设，还包括学校充分利用社会捐资、校友捐赠等社会资源，设立研究生创新教育专项基金，对来自高校和企业、参与校企合作的双方导师、研究生进行支持，调动他们参与的积极性，鼓励高校师生深入企业，主动了解企业需求，协助进行技术攻关，帮助企业解决生产和技术难题，为企业提供全方位的服务。

3. 改革企业导师遴选标准，优化企业导师制度，实施合理的激励措施

为保证研究生培养质量，切实落实双导师制度，建立高质量的企业导师队伍，有效发挥企业导师的作用。首先，需要改革企业导师遴选标准，不能完全参照校内导师评聘的要求，更不能简单地以职称和职务作为遴选标准，而应将理论水平和实践经验作为遴选企业导师的基本条件，并加大其权重。同时，还要充分听取企业内部专业人员的意见，对职称和职务的要求可以适当降低，但需增加对企业导师的理论水平考核，并在学术规范、科学素养、指导方法、了解企业发展前沿和科技前沿等方面加强对企业导师的要求，坚持选择与研究生实际工作方向相一致的企业导师。

其次，要明确企业导师和高校导师在研究生培养各个阶段的工作分工与指导协作，建立规范的指导责任制，避免出现指导工作中的责任不清晰、分工不明确和重点不突出。企业导师应更多地承担研究生在实践工作方面的指导和加强对研究生实践能力方面的培养。

再次，建立科学、合理的业绩考核体系，保障企业导师队伍的质量。虽然企业导师的人事关系隶属于企业，高校仅是聘任其作为企业导师，本身无法对企业导师行使管理权，但高校可以和企业在互利合作的基础上，共同制定企业导师的基本管理规范和业绩考核体系，并据此强化对企业导师实际指导工作的管理和考核，考核体系可以采用企业导师自评、研究生评价、高校评价等主观性的评价，也可以考核其所指导研究生的学术成果、实践成果等方面的成绩，进行量化评价。

最后，实施合理的激励措施，调动企业导师工作的积极性。企业导师参与高校的研究生培养，很大程度上是实现对社会的回馈，是一种奉献及付出。加之优秀的企业导师一般是企业的骨干或在企业担任着一定职务，工作繁忙，精力有限。如果合作中没有合理的激励措施和相关保障制度，很难使其全身心投入到研究生的培养中，而且随着时间的推移，企业导师参与的热情会逐渐消退，通过实施合理的激励措施，有利于调动企业导师的积极性和主动性。马斯洛的需要层次理论认为，人的需要分为生理的需要、安全的需要、交往的需要、尊重的需要和自我实现的需要。因此，对企业导师的激励既要加强外在激励，也要重视内在激励。外在激励即合理开启薪酬模式，对企业导师的付出按照工作量的多少和质量的高低给予适当的岗位补助，高校也可以通过改革业绩考核标准，督促校内导师将部分指导"利益"向企业导师让渡。内在激励旨在最大限度地满足人的高层次需要，政府和高校应着力营造激励性的校园文化和工作环境，让企业导师充分感受到参与校企合作、担任研究生导师获得的事业感、成就感、尊重感和工作的乐趣。

参考文献

敖永胜. 2011. 企业研究生工作站培养全日制专业学位研究生探索[J]. 学位与研究生教育，(3)：68-72.

陈新忠，李忠云，胡瑞. 2010. 研究生创新能力评价的三个基本问题[J]. 学位与研究生教育，(1)：10-13.

何青. 2013. 务实与求真：研究生创新能力培养与评价研究[M]. 武汉：华中师范大学出版社.

何晓聪，李焕荣. 2013. 基于实证的研究生创新行为激励因素研究[J]. 研究生教育研究，(5)：40-43.

王焱. 2013. 人文学科研究生创新能力的培养与人才评价机制改革[J]. 广东外语外贸大学学报，(5)：40-43.

赵强，朱平. 2017. 中国学位制度完善的逻辑转向——基于法律视角的思考[J]. 青岛科技大学学报（社会科学版），(1)：114-116.

周渝慧. 2013. 研究生自主创新能力教育论[M]. 北京：清华大学出版社.

朱红，李文利，左祖晶. 2011. 我国研究生创新能力的现状及其影响机制[J]. 高等教育研究，(2)：74-82.

Stufflebeam D L. 1983. The CIPP model for program evaluation//Madaus G F，Scriven M S，

Stufflebeam D L. Evaluation Models：Viewpoints on Educational and Human Services Evaluation. Boston：Kluwer-Nijhoff，117-141.

作者简介 汪霞，南京大学教育研究院教授，课程与教学研究所所长，教育部高等学校教育学教学指导委员会委员。

Cultivation of Postgraduate Innovative Talents：Reflections on Accelerating the Reform of Government Management System

Wang Xia

Abstract： Training postgraduate innovative talents is the foundation of an innovative country. The core of innovation is change，which is closely related to the changes in market demand and the reform of the government management system. At present，China's postgraduate education management system is facing severe challenges and major opportunities. Accelerating the reform of the government's management system should focus on solving four problems：the construction of an innovative government，the construction of an innovative policy system，the improvement of the evaluation mechanism of postgraduates' innovation abilities，and the participation of enterprises in postgraduate training.

Keywords： postgraduate，innovative talents，reform of government management system

“双一流”建设中大学高层次人才竞争失序的反思及治理

武毅英　杨　冬

摘　要：在人才资源市场中，理性、规范且有序的人才竞争本是大学应有之义，是促进大学实现人才资源优化组合和高效配置的有效途径，更是保障大学永葆学术创造力和生命力的重要手段。然而，随着“双一流”建设的持续推进，大学高层次人才竞争失序问题愈发严重，最终极可能因“市场失灵”而陷入零和博弈甚至负和博弈的不良境地，损害高等教育事业的健康可持续发展。究其缘由，与“双一流”建设政策与资源分配相捆绑、“双一流”评估突出“头衔人才”和科研成果的量化考核、学术劳动力市场的主次分割和多维解构、大学冲刺“双一流”的内生发展需求驱动不无关系。推动大学高层次人才竞争的理性化和秩序化，需要政府加强宏观调控，规范大学高层次人才竞争秩序；大学促进内外联动，健全高层次人才“引培用”机制；个人坚守学术本位，全力平衡个人利益和社会责任。

关键词：“双一流”建设　高层次人才竞争　学术劳动力市场

治校兴业，人才为先；治校兴学，惟在得才（李立国，2010）[49-53]。高层次人才作为大学教师梯队的中坚力量，其多寡系于大学综合竞争力之强弱，也关乎大学人才培养、科学研究和社会服务的质量之优劣。伴随着我国“双一流”建设的陆续推进，高层次人才之于一流大学和一流大学建设的重要性愈趋不可替代，促使各大学纷纷为赢得竞标“双一流”的比较优势而不遗余力地将高层次人才引进工作加以重点展开，争先恐后地通过“高薪竞价”“互挖墙脚”的方式抢夺冠带高级“学术头衔”与“人才头衔”的两院院士、长江学者、万人计划与千人计划入选者，以及杰青、优青、知名教授等“帽子类”人才，高层次人才竞争愈发地趋于非理性化和无序化，诸多大学沦为人才恶性竞争下的“重灾区”。尽管教育行政部门通过《教育部办公厅关于坚持正确导向促进高校高层次人才合理有序流动的通知》等一系列专门性政策文件对高层次人才的合理有序竞争进行了指导性和规范性说明，试图防止并及时遏止高层次人才恶性竞争之势的蔓延，但单一的行政指令的实效性在学术劳动力市场自由竞争的规则和秩序下着实有限，高层次人才竞争的非理性和无序化现象尚未得到根本性改观。鉴于此，全面省思大学高层次人才竞争失序的主要表现及其多重诱因和潜在后果，提出引导大学高层次人才竞争朝着有序、健康且良性的方向转轨的对策建议，进而保障“双一流”建设所赖以依存的高层次人才流动稳态的形成，成为现下政府、社会和大学等诸多利益相关者一致关注的重大现实议题。

一、大学高层次人才竞争失序的主要表现

大学办学水平之高低取决于其是否拥有一支结构优良的高水平师资队伍，这是高等教育发展的基本规律性认识。高层次人才作为某一学科专业领域具有卓越的学术建树与影响的顶尖学者，具有事业上的高进取性、科研上的高创造性、需求上的高稀缺性和地域上的高流动性等突出特点（徐振鲁，2007）[69-71]，因其丰富的人力资本、学术资本和社会资本而成为“双一流”建设中大学人才竞争的主要目标和核心对象。需要指出，各大学为抓住“双一流”建设的宝贵机遇，通过加大人才引进力度以巩固其“双一流”建设的人才基础本无可厚非，但在人才供给量与需求量信息不对称的情况下，不少大学盲目地为了争得“双一流”建设的话语权与比选优势，引发了一系列非理性的甚至是恶性的竞争行为，无疑需要高度警惕。

第一，求多求全，片面追求“人才增量”的短期线性增长。人才资源是大学长足生存和发展的基础性资源，大学综合实力的较量归根结底是人才综合实力的较量。为最大限度地增加竞争“双一流”建设的人才砝码，一方面，多数大学考虑到高层次人才的成长周期过长和成本过大，大都需

要消耗全校的人财物资源加以重点培育，远没有直接向外引进更为“短平快”，便盛行一种“广撒网”式的引才思路和逻辑，呈现出明显的“见头衔就挖”和“重外引轻内育”倾向。另一方面，多数大学未能理性地进行“按需引才”和“按需设岗”，大都是引才行动先于目标，相对忽视结合学校自身的办学定位、办学条件、学科布局、专业结构、发展优势和特色等实际情况作出科学精准的人才队伍建设战略和规划，亦较少关注高层次人才后续发展与学校的人才培养、科学研究和社会服务等的适应度与匹配度以及如何留住校内现有的“存量”高层次人才、如何挖掘和培育后发型的储备领军人才等现实性问题，追逐于求多求全并且在最短时间内打造可观的“人才数字工程”。

第二，待遇角逐，人才竞争沦为“商品博弈”和“价格混战”。高层次人才作为理论创新和技术发明的生力军，直接系于大学的一流学科建设、专业认证与评估、学位点申办与招生以及促进大学提升学科实力、学术水平、综合声誉等现实需要。多数大学为解决高层次人才缺口的“燃眉之急”，热衷于利用高薪金与厚待遇招揽学术成果产出多而强的高水平学者。一方面，动辄以几十万、上百万年薪或千万甚至过亿的科研经费资助作为引才基本条件，“人才商品化”“人才炒作”“明码标价”现象愈发激烈，高层次人才竞争异化为简单机械的比拼财力的“价格混战”。譬如南方部分大学，院士年薪 150 万元，长江学者和杰青等称号拥有者的年薪也高达 100 万元，科研启动费更是高至几千万甚至上亿（刘红梅等，2018）[40-43]。另一方面，为增加人才竞争的获胜砝码，配套提供“一站式”综合服务。不仅明确了不同类别人才的身价薪酬、科研经费配额、住房面积或购房补贴与一次性生活补贴或安家费用，承诺予以科研团队建设、职称评定与晋升、实验室硬件设备、专项招生名额等方面的倾斜与支持，而且妥善解决其人事档案、配偶工作及子女入学等生活问题，更有甚者专门创建绿色通道或开出配备专车、独栋别墅且拎包入住等优厚条件，以期最大限度地扫清一切限制引才的障碍和后顾之忧，借助“走捷径”的方式大搞“速成式”一流师资队伍建设。

第三，校际互掐，“挖墙脚”式的恶性人才竞争趋于常态。“双一流”建设区别于“985 工程”“211 工程”的最显著特征在于其打破了固化的资源配置终身制，标志着“双一流”不再是少数顶尖大学的专属物，任何一所大学均有机会公平公正公开地参与“双一流”评选。据此，不同层次与不同类型的大学为冲击“双一流”建设，频频向现有的稀缺性高层次人才伸出橄榄枝以将其揽入囊中，大学间的“互掐式”人才竞争现象愈演愈烈。其一，极少数大学具有高层次人才竞争的国际视野，明确将引进若干国外具有所在国最高学术头衔与称号、国际顶尖或公认的知名奖项得主，而绝大多数大学的引才目光局限在抢夺国内各类“帽子”人才，缩短了高层次人才校际流动的周期，加剧了人才校际流动的不稳定性。其二，普通地方大学在高层次人才竞争中异军突起，同一地区内的普通地方大学对高层次人才的需求度远高于“985 工程”“211 工程”大学，所提供的平均薪资待遇普遍高于“985 工程”“211 工程”大学。相关研究数据表明，东部地区普通地方大学为包括两院院士等在内的第一类人才提供 193 万—246 万元的平均年薪、667 万—1500 万元的平均科研经费、450 万元的平均一次性生活补贴或安家费、200 平方米的平均住房面积（郭书剑，王建华，2017）[82-90，112]，“985 工程”“211 工程”大学明显不及前者。其三，东部沿海与中部发达地区大学凭借其得天独厚的地理、经济与社会等优势从西部及东北地区大学“挖人”的现象尤为明显，且就同一层次大学而言，前者所提供的平均薪资待遇总体上优于后者，高层次人才向优势区域与大学集聚的“马太效应”愈趋突出。相关研究数据表明，东部地区为高层次人才提供的平均年薪、生活补贴和安家费显著高于其他地区，中部地区为高层次人才提供的平均科研经费和住房面积显著高于其他地区（郭书剑，王建华，2017）[82-90，112]。

综上所述，在“双一流”建设如火如荼地推进之际，大学之间的高层次人才竞争渐趋白热化，东部大学向中西部大学 “挖人”、被挖大学掏血本“反挖人才”进行回击的“人才大战”（辛斐斐，范跃进，2017）[25-29]一时多处出现，导致象征着知识创新和科技创造的顶尖学术人才因竞相“抢挖”而被过度“商品化”。其结果是，在大学运动式的非理性人才竞争驱使下，高层次人才流动的平衡态开始遭受重创乃至瓦解。因此，这种恶性无序的高层次人才竞争严重偏离了“双一流”建设政策的价值取向，需要全力加以规范、引导和矫治。

二、大学高层次人才竞争失序的潜在后果

不可否认，大学与人才是一种相互依存的共生关系，缺失人才支撑的大学，其生命力势必难以为继。从这个意义上，通过出台优厚的引才政策以获得竞争"双一流"的比较优势也是大学发展的题中之义，更属情理之中。然而，引才或人才竞争并非是无节制、无秩序、无规则甚至无底线的。当前我国大学表现出的一系列非理性人才竞争行为，显然有悖于国家"双一流"建设的初衷及人才体制机制改革的精神，最终极可能因"市场失灵"而衍生诸多严重后果，陷入零和博弈甚至负和博弈的不良境地，进而对高等教育事业的健康可持续发展造成损害。笔者就此拟对大学高层次人才非理性竞争的潜在后果作出前瞻性预测，以作警示之用。

1. *加剧功利主义蔓延，影响师资队伍稳定*

"双一流"建设是一项长期的复杂系统工程，是一种渐进式的推进和构建过程，有赖于大学科学理性地作出人才队伍建设规划，确保形成科学合理的师资队伍结构，进而奠定其持续纵深发展的人才基础。然而，我国大学目前缺乏对人才引进的长远战略规划，普遍盛行一种通过引进高层次人才以催生"双一流"的建设逻辑，更多地视引才工作为一种缓解"双一流"竞标中人才短缺压力的"权宜之计"，带有明显的功利性色彩。这种急功近利的运动式人才竞争行动，尤其对高层次人才不惜重金引进的"孤注一掷"，企图通过"走捷径"和"速成法"的方式进入和稳固"双一流"建设名单，久而久之必然会加剧功利主义蔓延。其结果，在与日俱盛的功利主义侵蚀下，一方面可能会导致高层次人才滋生薪酬和待遇高低的攀比心理，其理性主义逐渐被实用主义和工具主义僭越甚至取代，不再根据其学术专长和学科平台而是职位薪酬和待遇进行"雇主"选择，致使高层次人才的短期多次流动越趋普遍；另一方面可能会助长原有较高层次人才和一般性人才在薪酬待遇上的不平衡感和不公平感，抑制其教学与科研工作的积极性和主动性，更严重者或因新进高层次人才在相关资源分配上的"不劳而获"与原有骨干教师的"劳而少获"而引致内部矛盾和冲突，进而导致大学师资队伍发生对立和分化，引发大学学术共同体内部的信任危机，影响着师资队伍的稳定性。因此，非理性的高层次人才竞争并不能达到事半功倍的

效果，无益于从根本上壮大师资队伍力量，反而会适得其反，造成人才队伍涣散，加剧人才无序流动，影响大学整体的办学风气和教育教学质量。

2. 扰乱学术人才市场，加重人力资源浪费

成熟的学术人才市场是促进新旧、老少学术力量合理竞争和有序流动的重要基础，也是激发大学教师潜心从事科学研究和学术创造的重要保障。倘若大学缺失了人才的正常竞争和常态流动，其无疑会沦为一个封闭、孤立的系统，自然也就难有学术创新和发展。而问题的关键在于，我国的学术人才市场尚未健全，“双一流”建设中空前激烈的人才竞争并非在一个成熟的竞争性市场中展开的，绝大多数大学迫于短期内填指标、迎评估、升排名、出政绩、争资源等现实需求和竞争压力而在高层次人才竞争上“各显神通”，致使竞争乱象频生。其结果，由于学术职业与其他社会职业一样具有趋利性特征，高层次人才流动的“交易费用”随着校际竞争的白热化而不断增高，资金的充裕性或经济的发达程度而非学术研究的前沿性日益成为大学吸引优秀高层次人才的关键因素（王建华，2018）[1-5]，导致非理性、不公平、庸俗化的人才竞争充斥着学术人才市场，扰乱学术人才市场的正常规则和秩序，无形中抬高高层次人才流动的边际成本，“出价—抬价—再出价—再抬价”的人才竞争惯用手段屡见不鲜。长此以往，在“砸钱”和“抢人”的大环境下，拥有强大的自我“造血”功能的大学定然要比单纯依靠政府“输血”生存的大学在“人才价格战”中略胜一筹，开始消解大学教师之于学校和学科的忠诚度，引发大批职业跳槽教授，陷入“人才引进—人才流失—人才再引进—人才再流失”的恶性循环，人才流失方不免因用其极为可观的投入和费用培育而成的高层次人才被“掠夺式” 挖走而蒙受巨大的资源损失，加重学术人力资源浪费。

3. 恶化大学学术生态，降低人才溢出效益

学术性是大学的本质属性，良性的学术生态是维持大学学术可持续发展的必要条件。大学引进人才的根本旨归在于优化学术生态，激活学术活力，保障学术生产力长足发展，进而促进人才溢出效益最大化。然而，当前不少大学试图通过“挖人”并借助其可观的科研成果提升其学科水平和综合实力，大学之间的高层次人才竞争秩序和规则尽失，人才价格呈现持续攀升之势。一旦预期收入高于流动所需付出的成本，人才就会出于个体

价值实现的需求和更高利益的追求而自发产生流动。当寻求更好更优的经济待遇成为大学教师流动的主因时，大学教师的学者身份势必因寻利性动机的驱使而发生异化，其所坚守的学术价值追求也会招致虚化，助长其他一般教师为实现更好的流动而出现学术不端甚至是学术腐败等不良行为（刘金松，2017）[53-58]。不仅如此，根据高层次人才引进契约规定，大学多对高层次人才施以集中型的长线价值投资，高层次人才通常位于资源分配的核心且享有优先分配权，其他教师一旦认为自身利益受损或较之以前没有增长，就会认为高层次人才是在损害他人或群体利益，这一冲突在大学整体资源趋于紧缺的关键时期内会进一步加剧（范冬青，2014）[39-45]，很可能因教师群体分层的固化以及学术资源分配失衡而诱发集体怠工现象，导致个人利益与小团体利益甚嚣尘上，从而破坏学术生态，削弱大学发展的可持续性。另外，在"双一流"建设政策的压力下，不乏一些大学为在最短时间内、最大限度地扩大高层次人才"增量"，普遍推崇一种"先人后事"的引才逻辑。殊不知，人才的绝对"增量"并不完全等同于人才的绝对增值，更需要供给与其相匹配的学术环境和科研资源。这类大学囿于其办学条件所限，无法配套相应的物质环境、制度保障、学术生态、学科基础、科研平台与人才梯队，导致挖来的高层次人才因"硬""软"条件滞后而在学术研究上难有突破，也难以为其学科建设和发展培育有生力量，严重者将使高层次人才一时不能尽展其用而造成人才闲置，降低高层次人才的人力资本溢出效益。

4. 破坏高等教育均衡，加速大学两极分化

高等教育虽不及义务教育那般强调整体均衡，但是从服务地方经济社会发展的角度来看，高等教育发展应该保持一定的相对均衡性（姜朝晖，2017）[7-12]。这就意味着，高等教育发展不仅要尽可能地适应地域经济社会发展需求，而且要适度地发挥其之于引领当地经济社会发展的先导性作用。但一直以来，我国人才流动呈现出由西向东、由非中心城市向中心城市、非重点大学向重点大学的线性流动路径，导致中西部和东北部知名大学的人才流失现象不容乐观，人才向中心发达城市和资源优势集中的大学集聚"马太效应"愈发严重，高等教育发展由此面临着"区域失衡"——东强西弱、中部塌陷，以及"校际失衡"——重点与非重点大学实力悬殊的双重

困境。“双一流”建设作为我国新时期的一项重大高教强国战略行动，是对以往“985 工程”“211 工程”等重点大学建设政策的批判性继承和创新，一定程度上有助于消解高等教育发展长期积累而成的身份固化、竞争缺失和资源分配不均等症结，从而确保不同地区、层次和类型的大学均能按照其既定的目标走上特色发展和可持续发展之路。但客观地讲，“双一流”建设政策导向下的人才竞争表面看似大学为追赶“双一流”而采取的积极引才策略，实则却是一种消极的“此消彼长”或“此消彼不长”的弱者竞争方式，既没有在全局意义上扩大人才“增量”，也未能保障高层次人才的正向投入与产出比，更易使极个别大学片面地追逐于高层才人才拥有量的“数字泡沫”，致使大学间的高层次人才竞争整体上沦为零和博弈抑或负和博弈。长此以往，因东西部经济社会发展水平的绝对差距依然存在，东部大学所提供的高薪酬待遇更是中西部地区所难以企及，这种“非此即彼”的高层次人才掐尖战将使经济欠发达地区的大学或人才被挖的伤筋动骨的大学失去人才支柱，不少地方大学更是因其固有竞争优势不足而无从稳定现存高层次人才和巩固特色优势学科发展，或因遭受“抄底式”人才掠夺而陷入学科链条断裂、学术梯队塌陷、人才培养断层、专业建设滑坡、教学质量下降的困境。其结果，势必无限拉大大学发展水平的绝对差距，加剧大学发展的两极分化趋势，制约着“双一流”建设整体优化效应的发挥。

三、大学高层次人才竞争失序的多重诱因

毋庸置疑，在人才资源市场中，理性、规范且有序的人才竞争本是大学应有之义，是促进大学实现人才资源优化组合和高效配置的有效途径，更是保障大学永葆学术创造力和生命力的重要手段。然而，如前所述，我国大学高层次人才竞争失序问题尤为严峻，非理性人才竞争行为禁而不止，其后果不堪设想。基于此，当务之急需理性省思缘何大学高层次人才非理性竞争现象愈演愈烈，究竟背后的诱因为何，厘清这一问题是后续探寻其破解之策的前提和基础。根据归因论的解释，组织或个体任何一项行为产生的原因不外乎外因和内因两种。据此推论，“双一流”背景下大学高层次人才的非理性竞争，一方面是大学受到了资源利益、评估制度、市场环境

等外生力量的诱导和规制作用，另一方面是一流大学和一流学科建设及其可持续发展有赖于打造人才高地的内生需求使然。兹分述之！

1. 资源依赖："双一流"建设政策与资源分配相捆绑

资源依赖理论认为，"组织最关注的是生存，任何一个组织均无法实现完全的自给自足，需要与其所依赖的环境中的因素产生互动，并凭借外部环境中的各项资源来维系生存和发展"（张振，武毅英，2014）[48-51]。显然，组织一旦脱离了与外部关系的有效互动，就会因资源补给不足甚至缺位而失去发展的可持续性。需要强调的是，组织从外部环境中汲取其需要的资源并非是全然无条件的，组织在享受资源的同时相应地与外部力量产生了不同程度的控制和依附关系。大学作为一个典型的资源依赖型组织，其资源的自生和再生能力明显不足，发展固然离不开源源不断的外部资源输入。我国政府集大学举办者、管理者、监督者和评价者等多重身份于一体，一直以来是大学办学资源的主要提供者，倾向于根据重点大学建设的政策安排进行资源分配。也正是政府这种对资源投入和供给的集中把控，决定着各类型和层次的大学在多大程度上获取什么性质、什么级别以及多少数量的资源的政策规制，诱使大学围绕"双一流"政策性红利和合法性资源利益而展开激烈的竞争和博弈。

"双一流"建设战略是我国继"211 工程""985 工程""2011 计划"之后的又一项高教强国行动。按照国家"双一流"建设战略的规划设计，"双一流"并非是以往重点大学建设工程的"翻版"，明确实施竞争性的动态准入和退出考核机制。但"双一流"本质上尚未完全脱离重点大学建设的路径依赖，"效率先于公平"的内隐逻辑依旧盛行，大学一旦进入"双一流"建设名单，就会一并享有政府赋予大学的拨经费、评职称、定编制、圈重点和申学位点等诸多现实资源与利益的优先受益权。以高等教育经费为例，我国大学的办学经费来源虽具有出多元化特征，但政府投入仍为主要渠道。相关研究表明，2005—2015 年，我国高等教育政府投入占高等教育总投入的比例呈逐年上升态势，且这一比例从 2005 年的 42.46%迅速增长至 2012 年的 62.54%，之后便一直稳定在 61%左右；而非政府投入占高等教育总投入的比例则总体呈下降态势，2011—2015 年该比例一直稳定在 39%左右，且事业收入占比最高，其他教育经费占比次之，民办学校中举办者投入和捐赠收入占比均不足 1%（方芳，刘泽云，2018）[78-85]。如此一来，大学对政府资源形成高度依赖，政府对资源分配拥有较强的控制力和决定权，并且资源分配又同“双一流”评估结果直接挂钩抑或相互捆绑的政策安排没有发生实质性变动，迫使大学为最大限度地摆脱获取合法性资源的不确定性，一味地按照“双一流”的政策偏好规定和拟定的评估指标发展。因此，大学出于“双一流”建设政策所隐含的巨大资源和利益竞争的动机而忙于“跑政策”，高层次人才作为大学获取各种资源优势的重要依赖，求多求全且不计成本地高薪引才、竞价“挖人”成为诸多大学的不二选择。

2. 制度驱动：“双一流”评估突出“头衔人才”和科研成果的量化考核

众所周知，高等教育正处于一个排行榜林立的时代。不论是大学评估还是学科评估，几乎都在以评估之名行排名之事（翟亚军，王晴，2017）[45-51]。确实，评价制度在一定程度上是大学办学的“指挥棒”，其价值取向和内容规定的合理性、科学性决定着大学的行动策略和实践走向。我国大学在“双一流”建设过程中，为了能够在世界范围内流行的各类大学和学科排行榜上取得好名次，并且成功跻身“一流大学”或“一流学科”建设名列，相继走上了不计成本甚至不惜代价地“挖人”道路。这从表面上看似乎是大学单方为引才而引才的功利性举措，实则是受制于我国“双一流”评估突出“头衔人才”和学术成果的量化考核以及追求“科研 GDP”取向的制度束缚。

以学科评估为例，学科评估是基于科学客观的价值评判标准，对某一阶段内的学科发展成果和客观态势作出综合评定，其根本目的在于“以评促建、以评促改”。问题的关键是，在当前这样一个强调数字化管理和效率至上的时代，学科评估在物化逻辑和绩效导向的支配下陷入了过度窄化、泛化和固化的窘境，总是隐藏着大学对于科研成果量化评价方式的迷信，以及对于科学和学科的功利主义思想的服膺（武建鑫，周光礼，2016）[53-61]，导致学科诸要素因利益相关者对于评估信息的高度“饥渴”而均被指标化或定量化，形成学科等于科研、科研等于论文发表、一流论文等于一流学科，以及学科建设等于拿大项目、花大钱、出大成果的一流学科评估思维定势（王建华，2012）[64-72]。这种情况下，学科评估体系把“师资队伍与资源"指标的相当权重放在了对两院院士、长江学者、杰青、优青等"头衔人才"和"代表性骨干教师的考量"上（王立生等，2016）[38-41]，并且在"科学研究水平"指标上过于倚重单一的课题、专著、专利及EI、SCI、SSCI、CSSCI论文等定量指标。其结果，一所大学拥有两院院士、长江学者、杰青、优青等人才的数量多寡以及其指标范围内的数字化科研成果成为其学科优劣的主要衡定标准。这种把显性的、可量化的人才与科研指标作为一流大学与一流学科评价的依据，根据定量的评估结果确定大学之间与学科之间的绝对差距（陈学飞等，2016）[59-74]，倒逼着大学出于不失利于评估及其背后捆绑的资源利益的考虑，无所不用其极地竞相"挖抢"高端人才，通过走"人才速成"、"成果速成"、"学科速成"和"人才团队速成"之路（王若梅，2015）[54-57]，以填满各项评估指标，进而利用其可观的学术资源快速上位"双一流"榜单。

3. 市场推力：学术劳动力市场的主次分割和多维解构

当前，市场作为资源配置的基础性机制，不单单对经济领域发挥重要作用，同时也对教育领域尤其是高等教育领域产生深远影响，促使高等教育日渐具备了市场的属性和特质，高等教育市场格局开始逐步形成，围绕学术职业形成的学术劳动力市场就是其中一环。学术劳动力市场作为学术力量和市场力量共同作用的产物，犹如一把"双刃剑"，一方面能够灵活调节学术人才的供求，动态调整学术人才选聘标准，通过教师的适度流动来保持学术职业的活力、韧性、竞争力和生命力（刘进，2017）[47-52]，另一方面或因市场所固有的"自发性"、"盲目性"、"滞后性"、"排他性"和"分割性"等局限，不免使大学面临高层次人才的供给有限性和需求无限性之间的现实矛盾，一味地追赶和模仿同行的引才策略以最大限度地扩大人才增量，从而产生非理性人才竞争行为。

与普通劳动力市场一样，我国学术劳动力市场具有明显的主要和次要二元分割特征，依据主要是凝结在教师个体身上的学术人力资本及其潜在的学术成果溢出效应。换言之，大学教师所具有的人力资本存量和增量的多少决定着其在主次学术劳动力市场中的位置，拥有良好的学界声望、卓越的科研成就、丰富的学术资源以及所钻研的研究领域接近学科专业前沿抑或别具专业权威的教师大都流向主要学术劳动力市场，且其流动机会、频率、强度与资本也显著优于处于次要学术劳动力市场的教师，往往是大学人才竞争的主要目标和核心对象。再加上，学术职业兼具学术性和经济性双重属性，既追求学术真理的职业价值诉求，也注重经济回报和个人利益。在大学从避世的“象牙塔”转为中心的“服务站”之际，大学越来越多地涉足各种市场活动和资源竞争，学术职业愈发地具有定价可比性。其结果，稀缺性人才在市场竞争和筛选机制的作用下具有了显著标识的价码，大学逐渐推行实施“一人一价”的人才引进制度（刘进，沈红，2015）[76-81, 98]，通过提价、抬价、竞价来增加人才竞争优势的行为屡见不鲜。

非但如此，受我国政府近年来陆续实施的各类“人才计划”和“人才工程”的影响，学术劳动力市场的解构形式变得愈趋复杂且附带上层次类别、身份地位和等级性质。一方面，各类“人才计划”入选者和“戴帽”人才开始主导主要学术劳动力市场，而传统的非项目和无头衔的职称人才则退居次要学术劳动力市场。另一方面，主次学术劳动力市场在各自场域内再次出现主次分化，突出表现在前者因“学校—地方—国家”“四青—长江—院士”森严的学术等级梯次存在而产生不同的学术劳动力分割形式，后者则依然存在助教—讲师—副教授—教授的职称等级形式分割（谢冬平，2017）[41-46]。由于人才资源日益发展为“双一流”建设之成败的决定性资源，以往的常规性人才竞争方式远不能满足新时期大学高层次人才队伍建设的诉求，其竞争重心势必迁移至凝聚有丰厚的人力资本、学术资本和社会资本的主要学术劳动力市场，具有高级“学术头衔”与“人才头衔”的两院院士、长江学者、万人计划与千人计划入选者、杰青、优青等学术“明星”自然成为大学人才竞争的重中之重。在人才供给和需求不对称的条件下，大学间的人才资源竞争愈加激烈，市场在学术人才资源配置中的基础性作用就愈发突出，高层次人才的“市场价”“行情价”无疑随着校际竞争与博弈的加剧而在主要学术劳动力市场“水涨船高”（郭书剑，王建华，2017）[82-90, 112]。不同类型、不同层次的大学不得不相继抬高人才的价格标准和待遇底线以占得“挖人”先机，以有效避免因在人才竞争中处于劣势地位而被排斥于“双一流”时代之外的厄运。

4. 内生需求：高层次人才是大学冲刺“双一流”之“利器”

高层次人才云集是任何一所享有世界一流大学之盛赞和美誉的大学所

共有的显著标志。正如曾任哈佛大学校长的柯南特教授所言：“大学的声誉不在于其校舍和人数，而在于一代又一代教师的质量。一个学校要站得住，教师一定要出色。”（陶爱珠，1993）[9]。我国清华大学的老校长梅贻琦先生也曾有过“大学者，非大楼之谓也，乃大师之谓也”的不朽论断。中西两位校长关于人才之于大学发展的重要性认识可谓如出一辙。诚然，综观国际范围内公认的牛津大学、剑桥大学、哈佛大学、耶鲁大学、斯坦福大学、麻省理工学院等世界一流大学教师名录，无不是群英荟萃，名家璀璨。芝加哥大学、纽约大学和香港科技大学等更是用其向鲜活的案例向世界高等教育证实了网罗一流人才之于塑造世界一流大学的不可替代性。这无疑表明，大学之间的实力和声誉差距表面看似由各种各样的指标差距而致，实际上是人才资源尤其是高层次人才资源的差距使然，促成一所大学走向世界一流的关键战略在于打造出一支层次合理、结构科学、素质优良、业务精湛的高层次人才队伍，高层次人才作为大学兴校和强校的“利器”已然成为世界性共识。

与“211 工程”和“985 工程”相比，“双一流”建设实行五年一周期的动态筛选与淘汰制，打破了以往大学身份认定和资源配置的终身制，更加注重学科建设和绩效评价。这一导向意味着任何一所大学的建设尤其是学科建设，只要取得显著成效并能够达到既定的“一流”标准，就有机会获得“双一流”建设资助资格。进一步讲，如果传统重点大学办学质量有所滑坡和下跌，就将面临滑出“双一流”名单的风险；如果地方本科院校和高职高专院校的学科办得有特色有水平，就有可能进击并入选“双一流”名列。故而，“双一流”建设在某种程度上是对旧有固化的高等教育系统的重新洗牌，予以每一所大学公平竞技的平台和机会，极大地激发了各大学竞选一流的竞争活力。鉴于我国建设世界一流大学既有像如香港科技大学在建校仅 20 余年的时间里通过重视高层次人才队伍建设而发展为享誉亚洲乃至世界的知名一流大学的宝贵经验可资借鉴（包水梅，常乔丽，2017）[95-99]，也有像如兰州大学自 20 世纪末期以来所流失的人才足以再建一所具有同样水平的大学的人才“被挖”惨痛教训可供反思，大学之升沉与高层次人才之多寡的正向线性因果效应愈发取得广泛认同。据此，在“双一流”目标的导引下，一流大学和一流学科建设均离不开一流的人才这一核心支点和关键资源成为共识性判断，不同层次和类型的大学出于一流学科建设、专业认证与评估、学位点申办与招生以及促进大学提升学科实力、学术水平、教学水平、师资力量、社会声誉等内生发展需求的考量，纷纷将人才竞争焦点置于高层次人才资源及其附属的人力和智力资本溢出与集聚效应上。其结果，不少大学追求在最短时间内以最高效率实现“突变式”发展，迫于大学普遍推行高层次人才引进战略的压力，而无视其办学实际、学科需求和发展特色，盲目地将高层次人才引进奉为圭臬，竞相提供相比之下更具竞争性的薪酬与待遇，如同参加“人才拍卖会”一样无休止地给高层次人才定价和涨价，导致人才竞争的投机主义和功利主义愈发严重。

四、大学高层次人才竞争失序的治理对策

世界一流大学建设的共性经验表明，合理有序的人才竞争有其必要性，能够通过高层次人才的集聚效应带动学科实力、学术梯队、科研水平和综合竞争力的整体提升。针对当前我国大学间的高层次人才竞争失序现象，当务之急需要统合政府、大学和个人三大主体的有机力量并在三者之间形成强大合力，从而推动高层次人才竞争向理性化与秩序化的方向发展，为“双一流”建设所赖以依存的人才流动稳态的形成“保驾护航”。

1. 政府宏观调控：加强制度保障，规范大学高层次人才竞争秩序

大学高层次人才竞争失序是“市场失灵”或“市场缺陷”作用的结果。经济学家萨缪尔森曾指出，“当今没有什么东西可以取代市场来组织一个复杂的大型经济。市场无心脏，无头脑，无良心，也不会思考，不存在什么顾忌，需要通过加强政府宏观调控以消除其固有的弊端”（郑伟涛，2017）[11-13]。因此，面对当前大学高层次人才竞争失序的状况，政府定然是大有可为的，须从下述几点着手：第一，改革“双一流”评价机制，剔除“唯头衔人才论”“科研 GDP”的价值取向，摒弃单一僵化的量化评价思维与模式，坚持立德树人、教学育人、科研能力、绩效贡献等并重的人才评价导向和标准，同时也要平衡评价结果与高层次人才相挂钩或绑定的资源和利益，进而从整体上淡化“头衔人才”的光环效应，稳定高层次人才的校际流动秩序，削弱高层次人才无序竞争的势头。第二，规范和加强学术劳动力市场的监

管，有效调控学术人才市场的竞争行为，可在一定范围内确定不同地区、不同学校、不同学科的高层次人才待遇标准以及同一层次大学、同一学科专业、同一层次人才的引才薪资和待遇上下限，最大限度地缩小学校之间的引才待遇差距，营造出公平开放、规范合理、竞争有序的学术人才市场环境。第三，完善高层次人才竞争的制度建设，根据《关于坚持正确导向促进高校高层次人才合理有序流动的通知》(以下简称《通知》)的相关规定，进一步细化《通知》所涵盖的诸项内容，逐步建立健全《通知》实施的监督管理和运行机制，同时制定并公开高校违反《通知》精神和内容的问责制度，从而筑造起能够有效防止高层次人才恶性竞争的制度堡垒，倒逼高校自觉主动地贯彻、实施和执行《通知》中关于高层次人才竞争的各项规定。第四，对经济欠发达地区的大学或处于人才竞争劣势的大学予以适当的政策保护和倾斜，比如建立高层次人才流失补偿机制，保障其在区域发展中更好地发挥人才集聚效应，既防止人才流失，又增加人才吸引力。唯其如此，方可基于行业全局、地域特点、大学特色、人才类型等方面建立起全面系统的高层次人才竞争宏观调控机制，确保大学高层次人才竞争在合理合法的框架下有序进行。

2. 大学统筹规划：促进内外联动，健全高层次人才"引培用"机制

大学是培养、引进和使用人才的主体，务必要树立"行业自律"理念，共同维护人才流动市场的良好生态(丹聆，2017)[4-6]。大学虽是高层次人才竞争失序的"始作俑者"，但化解竞争失序局面的关键仍在于大学。这就要求大学致力于：第一，制定科学合理的人才引进规划与政策。大学要理性地根据学校发展定位、学科发展实际以及教师梯队现状"按需引才"和"按岗引才"，避免盲目地为追求短期效益或出于管理者偏好、面子工程、政绩工程需要而引才，若置其不顾而一味地见"头衔人才"就引进的话，只能是徒增人才数量，极有可能产生"引进一个却走掉一群"的后果。第二，遵守现有的人才引进制度和规约，建立健全校际人才流动协商、合作与补偿机制。通过成立区域或校际人才联盟，加强大学间的人才竞争沟通与协商，共同确定不同类型高层次人才的薪酬标准，统筹建立科学合理的人才薪酬管理体系，积极构建高层次人才共享合作机制，凭借柔性引进、协同创新、联合攻关等方式实现大学间高层次人才的互助共赢，从而达到防止

兄弟院校“互挖墙脚”和联合防范外校竞价“挖人”的双重效果。第三，革新引才育才用才理念，既要瞄准向外延揽海外人才，也要注重稳定和培养本土人才，更要确保人才尽其用，实现高层次人才的“引培用”协同发展，形成结构合理、素质优良、能力卓越的教师队伍。第四，加强大学内涵建设，既要营造安心教学、专心育人、潜心学术的文化氛围，形成关心人才、尊重人才、服务人才的良好风尚，也要在学科平台建设、教师梯队建设、学术资源配置等方面精准发力，同时还要不断建立健全人才绩效考核和评价制度，通过完善“软”“硬”条件来增强对高层次人才的吸引力、向心力和凝聚力，使其能够引得来、留得住、用得好，确保实现以事业留人、以感情留人而非简单地以待遇留人。第五，坚决维护政府人才政策的权威性和严肃性，加强对高层次人才的聘期管理，严格遵守高层次人才项目聘期约定，完善高层次人才信息公开机制，提高高层次人才动态监管的执行力，保证高层次人才在既定的合理规则中流动，充分发挥高层次人才的知识溢出效益。概言之，唯有大学对高层次人才引进作出统筹性、战略性的规划，理性审视和应对校际高层次人才竞争，健全高层次人才的“引培用”机制，才能确保高层次人才竞争有序可循。

3. 个人理性流动：坚守学术本位，全力平衡个人利益和社会责任

知识经济时代，知识的工具价值和商业价值日渐突出，学术资本主义已成为高等教育发展的常态，学术职业也越来越具有定价可比性。这就意味着，学术职业与其他社会职业一样，从业者不再仅仅停留于追求闲逸的好奇，同时也开始关注优厚的经济报酬和物质回报，经济性和学术性共同成为学术职业的内在属性。不可否认，为不断寻求增值的机会，在经济杠杆的作用下，哪里有较大利益存在，人才就会流向哪里，几乎鲜少有人对所提供的丰厚薪资和待遇作出断然回绝。在一定意义上，正常且有序的人才竞争和人才流动其实也是对学术职业施加的一种变相保护。即便如此，仍需要指出，学术性是大学的本质属性，人才培养是大学的本质功能，大学无论如何都不能完全被学术资本主义的市场逻辑左右甚至同化，否则将给一所大学乃至整个高等教育生态的可持续发展带来摧毁性的打击。因此，高层次人才作为大学教师群体的“排头兵”，不能把寻利动机当成流动的主要甚至是唯一的缘由，更需要坚持学术本位下的理性流动，全力平衡个人

利益和社会责任。这就要求，一方面，大学要不断强化高层次人才的契约意识、责任意识、自律意识与诚信意识，增强高层次人才对学校和学科的认同感和归属感，引导其抵制拜金主义和“一切向钱看”等不良流动取向；另一方面，高层次人才要明确自身的社会角色与定位，坚守以学术发展为本的职业信念，克服学术的功利浮躁倾向，在激烈的人才竞争中重新审视和省思自我，提高学术资本、文化资本和社会资本（曾先锋，2017）[49-52]。如此，就可以尽量避免因高层次人才个体的频繁无序流动而加剧大学之间的非理性人才竞争，进而保障建立起规范有序的高层次人才竞争与流动机制。

参考文献

包水梅，常乔丽.2017. 从政府战略到院校行动：香港世界一流学科建设的经验及启示[J]. 高等工程教育研究，（3）：95-99.

陈学飞，叶祝弟，王英杰等. 2016. 中国式学科评估：问题与出路[J]. 探索与争鸣，（9）：59-74.

丹聆. 2017. 高校人才诚信体系建设与高层次人才合理流动[J].中国高等教育，（5）：4-6.

范冬清. 2014. 大学高层次人才引进风险：影响因素与对策建议[J]. 高等教育研究，（6）：39-45.

方芳，刘泽云. 2018. 2005—2015 年我国高等教育经费投入的变化与启示[J]. 中国高教研究，（4）：78-85.

郭书剑，王建华. 2017. “双一流”建设背景下我国大学高层次人才引进政策分析[J]. 现代大学教育，（4）：82-90，112.

姜朝晖. 2017. 高校人才合理有序流动：理论之维与实践之径[J]. 高校教育管理，（5）：7-12.

李立国. 2010. 建立合理有序的高校教师流动机制研究[J]. 国家教育行政学院学报，（1）：49-53.

刘红梅，袁家明，包平. 2018. 高校非理性人才竞争现状与治理对策研究[J]. 江苏高教，（4）：40-43.

刘金松. 2017. 高校教师流动的合理性冲突及限度建构[J]. 教师教育研究，（6）：53-58.

刘进. 2017. “一带一路”新兴学术劳动力市场：背景、概念与可能方向[J]. 重庆高教研究，（1）：47-52.

刘进，沈红. 2015. 论学术劳动力市场分割[J]. 高等工程教育研究，（4）：76-81，98.

陶爱珠. 1993. 世界一流大学研究[M]. 上海：上海交通大学出版社.

王建华. 2012. 一流学科评估的理论探讨[J]. 大学教育科学，（3）：64-72.

王建华. 2018. 我国高校高层次人才非正常流动的反思[J]. 江苏高教，（2）：1-5.

王立生，林梦泉，任超等. 2016. 我国学科评估的发展历程和改革探究[J]. 中国高等教育，（21）：38-41.
王若梅. 2015. 大学人才引进庸俗化之批判[J]. 江苏高教，（1）：54-57.
武建鑫，周光礼. 2016. 世界一流学科："以评促建"何以可能——基于系统科学的分析[J]. 国家教育行政学院学报，（11）：53-61，55.
谢冬平. 2017. 人才项目嵌入与高校学术劳动力市场状态审视[J]. 高校教育管理，（6）：41-46.
辛斐斐，范跃进. 2017. "双一流"建设背景下高校人才流动失序的反思及矫治[J]. 高教探索，（10）：25-29.
徐振鲁. 2007. 高校高层次人才：概念、类型与特征[J]. 郑州大学学报（哲学社会科学版），（5）：69-71.
曾先锋. 2017. 当前我国高校教师流动的理性分析[J]. 江苏高教，（8）：49-52.
翟亚军，王晴. 2017. "双一流"建设语境下的学科评估再造[J]. 清华大学教育研究，（6）：45-51.
张振，武毅英. 2014. 我国大学内部院系之间"贫富分化"的诱因及反思[J]. 江苏高教，（1）：48-51.
郑伟涛. 2017. 加强高校人才流动规范化建设[J]. 中国高等教育，（5）：11-13.

作者简介 武毅英，厦门大学教育研究院教育经济与管理研究所所长，教授，博士生导师，主要从事高等教育与经济、大学生就业研究。杨冬，厦门大学教育研究院硕士研究生，主要从事高等教育经济与管理研究。

Rethinking and Governance of Unbalanced Competition of High-level University Talents in the "Double World-Class" Construction

WuYiying Yang Dong

Abstract: In the human resource market, rational, standardized and orderly competition for talents is a university's righteousness. It is an effective way to promote the university's optimal combination and efficient allocation of human resources, and it is also an important means to guarantee the university's academic creativity and vitality. However, with the continuous advancement of "double world-class" construction, the competition among high-level talents in universities is gradually becoming disordered. In the end, it is very likely that "market failures" will fall into the negative environment of zero-sum game or even negative-sum game, damaging the healthy and continuous development of higher education. Investigating its causes, they are as follows, tied up with the "double world-class" construction policy and resource allocation, "double world-class" evaluation to highlight the "title talents" and the quantitative assessment of scientific research achievements, the primary and secondary division as well as the multidimensional deconstruction of the academic labor market, and the spurt of the university is urging the "double world-class" endogenous development demand. Promoting the rationalization and ordering of high-level talent competition in universities requires the government to strengthen macro-control and standardize the competition of high-level talents in universities; universities promote internal and external linkages and improve the mechanism for "introducing-cultivating-using" high-level talents; individuals adhere to academic standards and fully balance individuals benefits and social responsibility.

Keywords: the construction of "double world-class", high-level talents competition, academic labor market

教育学研究生学术研究取向分析
——基于五所大学“教育学原理”硕士学位论文实证分析①

易连云　毋改霞　邹太龙　王春华　郑婉秋

摘　要：本文以2011—2015年教育部部属公费师范大学教育学原理专业的780篇硕士学位论文为样本，从选题性质、研究方法论、研究范式、研究方法等维度进行统计分析。结果表明：在选题上重实践研究，轻理论研究；方法论意识薄弱，缺乏马克思主义的基本立场；研究范式重实证调查，逻辑思辨不足；实证研究方法多元化，但研究设计与方法的运用欠科学。因此，今后的研究生培养应加强对经典文献的研读，加强对研究方法论尤其是马克思主义方法论的教学，加强对具体研究方法的操作性训练，提升研究生的学术研究能力，保障培养质量。

关键词：硕士学位论文　选题性质　研究方法论　研究范式　研究方法

教育学研究生，作为未来师资队伍与科研队伍的重要力量，其学术研究取向反映了其日后在教学、科研中所传递的价值理念与行为倾向，事关咨政育人、服务社会的重要使命。学位论文，作为研究生完成学业的标志和获取学位的最终依据，是对其学习效果的考察与学习生涯的总结，是其学术理论水平与研究能力的直观反映，是观测培养质量的重要指标。近年来，不断有学者从选题性质、研究方法、参考文献、学术规范等多个维度

① 基金项目：重庆市社会科学规划项目“重庆中小学教师‘专业+生命’的成长样态研究”（2017YBWT10）。

对研究生的学位论文进行研究。然而，现有研究多采用宏观抽象的理论分析，具体地对现实培养状况的实证调研略显不足。“教育学原理”作为教育学专业最基本的二级学科，涉及教育现象及其一般规律，是从事教育研究活动的基础，决定着其他二级学科的发展水平，代表着教育学学科的整体发展概况。本文通过选取 2011—2015 年教育部直属的五所公费师范大学[①]教育学原理专业硕士研究生的学位论文进行文本统计与量化分析，涉及的主题包括：其一，研究初衷是什么，是促进教育理论的建构还是促进实践问题的解决；其二，坚守了怎样的价值立场，是否与社会主义社会主流价值观相一致；其三，是否能科学地设计研究与运用方法，以保障研究结果的学术价值与实践意义。本文试图从微观层面探讨教育学研究生学术研究的取向，透视其培养状况，从而富有针对性地提出改进建议，提高培养质量。

一、研究设计

（一）调查对象的选取

本文以 2011—2015 年教育部直属的公费师范大学华东师范大学、东北师范大学、华中师范大学、西南大学与陕西师范大学的教育学原理硕士学位论文为调查样本。这五所高校分别位于华东、东北、华中、西南、西北等不同地区，地域分布合理，且教育学专业历史悠久，学科发展完善，整体实力雄厚，培养模式成熟。根据 2012 年教育部学位与研究生教育发展中心公布的全国高校学科评估结果，五所师范大学教育学学科整体水平排名依次为，第 2、第 4、第 5、第 6、第 8，各校均名列前茅，培养质量处于中上等水平，基本保证了样本的代表性。

在中国知网（CNKI）“中国优秀硕士学位论文全文数据库”中，“学科专业”为“教育学原理”、“时间跨度”为 2011—2015 年、“作者单位”分别为五所高校进行“高级检索”，共得到 780 篇学位论文。以此为研究样本，

① 教育部直属的公费师范大学应为六所，由于北京师范大学的教育学硕士学位论文未上传至中国知网，不直接对外公开，难以获取论文文本，故未纳入样本的选择范围。

旨在分析教育学研究生学术研究的取向，主要从以下几个维度展开：首先，通过对选题性质的分析，诠释研究生在学术研究中的基本目的，是为解决实践问题还是促进理论研究；其次，通过对研究方法论与研究范式的分析，考察研究生在学术研究中坚守的价值立场，是否与马克思主义方法论相一致；最后，通过对具体的研究方法进行深入剖析，考察研究生从事研究设计的能力及对研究方法的掌握程度。

（二）样本的分布情况

表 1 呈现了硕士学位论文与指导教师的分布情况。鉴于学生人数大体与学位论文数相对应，因此根据学位论文数可以发现五所大学教育学原理专业每年的学生人数差距较大，其中，西南大学数量最多，2012 年高达 70 人；华中师范大学最低，2015 年低至 6 人。“十二五”期间各大学教育学原理专业的平均学生人数差距也较大，西南大学为 60 人，高出东北师范大学、华东师范大学近 1 倍；而相比华中师范大学、陕西师范大学，竟高出 3 倍多。在导师人数方面，差距也很大，2014 年东北师范大学高达 21 人，而陕西师范大学仅有 3 人，从平均值来看，以陕西师范大学的约 4 人为最低，东北师范大学的近 19 人为最高。

生师比是评估高校办学水平与培养质量一个重要的显性指标，过高与过低的比率都会影响教学资源的合理分配与利用，无法实现效益最大化。因此，笔者根据表 1 中的实际毕业学生人数与指导教师人数计算了生师比，每年的毕业生人数等于学位论文数，导师数由学位论文中标记的导师来确定，结果如表 2 所示。平均来看，东北师范大学、华中师范大学、华东师范大学的生师比大致保持在 2∶1 的平衡状态，陕西师范大学为 3∶1，西南大学则为 4∶1。“目前 2∶1 至 4∶1 的研究生生师比都是当前世界前百所一流大学研究生培养所青睐的生师比例，其中 2∶1 的生师比院校数量所占比例最高。”（范晔，2012）[8-15] 由此不难看出，与世界一流大学、一流学科相比，五所大学的生师比处于低水平合理状态，陕西师范大学和西南大学相对偏高。

表 1 学位论文与导师数量分布情况

学校	2011 年		2012 年		2013 年		2014 年		2015 年		平均值	
	论文数/篇	导师数/人	论文数/篇	导师数/人	论文数/篇	导师数/人	论文数/篇	导师数/人	论文数/篇	导师数/人	论文数/篇	导师数/人
东北师范大学	40	17	35	17	38	20	38	21	26	18	35.4	18.6
华中师范大学	17	6	16	7	13	9	15	7	6	4	13.4	6.6
华东师范大学	40	14	35	15	30	15	28	16	40	19	34.6	15.8
陕西师范大学	15	4	13	4	11	4	8	3	16	6	12.6	4.2
西南大学	67	17	70	16	67	15	57	17	39	13	72.0	15.6

表 2 生师比情况

学校	2011 年	2012 年	2013 年	2014 年	2015 年	平均值
东北师范大学	2.35 : 1	2.06 : 1	1.90 : 1	1.81 : 1	1.44 : 1	1.90 : 1
华中师范大学	2.83 : 1	2.29 : 1	1.44 : 1	2.14 : 1	1.5 : 1	2.03 : 1
华东师范大学	2.86 : 1	2.33 : 1	2 : 1	1.75 : 1	2.11 : 1	2.19 : 1
陕西师范大学	3.75 : 1	3.25 : 1	2.75 : 1	2.67 : 1	2.67 : 1	3 : 1
西南大学	3.94 : 1	4.38 : 1	4.47 : 1	3.35 : 1	3 : 1	3.83 : 1

二、研究结果

（一）选题上重实践研究，轻理论研究

根据选题性质的不同，学术研究主要可以分为理论研究与实践研究，理论研究侧重于对基本原理性问题的逻辑演绎与抽象概括，实践研究则主要是基于社会生活中的现象、问题等展开描述与解释。理论研究是实践研究的基础和升华，而实践研究又是对理论研究的检验、运用与发展。具体到教育研究中，理论研究是对教育中的普遍规律和一般性知识的审视和再认识，如教育目的、教育功能等；实践研究是对教育问题、教育现象的感知、理解和认识，如师生关系、学习动机等（刘燕楠，2014）[11-15]。教育学原理作为教育学各分支学科的基础，属于原理理论，即要揭示出教育现

象的基本规律和普遍特征（齐梅，2006）[13-15]。这就决定了其研究重心应聚焦于基础层面，选题应当主要属于理论范畴，是对理论问题的深度探索。

然而，从表 3 不难发现，五所大学理论研究的比例远低于实践研究，且这种趋势愈来愈明显，未来仍将持续下去。其中，理论研究比重最高的是华东师范大学，但其平均值仅 29.48%，最低的是西南大学，不足 20%。教育学原理，作为教育学的基础学科，对基本理论问题的研究程度尚且如此，更何谈其他二级学科的境况，“原理不原理”的怪象已成学界常态。正如有学者指出，当前教育学的研究领域多聚焦于对实践问题的探索，对教育实践的研究已成为挡不住的诱惑，实践转向已成为众多研究者的共同旨趣（李政涛，2008）[3-7]。教育学原理，是作为一门基础理论学科而存在，当然这并不意味着不应该关注实践问题，而是对实践问题的研究范式应不同于其他学科，它不仅要对教育现象进行描述和解释，更重要的是归纳、抽象和提炼出基本的教育规律或原则。

表 3　理论研究与实践研究的分布情况　　单位：%

学校	2011 年		2012 年		2013 年		2014 年		2015 年		平均值	
	理论研究	实践研究	理论研究	实践研究	理论研究	实践研究	理论研究	实践研究	理论研究	实践研究	理论研究	实践研究
东北师范大学	30.00	70.00	20.00	80.00	31.58	68.42	21.05	79.95	7.70	92.30	22.07	77.93
华中师范大学	17.65	82.35	6.25	93.75	38.46	61.54	40.00	60.00	16.67	83.33	23.88	76.12
华东师范大学	30.00	70.00	22.86	77.14	20.00	80.00	35.91	64.19	37.50	62.50	29.48	70.52
陕西师范大学	0.00	100.00	23.08	66.92	27.27	72.73	37.50	62.50	25.00	75.00	20.63	79.37
西南大学	19.40	80.60	18.57	81.43	19.40	80.60	22.81	77.19	10.26	89.74	18.09	81.91

但是，被调查文本中对实践问题的研究，多停留在描述和解释具体问题，缺乏深层次的抽象理论分析。无论是在基础学科还是应用学科，“现状调查—原因分析—对策建议”的逻辑已经成为多数论文的主要架构，且“对策建议”常常宏大化、理想化，可操作性不强，对实践的指导意义不明显。学术论文的研究价值又何在？这也折射出“学术快餐”现象愈发严重，同理论研究的“十年磨一剑”相比，学生认为实践研究只需设计问卷、换个

被试、展开调查就可得到数据，如此一来，既可以节约研究时间和精力，还易于公开发表，何乐而不为？在当下的学术评价体制中，成果数量在某些情况下成为能否顺利毕业、获得职称升迁与社会荣誉的主要标准，造就了一种追名逐利的学术生态，“快餐式”的学术模式不断崛起，学术泡沫化加重，“为学术而学术”已成为学界的“乌托邦”之梦。

（二）研究方法论意识薄弱，马克思主义方法论运用不足

当前，学界对教育研究方法论与方法的划分主要有两种类型。第一种是从系统论的视角将其划分为三个层次：第一层次表现为哲学方法论，如马克思主义方法论，是教育学研究的基础，反映出了研究者的基本立场与价值体系；第二层次为教育科学研究方法，既是对哲学方法论的运用，又是对第三层次的概括，如实证研究；第三层次为教育研究中具体使用的各种方式、方法与手段，如调查法、实验法等（王道俊，扈中平，2013）[332-334]。这种划分方法突出了方法论的层级结构，但第一层次与第二层次的衔接不够，忽略了研究范式的过渡作用；且第二层次与第三层次的区分不明确，容易混淆。第二种是根据研究工具的选择将其划分为定性研究、定量研究和混合研究，定性研究通过观察、访谈等方式用文字性的材料来描述现象，如叙事研究、历史研究、访谈法；定量研究主要是对现象进行测量、分析，常借助数字来描述现象，如实验法、问卷调查法。这种划分方法凸显了方法论的横向结构，然而过于平面化，忽略了其纵向层次，尤其是缺乏形而上的哲学方法论。

本文在综合已有分类的基础上，将教育研究方法论分为三个层次，如图1所示。第一层次为形而上的哲学方法论；第二层次为形而中的研究范式，可分为思辨研究与实证研究，实证研究又分为定性研究、定量研究和混合研究；第三层次为形而下的研究方法。基于收集与分析资料的范畴，通常有访谈调查法、观察研究法、叙事研究法、问卷调查法、内容分析法、文本分析法等。“所有在科学发展史上站得住脚的优秀科学家，在方法上都有自己独特的贡献，而做出里程碑式贡献的大科学家，则无一不在方法论上有重大突破，并对本学科和其他学科都产生持久而深远的影响。”（叶澜，1999）[25-26]所以，方法论与研究方法是研究人员从事科学研究必不可少的基本素养。

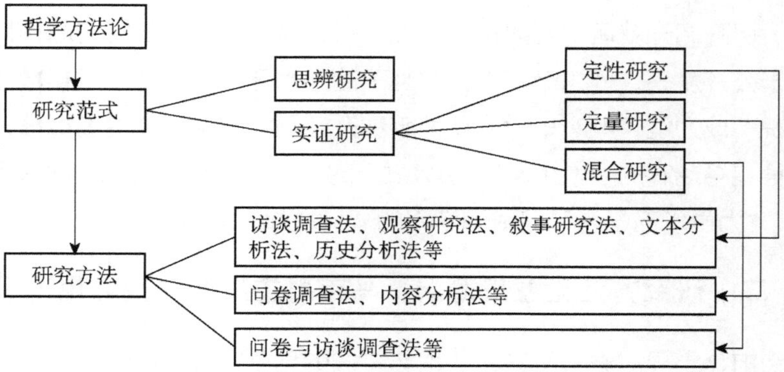

图 1　教育研究方法论的层次

在对学位论文中有无明确的研究方法论与研究方法进行调查后发现：几乎所有论文都对研究方法给出了明确说明，但在方法论上却大相径庭，总体上仅有 1.8%的论文有对方法论的明确阐释与运用。表 4 呈现了各学校对方法论的运用程度，平均值中最高的仅为 3.17%，而最低值竟然为 0。可见，被调查样本对研究方法论的运用微乎其微，研究生的方法论意识普遍非常薄弱。叶澜先生在 20 世纪末曾指出，“相当数量从事教育研究工作的人员并不深切感到方法论研究的必要性和迫切性”（叶澜，1999）[24]。时至今日，已近 20 年，这种情况仍未得到改善。

表 4　研究方法论的运用程度　　单位：%

学校	2011	2012	2013	2014	2015	平均值
东北师范大学	2.5	0	5.88	1.00	2.78	2.33
华中师范大学	0	0	0	0	0	0
华东师范大学	0	5.71	3.33	3.57	2.38	2.86
陕西师范大学	6.67	7.69	0	0	0	3.17
西南大学	0	0	1.49	1.75	2.56	1.00

处于首要地位的哲学方法论，涉及哲学层面的方法论原理，支配着研究范式与具体研究方法的选择，是指在认识世界和改造世界的过程中关于方法的最一般的理论体系。在学术研究中具体表现为某一哲学流派或某个哲学家的某个理论，如实证主义方法论、建构主义方法论、马克思主义方法论（历史唯物主义原理、人的全面发展原理等）、韦伯的“价值中立”原则等。其中，马克思主义方法论合理地揭示了人类社会发展的一般规律，

因而是学术研究中最具指导意义的科学方法论，也是当前中国社会的主流方法论。中国特色的哲学社会科学研究区别于其他哲学社会科学的根本标志在于坚持以马克思主义为指导（习近平，2016）。研究生对主流方法论的运用情况，可以通过调查学位论文的方法论与理论基础中对马克思主义的使用程度、对马克思恩格斯经典著作（主要指《马克思恩格斯全集》《马克思恩格斯选集》）的引用程度来分析。

通过调查，得出：研究方法论中运用马克思主义方法论的屈指可数，总体百分比仅为 0.26%。由表 5 可见，平均值中最高的仅为 0.58%，有三所高校竟然全部为 0。在理论基础中运用马克思主义的情况相比方法论中的运用程度有所提高，总体百分比达到 9.01%，然而平均值的差距却很大，陕西师范大学高达 26.98%，华东师范大学低至 3.43%。在学位论文对马克思、恩格斯经典文献的引用率方面，通过计算发现总引用率为 13.97%。由表 6 可见，年度引用率最高的为陕西师范大学，为 37.50%，平均引用率也以陕西师范大学的 22.22%高居榜首，华东师范大学则以 5.20%处于五校之末。综合表 5 与表 6 可以看出，引用率的高低大致与理论基础中运用马克思主义的情况呈现明显的正相关。可见，教育学研究生在学术研究中对主流方法论的立场坚守与应用情况并不明显。

表 5　研究方法论与理论基础中运用“马克思主义”的程度　　单位：%

学校	2011 年		2012 年		2013 年		2014 年		2015 年		平均值	
	方法论	理论基础	方法论	理论基础	方法论	理论基础	方法论	理论基础	方法论	理论基础	方法论	理论基础
东北师范大学	0	5.00	0	14.29	2.94	5.88	0	22.22	0	3.70	0.58	10.47
华中师范大学	0	5.88	0	0	0	0	0	6.67	0	33.33	0	5.97
华东师范大学	0	7.50	0	0	0	3.33	0	7.14	0	0	0	3.43
陕西师范大学	0	26.67	0	30.77	0	18.18	0	25.00	0	31.25	0	26.98
西南大学	0	8.96	0	2.86	0	8.96	0	12.28	2.56	10.26	0.33	8.33

表 6　对马克思、恩格斯经典著作的引用率　　单位：%

学校	2011 年	2013 年	2014 年	2015 年	平均值
东北师范大学	12.5	13.16	26.32	7.69	15.25
华中师范大学	17.65	7.69	13.33	16.67	11.94
华东师范大学	2.5	6.67	3.57	5.00	5.20
陕西师范大学	26.67	18.18	37.50	18.75	22.22
西南大学	23.88	8.96	24.56	10.26	17.00

在我国，从基础教育、中等教育到高等教育，每个阶段、每个年级都开展了以马克思主义为指导思想的德育，上至国家、下至地方政府与学校，都在德育上投入了大量的人力、物力与财力。在研究生阶段，学生已逐渐成熟，应该已树立起以马克思主义为指导的价值观与方法论，反映在学术研究中应该在方法论上坚持马克思主义的指导。然而，无论是对马克思、恩格斯经典著作的引用率还是在方法论与理论基础中对马克思主义的应用，马克思主义在学术研究的价值取向中都并未占据主流。我们发现取而代之的是多元的方法论，如实用主义、存在主义、建构主义、人本主义、后现代主义、新自由主义等。可见，研究生的学术研究方法论已从一元走向多元。

（三）研究范式中重实证调查，轻逻辑思辨

1. 与思辨研究相比，实证研究一枝独秀

判断一项研究是否属于思辨研究，主要依据研究对象的性质：如果是抽象的、本质之类的命题，无法通过具体的、直接的观察来诠释对象的属性，那么这种研究就属于思辨研究（潘懋元，2008）[53]；反之，如果研究对象是具体的，可以通过观察、测量、实验等方式来描述，则为实证研究。通过表 7 可以发现：在平均值方面，华中师范大学的思辨研究所占比例最高，但也只有 25.37%，约为实证研究的 1/3；西南大学最低，所占比例为 7.45%，为实证研究的约 1/12。思辨研究与实证研究相比，所占比例过低，二者的比例严重失衡，实证研究已成为近年来教育学研究的主流范式，量化世界观已占主流地位。这与学位论文选题的实践取向密切相关，教育学专业的绝大多数学生远离基本理论研究而转向实践和实证研究，似乎已成大势所趋。

表 7　思辨研究与实证研究的分布情况　　单位：%

学校	2011 年		2012 年		2013 年		2014 年		2015 年		平均值	
	思辨研究	实证研究	思辨研究	实证研究	思辨研究	实证研究	思辨研究	实证研究	思辨研究	实证研究	思辨研究	实证研究
东北师范大学	42.50	57.50	25.71	74.29	18.42	81.58	21.05	79.95	7.70	92.30	23.08	76.92
华中师范大学	47.06	52.94	6.25	93.75	15.38	84.62	26.67	73.33	33.33	66.67	25.37	74.63
华东师范大学	27.50	72.50	22.86	77.14	10.00	90.00	25.00	75.00	7.50	92.50	18.50	81.50
陕西师范大学	6.67	93.33	7.69	92.31	27.27	72.73	50.00	50.00	31.25	68.75	22.22	77.78
西南大学	14.93	85.07	5.71	94.29	4.48	95.52	7.02	92.98	5.13	94.87	7.45	92.55

2. 与定性、定量研究相比，混合研究已占一席之地

实证研究依据其搜集资料与分析资料方式方法的不同，可以分为定量研究、定性研究与混合研究。定性研究侧重于通过语言、文字等对事物的质进行描述与分析，如访谈、观察、追踪、叙事研究、行动研究等；定量研究主要侧重于利用数字、图片等对事物的量进行分析和解释，常用的方法有问卷法、实验法、测验法、内容分析法等；混合研究就是在研究过程中兼用定性与定量研究的技术、方法、设计等，如问卷与访谈、观察的混合使用，以便更全面、深入地解释现象。

表 8 反映了定性研究、定量研究、混合研究在各大学的运用情况。根据各范式的平均值可发现，东北师范大学以定性研究与定量研究为主，二者的平均值之和达 90.89%，并伴有少量的混合研究（13.12%）；华中师范大学、陕西师范大学和西南大学以定性研究与混合研究为主，只有少量的定量研究；华东师范大学主要运用混合研究，比例高达 53.9%，但是单一地运用定性研究或定量研究也占有一定的比例。可以说，定性研究、定量研究与混合研究三种范式在教育研究中的地位已趋于平等，摆脱了孰优孰劣的论争局面。对于定量研究抑或定性研究，研究者不再钟爱其一，而是依据研究问题与自身能力来选择适当的研究方法。但是，作为“后起之秀”的混合研究，因促进了定量研究与定性研究之间的对话与互补，吸收了二者的优点并加以综合，从而得到研究者的青睐，逐渐成为教育研究新的发展趋势。

（四）研究方法多元化，研究设计不规范

1. 定性研究：以访谈法、观察法、文本分析法为主

表 9 罗列出了“十二五”期间五所高校使用较多的定性研究方法，主要包括访谈法、观察法、文本分析法、叙事研究法、历史分析法。除陕西师范大学运用最多的是文本分析法（45.83%）之外，其他四所高校运用最多的均为访谈法，尤其是西南大学，平均值高达 76.11%，观察法与文本分析法紧随其后。因而，访谈法、观察法与文本分析法，在五所高校均占有相当高的比例，已成为目前运用最普遍的定性研究方法。在东北师范大学、华东师范大学与西南大学，叙事研究法与历史分析法也逐渐兴起，并占有一定的比例，而陕西师范大学对历史分析法、华中师范大学对叙事研究法的运用则相对偏少。

表8　实证研究中各方法的分布情况

单位：%

学校	2011年			2012年			2013年			2014年			2015年			平均值		
	定性	定量	混合	定性	定量	混合	定性	定量	混合	定性	定量	混合	定性	定量	混合	定性	定量	混合
东北师范大学	56.52	30.43	13.05	26.92	65.39	7.69	38.71	54.84	6.45	43.33	43.33	13.34	42.15	46.72	25.08	41.53	49.36	13.12
华中师范大学	44.44	22.22	33.33	26.67	13.33	60	63.64	0	36.36	63.64	27.27	9.09	75	25	0	50	16	34
华东师范大学	27.59	31.03	41.38	25.93	14.81	59.26	14.81	25.93	59.26	28.57	14.29	57.14	29.73	16.22	54.05	25.53	20.57	53.90
陕西师范大学	50	14.29	35.71	25	8.33	66.67	62.5	0	37.5	75	0	25	54.55	18.18	27.27	48.98	10.20	40.82
西南大学	64.91	8.77	26.32	36.36	12.12	51.52	50	4.69	45.31	47.17	5.66	47.17	43.24	2.71	54.05	48.34	6.79	44.87

表9　定性研究各方法的分布情况

单位：%

学校	2011年					2012年					2013年					2014年					2015年					平均值				
	访谈法	观察法	文本分析法	叙事研究法	历史分析法	访谈法	观察法	文本分析法	叙事研究法	历史分析法	访谈法	观察法	文本分析法	叙事研究法	历史分析法	访谈法	观察法	文本分析法	叙事研究法	历史分析法	访谈法	观察法	文本分析法	叙事研究法	历史分析法	访谈法	观察法	文本分析法	叙事研究法	历史分析法
东北师范大学	46.15	30.77	38.46	7.69	23.08	28.57	28.57	57.14	0	14.29	41.67	41.67	16.67	16.67	25.00	84.62	84.62	15.38	0	0	47.31	40.26	35.83	0	0	49.67	45.18	32.70	6.87	12.47
华中师范大学	75	0	25	0	0	75	25	25	0	0	14.29	0	57.14	0	28.57	57.14	42.86	14.29	0	0	0	66.67	66.67	0	0	44	24	36	0	8
华东师范大学	37.5	0	0	37.5	25	42.86	14.29	14.29	14.29	14.29	25	50	25	0	0	0	33.33	50	0	16.67	36.37	27.27	9.01	0	27.28	30.56	22.22	13.89	11.11	19.44
陕西师范大学	0	14.29	71.43	14.29	0	0	0	66.67	33.33	0	60	80	20	0	0	66.67	33.33	0	0	0	16.67	12.5	50	0	0	25	33.33	45.83	8.33	0
西南大学	72.97	43.24	48.65	5.41	16.22	83.33	70.83	16.67	4.17	8.33	75	59.38	53.13	31.25	6.25	68	88	24.00	8	16	81.25	75	18.75	0	6.25	76.11	69.79	32.24	9.77	10.61

2. 定量研究：以问卷法为主

定量研究作为一种研究范式，一直备受欢迎。表 10 的调查统计结果表明，问卷调查法是使用最多的定量研究方法，在五所高校中均已大规模使用，除西南大学平均值稍高于 50%外，其他四所大学的比例都在 80%以上，东北师范大学更是高达 100%。可见，研究生对问卷调查法的钟爱非同一般，而其他研究方法鲜有涉及，有少量的研究选择内容分析法，极个别的研究使用了实验法。

表 10　定量研究中问卷调查法的分布情况　　单位：%

学校	2011 年	2012 年	2013 年	2014 年	2015 年	平均值
东北师范大学	100.00	100.00	100.00	100.00	100.00	100.00
华中师范大学	100.00	50.00	0	100.00	100.00	87.50
华东师范大学	66.67	75.00	100.00	100.00	50.00	86.21
陕西师范大学	100.00	100.00	0	0	50.00	80.00
西南大学	80.00	50.00	66.67	66.67	0	52.67

3. 混合研究：以问卷法与访谈法为主

表 11 罗列了混合研究中最常使用的方法——问卷法与访谈调查法的比例，结果发现，五所高校的比例均在 80%以上，最低的华东师范大学也占 81.54%，东北师范大学更是高达 100%。问卷法与访谈调查法的混合使用已成为一种潮流，备受研究生的青睐。另外，还有少量研究在此基础上辅之以观察法，只有极少数运用了其他研究方法的混合，比如文本分析法与问卷调查法的混合。学生对研究方法的选择不再局限于一种，而是根据具体情况选择多种方法，尤其是对问卷法与访谈调查法的大面积混合使用，固然值得欣喜。但是，对于如何有效地展开研究设计，方法与方法之间如何相辅相成，在问卷与访谈法中如何编制问卷与访谈提纲，访谈法如何弥补问卷的不足，很多学生还不能有效性地在研究设计中予以综合考虑。

表 11　混合研究中问卷法与访谈调查法的分布情况　　单位：%

学校	2011 年	2012 年	2013 年	2014 年	2015 年	平均值
东北师范大学	100.00	100.00	100.00	100.00	100.00	100.00
华中师范大学	100.00	100.00	75.00	100.00	0	94.12
华东师范大学	83.33	81.25	75.00	83.33	80.00	81.54
陕西师范大学	100.00	100.00	100.00	0	100.00	95.00
西南大学	100.00	100.00	96.55	100.00	65.00	92.31

笔者以一篇对小学生不良行为习惯的现状及对策进行研究的论文作为样本进行具体分析。首先，在对核心概念“小学生不良行为习惯”下操作性定义的过程中缺乏理论支撑，无法判断其依据什么理论把不良行为习惯划分为生活和学习两个方面。把“不良行为习惯”归结为“不良行为方式”，至此再无进一步的具体阐述，缺乏现实的可操作性。核心概念的界定，作为一项研究设计的基本理论前提，决定着后续研究设计是否成立，地基不稳，后续的设计再严谨和规范，都是徒劳之功，而多数设计都缺乏把抽象概念转化为现实可操作概念的过程。其次，问卷设计过程不规范，仅用一句话概括交代了问卷的形成过程，没有详细介绍问卷设计的具体步骤，如问卷维度的确立、各维度间的逻辑、各题项与维度之间的关系、预测问卷的试测、问卷的信效度等都无涉及，因而难以判断问卷的有效性与可信度。最后，访谈设计的程序基本空白，仅粗略地指出访谈的目的是弥补问卷的不足，但是对于如何弥补没有说明；对于访谈的整个过程，也没有展开论述，如访谈维度、各题项与维度的关系、访谈对象的选取、如何开展访谈、访谈结果的整理，这些基本的关键性步骤根本没有涉及。从核心概念到研究设计与实施，整个过程缺乏严谨的逻辑论证，又如何保证其研究的学术价值与实践意义？

（五）研究样本代表性不突出，研究结果难以推广

研究对象的选取不但决定着研究方法的选择与研究过程的开展，更是决定着研究结论的可推广程度，尤其是在实证研究中，不同的研究对象往往影响着研究的效度与信度。故此，合理研究的展开必须是基于选取研究对象是有效的、有代表性的，可以通过样本来有效地预测总体。本文中对选取研究对象无代表性的判断标准为：①选取的样本容量不够；②样本选取偏向就近原则，除少数民族地区外，研究者不考虑研究的科学性而只考虑操作的便利性，以所在学校或家乡的学校作为主要调查对象；③没有意识到研究对象应当具有代表性，不解释选取这些样本的原因、过程。在对小学生不良行为习惯的现状及对策进行研究的论文中，研究者开门见山地指出调查对象为“辽宁省锦州市凌河区的部分小学”，根本没有说明研究对象的代表性问题。表 12 反映了实证研究中选取的研究对象是否具有代表

性，华中师范大学、华东师范大学、陕西师范大学学生论文中所选取的研究对象无代表性的比例均在 50%以上，也就是说多半的研究对象都是没有代表性的，开展研究的前提都不成立，可是研究却依然就此开展；东北师范大学与西南大学的比例则较低，但是也占近 1/5。

表 12 实证研究中研究对象无代表性的分布情况 单位：%

学校	2011 年	2012 年	2013 年	2014 年	2015 年	平均值
东北师范大学	34.78	38.46	9.68	20.00	11.54	22.89
华中师范大学	88.89	53.30	36.36	72.73	75.00	62.00
华东师范大学	57.14	55.56	70.83	22.20	77.42	59.38
陕西师范大学	40.00	70.00	62.50	40.00	63.64	55.10
西南大学	19.30	28.79	23.44	22.64	24.32	23.70

三、结论与建议

通过统计分析可以发现，教育学研究生的论文选题多源自对实践问题的探索，在研究过程中已经掌握了学术研究的基本程序，能根据一定的情况选择合适的研究范式与多元的研究方法，具备了开展学术研究的初步能力。但是，存在的问题也比较严重，必须引起足够重视，做出相应的改善，以保障研究生的培养质量。

第一，降低生师比，保证导师指导的效率。五所大学的生师比大概为 2∶1—4∶1，这显然高于当前世界前百所一流大学研究生培养的生师比。况且在实际中，多数导师不止指导一个专业或方向的硕士研究生，还伴有对本科生与博士生的指导，以及学术兼职、行政工作等；各大学经常有双导师制的存在，往往只有在校的导师负责指导学生，兼职导师只是享受荣誉，并没有在学生的培养中发挥实质性的作用。因此，实际的生师比要比统计的结果更大，处于一个非常不合理的境地，样本中个别院校的生师比甚至位于 6∶1—12∶1，生师比严重过高，导师难以一一系统地指导学生，师生间的沟通交流严重不足，部分导师甚至不认识自己的学生。因此，降低生师比是提高培养质量、创建一流学科、走向一流大学的一项必要举措。不过，随着学术型研究生招生规模的下降和新晋研究生导师的扩充，这一问题已经得到一定的缓解，从已有数据来看，生师比也开始呈现逐年下降的趋势。

第二，引导研究生加强对经典文献、主要文献的研读，加强逻辑思辨能力的训练，让更多的学生敢于去触碰理论研究，保证基础理论领域的可持续发展。样本反映出实践研究在数量上明显占压倒性的优势，这与近年来学术界普遍关注教育实践的现象基本吻合，这种导向无疑是正确和得当的。但是，教育学作为一门学科体系，其实践研究不应只停留在现状调查与描述层面，更重要的是，要透过这些日常现象，揭示潜在的问题根源，并通过理性思辨归纳其背后的因果机制，提出具体的、可操作的建议与对策，运用于日常的实践活动中，在实践中不断深化，逐步提炼出基本的教育规律与原则，实现教育基本理论的日渐充盈。尤其是具体到某些分支学科，如教育学原理，实践研究压倒性的优势未必是一种适当的研究取向。教育学原理专业关注和解决的焦点问题应该是教育基本理论问题，研究的重点应着力于教育理论的创新与运用，其应然选题情况是理论研究占压倒性优势。在少有的思辨研究中，多数学生的逻辑推理能力不足，对观点的论证、演绎或归纳过程不严谨。这与教学中对逻辑思维训练的缺乏密切相关，学生总是觉得能力不足，做不了理论研究。因而，研究生教学中必须加强对经典著作、主要文献的研读，是研读而不是阅读，意指不应只是对先辈观点的摘录，更要领悟他们的思维方式、思考问题的逻辑，促进思维的理智活动。

第三，加强对研究方法论的教学，尤其是对马克思主义主流方法论的学习与实践，保证研究的基本立场一致。通过上述调查，发现大多数研究生并未意识到方法论对开展研究的重要性，立场不明晰。部分学生对马克思主义主流方法论的认识与实践程度还远远不够，甚至存在偏差与回避。因而，在研究生培养中不应只限于具体研究方法的教学，更要上升到对方法背后理论的审视，即对研究方法论的反思。方法论作为一种基本的价值体系，是个体信仰的反映。中国特色的教育学必须加强马克思主义的学术导向，必须提升学生对社会主义主流文化的认同与实践。导师作为研究生的引路人，应充分发挥自身的导向作用，有意识地积极引导研究生研读马克思、恩格斯经典著作，培养学生的批判思维，辩证地看待、理解西方多元化的思想潮流。

第四，加强对具体研究方法的操作性训练，提升科学设计研究过程的能力，保证研究程序的规范。学生已意识到研究方法的重要性，并可以选择恰当的方法，但是对于如何科学地运用方法则有所欠缺。在实证研究中，最突出的问题表现在研究设计与研究过程不规范、样本选取不科学，整体上流于形式。混合研究中对研究方法的选择也相对单一，最常用的方法莫过于问卷法与访谈调查法，对于其他一些适用于解决特定研究问题的研究方法则很少涉及。即使是在最常用的问卷法和访谈调查法中，也存有很大的问题，如欠缺科学地选择样本、设计问卷和访谈提纲的能力，难以使访谈与问卷有效地互补。当前，在各高校教育学课程体系中，都已开展教育研究方法的课程，但是这种教学较多地停留于灌输层面上，与研究过程的具体结合并不明确。因而，对教育研究方法的教学，应转向在做中教、在做中学。对研究方法的选择与设计从来不是简单的生搬硬套，而是基于具体的研究问题与情境，更重要的是，要基于研究者自身的理论素养，“方法本身不应是置于人的洞察力与创造力之上的樊篱与窠臼，而恰恰是被人们富有智慧与想象力掌控的策略与艺术”（阎光才，2016）[74-76]。故而，方法的训练应与学生逻辑思辨能力的发展、理论素养的提升同步。

参考文献

范晔. 2012. 大众化进程中的生师比与大学质量关系——世界一流大学生师比研究的启示[J]. 教育发展研究，（23）：8-15.

教育部学位与研究生教育发展中心. 2013-01-29. 2012年全国高校学科评估结果[EB/OL]. http：//www.cdgdc.edu.cn/xwyyjsjyxx/xxsbdxz/mtjjp/index.shtml. [2018-08-08].

李政涛. 2008. 论教育实践的研究路径[J]. 教育科学研究，（4）：3-7.

刘燕楠. 2014. 对教育研究的再认识——教育理论研究与教育实践研究之辨[J]. 教育理论与实践，（10）：11-15.

潘懋元. 2008. 高等教育研究方法[M]. 北京：高等教育出版社.

齐梅. 2006. 教育学原理学科的基本概念解析[J]. 教育科学，（2）：13-15.

王道俊，扈中平. 2013. 教育学原理[M]. 福州：福建教育出版社.

习近平. 2016-05-17. 在哲学社会科学工作座谈会上的讲话[EB/OL]. http：//www.xinhuanet.com/politics/2016-05/18/c_1118891128.htm.[2018-08-08].

阎光才. 2016. 关于教育中的实证与经验研究[J]. 中国高教研究，（1）：74-76.

叶澜. 1995. 教育研究方法论初探[M]. 上海：上海教育出版社.

作者简介 易连云，海南师范大学初等教育学院教授，博士生导师，海南师范大学学校德育研究中心主任；西南大学少年儿童组织与思想意识发展研究中心主任。
毋改霞，陕西师范大学教育学院博士后。
邹太龙，王春华，西南大学教育学部博士研究生。
郑婉秋，重庆市教育科学研究院教研员。

Orientation of Postgraduates' Academic Research in Education

——An Empirical Analysis of Master's Thesis of "Pedagogy Principles Discipline" in Five Universities

Yi Lianyun　Wu Gaixia　Zou Tailong
Wang Chunhua　Zheng Wanqiu

Abstract: Based on the data of 780 Master's theses in the major of Pedagogic Principle Discipline of five normal universities of the Ministry of Education during 2011-2015, the paper took an analysis from the topic, methodology, paradigm and method. It shows that the topics are mostly practical rather than theoretical; the awareness of methodology is uncertain, especially the Marxism has not been fully utilized; the paradigm is partial to empirical investigation instead of philosophical speculation; in the practical research, postgraduates can choose proper and various methods, but they lack the ability to design and conduct research scientifically and standardly. In the future, we should strengthen the study of classical works and the teaching of Marxism methodology and methods to advance the academic research ability of graduate students and guarantee the quality of education.

Keywords: Master's thesis, topic, research methodology, research paradigm, research method

基于同向同行“课程思政”的高校国防教育价值探究

陆　华

摘　要：普通高校国防教育课程建设自1985年以来历经30余年，目前正面临着诸多的发展困境与瓶颈：长期和平安宁的国内环境造成了社会国防意识和国防观念的淡薄，国防教育自身存在的概念混淆、内容逻辑体系的不统一，师资队伍建设的不专业、不稳定，课程建设学科发展的不平衡，等等。本文全面审视并充分挖掘高校国防教育课程蕴含的“课程思政”价值功能，并探讨在实践过程中如何有效破解上述难题，从而使高校国防教育真正与思政课程同向同行，并力发展。

关键词：课程思政　价值功能　国防教育　同向同行

2016年12月，习近平在全国高校思想政治工作会议上提出，“思想政治理论课要坚持在改进中加强，提升思想政治教育亲和力和针对性，满足学生成长发展需求和期待，其他各门课都要守好一段渠、种好责任田，使各类课程与思想政治理论课同向同行，形成协同效应”[①]。中共中央、国务院《关于加强和改进新形势下高校思想政治工作的意见》也提出要加强课堂教学的建设管理，充分挖掘和运用各学科蕴含的思想政治教育资源，要坚持全员全过程全方位育人原则，把思想价值引领贯穿教育教学全过程和各环节[②]。在长期以来耳熟能详的思政课程概念基础上，“课程思政”一时

① 习近平在全国高校思想政治工作会议上强调：把思想政治工作贯穿教育教学全过程开创我国高等教育事业发展新局面[EB/OL]. http：//dangjian.people.com.cn/n1/2016/1209/c117092-28936962.html.[2018-08-08].

② 中共中央，国务院. 2017-11-01. 中共中央、国务院印发《关于加强和改进新形势下高校思想政治工作的意见》[EB/OL]. http：// www.gxgsxy.com/public/skb/zcfg/zygyszkxgwj/2017/11/01/09361127781.html.[2018-08-08].

成为当下高校教育工作者关注的一个重点，“课程思政”建设也被提上了议事日程。本文拟重点探讨如何充分挖掘高校国防教育课程的思政育人功能，彰显其课程思政的内容与特色，以实现其与思政课程的同向同行，充分发挥思政课程与课程思政在人才培养中的重要融合作用。

一、高校国防教育与思想政治教育同向同行发展的历史必然

同向同行即不同的力量朝着同一个方向相伴而行，既有殊途同归之感，又有聚焦合力之意。在近 70 年的高等教育发展历程中，高校国防教育和思想政治教育作为两种重要的教育活动，始终和各专业教育如影随形，相伴而生。尽管在不同的发展阶段，双方呈现出不同的目的、要求和价值体系，但紧紧围绕高校人才培养这一主线却成为国防教育和思想政治教育立足的基本原则。如果说思想政治教育强调的是提高学生的思想水平、政治觉悟和道德品质，那么国防教育则侧重于培育学生的国防观念和国家安全意识。前者提出了“宽正面”的教育范畴与要求，后者强化了“大纵深”的教育特色与作用。两者互为补充，相得益彰，从不同层面折射出了高校德育教育的重要内涵，这也是国防教育能够与思想政治教育同向同行发展的理论前提。

20 世纪 80 年代初，随着改革开放的不断进行，党和国家各级政府都把发展、加强教育事业作为国民经济调整中的重要内容。1985 年 5 月召开了全国教育工作会议，出台了《中共中央关于教育体制改革的决定》，从而使我国高等教育改革进入了一个全面展开和不断深化的新阶段。其中提出的对学生德育教育的要求成为加强高校国防教育和思想政治教育的重要指南。为贯彻落实《中华人民共和国兵役法》（1984 年）明确规定的“高等院校的学生在就学期间，必须接受基本军事训练”要求，真正把学生军训作为关系到国家“四化”建设的一项具有战略意义的大事，1985 年 1 月，教育部、劳动人事部、财政部、总参谋部、总政治部、总后勤部联合下发了《关于高等院校、高级中学进行军事训练试点问题的通知》，决定从 1985 年 9 月开始，在全国 52 所高等院校和 102 所高级中学进行学生军事训练试

点，并下发了《高等院校军事课教学大纲》，从而开启了以军事课课程形式作为高校国防教育和国家国防后备人才培养模式的探索。而在1980年教育部、共青团中央就下发了《关于加强高等学校学生思想政治工作的意见》，其中明确指出，"学校的思想政治工作必须紧密结合为'四化'培养人才这个中心来进行"，后又陆续对课程设置等问题进行了规定。1985年8月，中共中央正式发布《关于改革学校思想品德和政治理论课程教学的通知》，对新时期不同层次学校思想理论课程的主要内容和基本要求进行了详细规定和说明，从而使思想政治教育课程的主渠道地位得以重新确立，思想政治教育课程体系得以恢复和重建，并在系统性和科学性上得到了前所未有的发展（郑敬斌，王立仁，2011）[156]。不难看出，20世纪80年代中叶几乎同步启动的以课程建设为主要抓手的高校国防教育与思想政治教育，既从不同层面反映了新时期教育思想发展转型的特点，又共同承载着当时国家"四化"建设赋予高校人才培养的重任，从起步阶段就奠定了相互间同向同行发展的坚实基础。

改革开放40年来，我国的社会生产力、综合国力、人民生活水平实现了历史性跨越，与此同时，国内外形势也发生着深刻复杂变化，我国的国家主权、安全和发展利益面临新情况、新挑战，意识形态领域的斗争依然十分严峻。"培养什么样的人、如何培养人、为谁培养人"成为高校发展必须把握的根本方向性问题。党的十九大报告强调"建设教育强国是中华民族伟大复兴的基础工程，必须把教育事业放在优先位置"，"要全面贯彻党的教育方针，落实立德树人根本任务，发展素质教育，推进教育公平，培养德智体美全面发展的社会主义建设者和接班人"①。十九大报告还指出"国家安全是安邦定国的重要基石，维护国家安全是全国各族人民根本利益所在"①，因此要加强国家安全教育，增强国家安全意识；加强全民国防教育，巩固军政军民团结。这些确保走中国特色社会主义道路的政治遵循和价值引领成为高校思想政治教育和国防教育同向同行的时代要求，在当前国际战略格局深刻复杂变化背景下实现中华民族伟大复兴显得尤为关键与迫切。

---

① 习近平. 2017-10-18. 决胜全面建成小康社会夺取新时代中国特色社会主义伟大胜利——在中国共产党第十九次全国代表大会上的报告[EB/OL]. http：//cpc.people.com.cn/n1/2017/1028/c64094-29613660.html. [2018-08-09].

二、当前高校国防教育课程建设存在的矛盾与发展瓶颈

虽然高校国防教育与思想政治教育在数十年的发展历程中一直相伴而行，也得到了国家上层的高度重视，但结果却大相径庭：思想政治教育无论从顶层设计到措施落定，从大纲编制到教材编写，从机构设置到师资队伍的专业化发展，从课程体系的构建到学科发展的快速推进，无不呈现出一派繁荣的景象；而国防教育却因处于长期和平安宁的国内环境中，社会各阶层国防观念、国防意识的普遍淡漠，以及自身发展存在的诸多矛盾而直接导致其在实施过程中面临着极大的挑战，价值功能难以彰显。

1. 国防教育概念在军地双方难以达成共识与统一

“国防教育”一词最初由孙中山先生在 1921 年正式提出，以课程形式在大学中存在滥觞源于清末颁发的“癸卯学制”中规定的兵式体操，在民国初年开始以蔡元培先生倡导的军国民教育形式加以实施。南京国民政府成立之后在普通高校正式实施由学科（理论）与术科（实践）两部分组成的军事教育，由教育部与训练总监部共同负责。1936 年以后相继提出学生军训和学生军事训练等概念，全面抗战时期则提出教育军事化，强化了国难危急关头加强军事训练培养国防人才的理念。中华人民共和国成立后颁发的第一部《中华人民共和国兵役法》（1955 年）中沿用了军事训练这一概念，并在高校开展了第一次学生军事训练试点，后很快停止。1958 年后又先后以民兵训练、学军等形式出现。改革开放之后又恢复使用学生军训、军事训练、军事课等概念，依旧由教育部和总参谋部、总政治部共同负责。而学生军训和军事训练又有狭义和广义之分，狭义的仅指军事技能训练，广义的还包括军事理论教学、国防教育活动等，所以目前大纲中军事课的概念、内涵与很多文件中提及的学生军训、军事训练是一致的。普通高校近 10 余年来又不断倡导使用国防教育一词，以谋求在高校学科的创生条件与发展路径，从而推动课程建设更加规范有序。同一种教育、同一门课程却有着这么多容易混淆的概念，折射出军地双方在这一领域既有合作，又有分歧，同时也让从事这一工作的高校同志特别是新生力量陷入自身发展的困境，无法找到准确的定位与前进方向。因此，国防教育亟须统一概念，

划清内涵，确定方向。出于对学科发展的思考，本文统一使用国防教育这一概念，以统摄课程建设与学科建设两个领域。

2. 军事理论教学内容缺乏内部体系与逻辑关系的统一

如前所述，普通高校的军事课由军事技能训练与军事理论教学两个部分组成。笔者以为，这是专为地方军事课拟定的两个概念，考虑到了军事的色彩和技能与理论相统一的特点，但随着形势的不断发展和研究的日趋深入，概念自身存在的不足便逐渐显现。军事技能训练是指对在校生进行基本军事技能训练的活动，训练内容有队列动作、轻武器射击、单兵战术、军事地形学等。从设置的训练内容上看属于共同科目训练，即对所有军人进行的基本军事素质的训练，包括共同条令、军事体育、卫生与防护、军事基本知识、轻武器射击、战术基础动作等，目的是使受训者树立责任意识和组织纪律观念，养成优良作风，掌握基本军事知识和技能，增强体能和提高心理素质。军事技能训练除了不少内容难以完成外，理论体系上没任何问题。然而地方高校的军事理论教学从试点之初直至目前，教学内容虽不断随着形势的发展进行着调整与完善，但总体结构却呈现出散乱无序的特征，缺乏内在逻辑的统一性（表 1）。

表 1　不同时期军事课教学大纲中的理论教学内容

时间	理论教学内容	构成
1985 年	军事思想、军兵种知识、军事地形学、外军研究、现代军事科学知识、"三防"知识、现代战争特点、解放军简史、战时动员、平时战时机关工作	10 部分
1986 年	外军研究、现代军事科学知识、现代战争特点、军事思想、解放军简史、战时动员、入伍须知、兵役法、社会调查、时事政策教育、军队机关工作	11 部分
1987 年	军事思想、兵役法、战时动员、卫生与防护、外军研究、现代军事科学知识、现代战争特点、军事地形学	8 部分
1994 年	国防史、现代国防、世界军事形势、军事思想、现代武器、现代军事科学技术、现代战争、军事地形学	8 部分
2002 年	中国国防、军事思想、世界军事、军事高技术、高技术战争	5 部分
2007 年	中国国防、军事思想、国际战略环境、军事高技术、信息化战争	5 部分

军事理论是一个专有名词，特指关于战争和国防问题的理性认识和知识体系。它产生于军事实践，又指导军事实践，并受军事实践检验。军事理论教学则指对在校生进行军事理论基础知识教育的活动。从上表可知，普通高校军事理论教学内容在长达 30 多年的发展中，经历过数次调整，有

些内容不断整合，有些内容与时俱进，从原先较为分散的状态逐步聚焦，直至目前共有五个部分，其内容覆盖了军事学门类的诸多学科，如军事思想、军事历史、战略学、国防建设学、军事装备学、军事法学、军事技术学、国际军事学、军制学等，是现有军事科学体系的简约版，如此众多的学科放置在一门“军事理论”课程中，不仅在学术上难以成立，而且在实际教学过程中带来诸多的不便与挑战。因此需要紧紧围绕国防教育的宗旨与目标即以爱国主义为核心培养当代大学生正确的战争观和国防观为主线进行重新设计与规划，提升他们的国防观念和国家安全意识，以适应新时代国家高素质国防后备人才培养的战略要求。

3. 教师队伍的生成与发展难以实现职业化与专业化的统一

当今社会越来越强调个人的职业生涯规划与事业发展的方向紧密结合。从理论上说，军事课应由军事学专业毕业的人教授，但地方高校军事课课程体系自身的特殊性、军地双方院校学科建设的差异性和相关政策的不兼容性，长期以来直接或间接地影响着高校军事课教师队伍的建设与发展。试点之初设立的 893 名派遣教官成为不少地区不同高校依托的教学骨干。专兼聘模式的倡导也在一定程度上限制了自身专职教师的培育与成长。再加上地方高校国防教育学科发展的不平衡性、地方高校国防教育教师岗位设置的多样性及职称评定的不确定性和艰巨性，等等，像一道道难以逾越的鸿沟，既让一些从事着这份职业的老师看不到前途与希望，又让一些渴望为国防教育事业努力奋斗的人望而却步，从而导致了数十年来这支教师队伍的职业化发展目标不明朗，专业化素养有待提高。

4. 国防教育课程建设缺乏学科的正确引领

普通高校自 2004 年在 6 所国防教育课程建设基础较好的单位开启了以培养高校教师在职攻读高等教育学专业国防教育方向硕士学位研究生为基础的学科建设，继而开始培养全日制硕士研究生，整体提升了国防教育战线师资的专业化水平。然而不容乐观的是，由于基础过于薄弱，特别是缺乏系统的理论研究成果支撑，国防教育学科自身发展面临诸多瓶颈，长期以来依托高等教育学或思想政治教育或管理学等专业艰难生存。即便个别高校有所突破，也难以形成学科建设的良好氛围。优秀的课程建设离不开学科的有力牵引，国防教育学科的创生与发展将助推课程建设的良序生长，因此，国防教育学科的依托平台将成为影响其自身生命力的关键所在。

三、国防教育“课程思政”的功能审视与价值彰显

郭秉文先生在《中国教育制度沿革史》中早就揭示出了学校其他课程的德育功能:“养成道德之道亦多矣，岂限于学校课程中之道德一科目已哉。而他种科目，未尝不可变更其意思感情，使之趋于正确之途。”（郭秉文，2014）不难看出，立德树人历来就被教育家们所推崇，是中国现代高等教育发展的价值指向，也是高校课程建设的基本遵循。普通高校国防教育课程建设自 1985 年开始，先历经 16 年的试点，到 2001 年随着《国务院办公厅 中央军委办公厅转发教育部 总参谋部 总政治部关于在普通高等学校和高级中学开展学生军事训练工作意见的通知》（国办发〔2001〕48 号）的颁发加以普及，直至今日，课程建设取得了一定进展，初步形成了以军事必修课程为主干、以国防军事类通识选修课程为拓展、以国防教育活动等为补充的“三位一体”课程体系。在数十年的发展历程中，该课程体系作为学校人才培养的重要途径和有效补充，先后被纳入德育教育和素质教育等范畴，在特殊的位置上发挥着其他课程无法替代的作用。通过前文对国防教育与思想政治教育同向同行发展历史的梳理，笔者认为，为有效破解当前国防教育课程发展面临的诸多困惑与难题，宜借助高校思想政治教育发展的东风趁势而为，充分挖掘国防教育课程蕴含的德育元素与树人功能，实现其“课程思政”应有的地位和作用。

1. 国防教育课程目标遵循着“课程思政”的价值本源

有学者提出，“课程思政”是指高校教师在传授课程知识的基础上引导学生将所学的知识转化为内在德性，转化为自己精神系统的有机构成，转化为自己的一种素质或能力，成为个体认识世界与改造世界的基本能力和方法，它指向一种新的思想政治工作理念，即“课程承载思政”与“思政寓于课程”（邱伟光，2017）[11]。其实，高校无论哪一门课程，都应明确回答“培养什么样的人、如何培养人、为谁培养人”，都需要回归教育的本原，遵循教育的基本规律，强调教育的目标和价值所在。2007 年颁发的《普通高等学校军事课教学大纲》已对此做出了清晰的回答，并在不断探索如何

将知识的传授、能力的培养与素质的提升融为一体。对于军事必修课目前所包含的军事技能训练和军事理论教学两个环节，高校通常的做法是在新生入学后先开展军事技能训练，让学生学习训练基本军事技能，从中收获感性认知，培养组织纪律观念、良好的作风养成、团结互助的精神，尔后在军事理论教学中提高学生对国防、对战争与和平、对国际战略形势、对我国周边安全环境、对信息化战争等知识的理性认知水平，再通过不同的军事类通识选修课程升华其国防观念，从而构成了从实践到理论、从感性到理性这一逐步夯实知识与能力、提升认知与素养的完整教学过程。并在此基础上打造出以立德树人为目标引领、以爱国主义教育为思想渗透、以革命英雄主义和集体主义精神为意志砥砺、以大学生人生观价值观世界观为心理疏导等“四位一体”的素质教育新模式，基本涵括了家国情怀、法制意识、社会责任、文化自信、工程伦理、工匠精神等要素，有力诠释并有效扩充了“课程思政”的价值本源。

2. 国防教育课程教学组织形式折射出“课程思政”的立德本质

国防教育课程在组织形式上表现为集中教学与分散教学相结合。军事技能训练作为一门以培养学生爱国主义、集体主义、革命英雄主义精神为主要目的，全程贯穿意志磨炼、品格塑造、习惯养成等素养培育的大型军事类实践教学课程，其集成力量之众、动用资源之多、实施时间之紧、完成任务之重需要以集约化、规模型的教学方式组织完成，以实现空间、时间、心理等多维教学视域的一体化运行模式。这门课程的实施与推进对组织者、管理者和承训教官都是极大的压力，也是对各方综合素质和能力的培养与锻炼；对学生而言，在短暂的时间里要集中完成诸多军事基本科目的训练并达到预期目标，除了依靠教官的严格要求、严格管理外，更多的是对自己生理、心理承受力和团队合作力的挑战，从中也能获得人生的一次升华。军事理论教学和军事类通识选修课程作为国防观念和国家安全意识熏陶的提升级课程，一般采用中小规模班级授课模式，教师普遍着制式服装，会尽可能以军人的形象营造浓厚的课堂教学氛围，通过向学生系统传授理论知识，考查学生对军事基础知识的学习与理解和对国家安全形势的正确判断，并助其转化为热爱国防、关心国防、支持国防的科学认知和自觉行为。习近平在全国高校思想政治工作会议上提出，传道者自己首先要明道、信道[①]。高校教师自身要加强师德师风建设，坚持教育者先受教育，坚持言传和身教相统一，以德立身、以德立学、以德施教，更好地担起学生健康成长指导者和引路人的责任。这也正是国防教育课程通过不同的教学组织形式期望达到的理想境界。

3. 国防教育课程内容与“四个正确认识”的契合揭示了课程思政的育人本色

“四个正确认识”即指要教育引导学生正确认识世界和中国发展大势，正确认识中国特色和国际比较，正确认识时代责任和历史使命，正确认识远大抱负和脚踏实地。这四个方面无疑成了新时期高校思政课程和课程思政所应追求的方向所在。如若仔细考察国防教育课程的教学内容，不难发现，“四个正确认识”不管在以课堂教学形式呈现的军事理论教学和军事类选修课程等显性课程中（表 2），还是在以丰富多彩的国防教育活动组成的隐性课程中都有体现。两者相互融合、相互渗透，共同担负起国防教育神圣的育人职能。很多高校在加强国防教育显性课程建设的同时，无不重视国防教育活动内隐的以爱国主义教育为核心、以营造浓厚国防文化氛围为手段，从而全面提升学生国防素养的价值追求。

表 2 “四个正确认识”和军事理论教学内容中的对应关系

四个正确认识	军事理论教学中的相关内容	四种意识养成
正确认识世界和中国发展大势	国际战略格局和国际战略形势的发展	安全意识
	我国周边安全环境面临的威胁与挑战	
	我国国防和军队现代化建设	
正确认识中国特色和国际比较	世界新军事革命给中国带来的机遇与挑战	忧患意识
	世界军事科技和武器装备的发展比较	
	新时代中国特色强军之路	
正确认识时代责任和历史使命	国防历史	责任意识
	军事思想的历史发展与时代特征	
	信息化战争与国防建设	
正确认识远大抱负和脚踏实地	我国武装力量建设	使命意识
	国防法规	
	国防政策和总体国家安全观	

① 习近平在全国高校思想政治工作会议上发表重要讲话[EB/OL].http：//www.china.com.cn/newphoto/news/2016-12/08/content_39878764.htm.[2018-08-10].

高校人才培养是一项系统工程。如果说学生的专业知识和专业技能是其将来立足社会、服务国家的基本要求，“枝繁叶茂”意味着学生对社会有着极强的适应能力，那么学生的思想水平、政治觉悟、道德品质、文化素质的高低则决定了“这棵树”能否长直、长高、长壮，这不仅需要其自身内部有机体的良性运动和有序调节，包括专业课程与其他课程之间的相互渗透与交叉融合，还需要外部环境的熏陶。因此，要让学生成为德才兼备、全面发展的人才，必须把思想政治工作贯穿教育教学全过程，实现全程育人、全方位育人。作为与思政课程有着诸多历史发展渊源的国防教育课程，在这一新的历史阶段，将继续以爱国主义为核心，以立德树人为中心环节，直面当前自身课程发展过程中的诸多挑战与困难，努力挖掘其体系内部的课程思政元素，通过不断创新教学理念、完善教学形式、丰富教学内容、更新教学方法，在高校人才培养过程中全面彰显国防教育课程的课程思政功能，实现与思政课程真正的同向同行。

参考文献

郭秉文. 2014. 中国教育制度沿革史[M]. 北京：商务印书馆.

邱伟光. 2017. 课程思政的价值意蕴与生成路径[J]. 思想理论教育，（7）：10-14.

郑敬斌，王立仁. 2011. 改革开放以来思想政治教育发展的历史回顾与思考[J]. 兰州学刊，（6）.

中国人民解放军军事科学院. 2011. 中国人民解放军军语[M]. 北京：军事科学出版社.

作者简介 陆华，东南大学马克思主义学院国防教育教研部主任，教授，硕士生导师，研究方向为国防教育与学生思想政治教育。

Research on the Value of the Universities' National Defense Education: Based on Peering "Ideological and Political Course"

Lu Hua

Abstract: After more than 30 years of construction of national defense education courses in ordinary universities since 1985, it is currently facing many difficulties and bottlenecks in its development: peaceful domestic environment has caused a weak sense of social national defense and a weak concept of national defense; the concept of national defense education itself is confused, the content logic system is not unified, the construction of teachers is not professional and unstable, and the development of curriculum construction is not balanced, etc. A comprehensive examination and full exploration of the value function of ideological and political course in the course of national defense education in colleges and universities and its implementation in practice will effectively solve the above-mentioned difficulties, so that the university's national defense education is truly in line with the ideological curriculum and develops.

Keywords: ideological and political course, value function, national defense education, synthetic counterparts

美国社区学院人才培养制度的重设与评估[①]

文　静

摘　要：在实现普及化高等教育之后，美国社区学院学生需要高质量的学习体验以实现持续成长，也需要在理论与政策的推动下对人才培养制度进行重新设计，以提升社区高等教育的质量与效率、吸引力与竞争力。因此，引导型路径模式便是从制度设计、教育对象和参与人员三个层面出发对社区学院的人才培养制度进行了重构，使得学生的学习体验、结果和质量方面均有所提升，以更好地解决转学与衔接制度、质量评估的问题，同时也能够更好地面对政治与经济带来的压力。

关键词：社区学院　人才培养制度　重设　评估

在美国，社区学院承担了高等职业教育、成人教育、社区教育的任务，是美国高等教育系统的重要组成部分，每年有超过 1000 万的学生注册进入 1200 余所社区学院。从培养层次来看，社区学院的人才培养专注于技能型人才培养，是美国振兴先进制造业职业教育发展战略的关键部分。从社会经济发展来看，社区学院是解决失业率的重要保障，需将高等职业教育和高度发达的市场经济紧密对接。近年研究统计表明，不到 40%的学生可以在 6 年内完成副学士转换（transfer）到学士的学业。承受着如此巨大的压力，社区学院的理论研究与实践改革都在积极探索以学生成功（student success）为核心进行重设与重构。

---

① 基金项目：全国教育科学规划教育部青年专项课题“我国大学生学习满意度提升路径的实证研究”（EIA140414）”。

一、多重因素推动下美国社区学院人才培养制度的重设

社区学院设立的初衷是以较低的成本来扩大高等教育的入学率，而非追求高品质的高等职业教育质量，因此一直采用给学生提供相对自由灵活、多种选择的学习模式，被称为自助模式（cafeteria-style model）。事实证明，这种模式成功稳固了美国社区学院的发展，铸就了其特色。然而，随着世界经济格局的变化，对高质量技能人才需求与学生成功获得学位之间并不匹配这一矛盾日益凸显，催生了美国社区学院以学生学习体验与成功为核心进行重新设计。

（一）社区学院学生亟待获得高质量的学习体验与成长

作为美国高等教育的核心议题之一，学生成功是社区学院教育必须考虑的重点。美国政府和民众对社区学院投入了大量的时间、精力和金钱，然而最近的产出即毕业率，却不尽如人意。2012 年的一项研究数据表明，只有一半的全日制学生有意愿花 6 年时间完成在社区学院学习两年，然后转入四年制本科院校的学业，这其中又只有 35%的学生能够按时拿到学士学位；与此同时，只有不到 25%的全日制学生能够在三年时间顺利毕业，两年内按时毕业并获得副学士学位的比例更是低至 10%[①]。如此低迷的学业完成水平和毕业率引发了对社区教育的反思，因此一场以“学生学习与成功”的改革势在必行，必须重新对社区学院的培养模式进行制度设计，帮助、引导、指导学生进行学习，优化社区学院学习体验，从而使他们顺利获得副学士甚至学士学位。

（二）社区学院吸引力和竞争力亟须重设提升路径

由于美国社区学院是对公众开放的，其入学方式灵活且门槛较低，已经成为低分学生、低收入家庭参与高等教育的福利，为美国高等教育的普及化做出了不可磨灭的贡献，也在技能型、专业化人才培养过程中扮演了

---

① Complete College America. 2016-10-15. Guided pathways to success [EB/OL]. http：//www.collegechangeseverything. org/dotAsset/c0d6c20b-a54e-4ed7-816c-2e3821f50c3c.pdf. [2018-08-28].

相当重要的角色，成为美国民众参与高等教育的一个重要选项。然而从最近的统计数据来看，学生在社区学院的修学缺乏适切的引导，学位制学生平均修习 80 个学分，而获得副学士学位只需要 60 个学分；证书制学生平均修习 63 个学分，而获得证书只需要 30 个学分[①]。因此，学分浪费是导致社区学院教育质量停滞不前的原因之一，也直接影响了学生对于社区学院提供高等教育的参与度、满意度、忠诚度和吸引力，显而易见，社区学院的竞争力和有效性理应在制度重构中获得提升。

（三）政策与决策领域对高等教育参与度的推动

由于其角色的重要性，美国政府和公众一直关注着社区学院的发展进程。为了更好地推动社区学院的发展，奥巴马政府于 2015 年 1 月提出两年制社区学院免费计划，3/4 的学费由联邦政府承担，州层面承担余下的 1/4，此提案已经获得俄勒冈、明尼苏达和田纳西三州立法通过，俄克拉何马、伊利诺伊、纽约和马萨诸塞州也已从法律层面引入此提案[①]。2015 年 7 月奥巴马政府继续提出《美国学院承诺法案 2015》（*America's College Promise Act of* 2015），意味着所有的美国民众都有权进入一所社区学院参与高等教育[②]。社区学院为美国社会的就业率和技术水平的提升提供了重要的支撑，政府政策更是希望社区学院加大社会发展支持力度，帮助美国平稳提升有所好转的低迷经济。这是奥巴马政府执政最后时期为高等教育所做的冲刺，这项有积极意义的决策也是其执政完美收官的精巧铺垫。

二、美国社区学院人才培养重设的基本框架及层次

本次对社区学院进行重新设计，主要基于学生成功的视角，采用引导型路径（guided pathway）的方式来推动。这是一个框架式的设计方案，根据世界经济和美国劳动力市场的重新分工状况，在社区学院和接受转换的四年制大学内实施，其核心关注点在于学生在社区学院的培养、学习过程，

---

① National Conference of State Legislatures. 2016-4-25. Free Community College：State Action[EB/OL]. http：//www.ncsl.org/research/education/free-community-college.aspx.[2018-05-28].

② Parham M. 2017-11-1. America's College Promise Act of 2015[EB/OL]. https：//www.aacc.nche.edu/2017/11/01/americas-college-promise/. [2018-08-28].

从优化体验的角度帮助学生更快更好地完成学业，实现学生成功。这种整体制度的改革一般是基于顶层设计，自上而下分别可以从基本制度层面、教育对象层面和参与人员层面来推进，全面覆盖教师、学生和教育环境等高校教育教学的基本要素。

（一）基本制度层：重新设计社区学院的培养模式和专业

此次重新设计的方案，重在调整，而并不是要全盘否定推倒重建。过去广泛采用的自由灵活的自助模式在现阶段的劳动力市场中逐渐暴露出来一些弊端。心理学、市场学和行为科学的研究结果均表明这种模式易导致学生决策效率不高，很难做出正确的判断和决定，对于其学士学位的获得也不能提供清晰的路径指导，容易使其在两年制向四年制的转换中出现衔接不良的现象，并且在课程设置上影响到了学生的学习体验（Bailey et al，2015）[23-32]。那么重新设计的制度，必须要摆脱这种引导性不足、路径性不强、衔接性偏弱的缺点，从顶层设计抓起，使得学生能够集中于学习，通过足够的学习体验、明晰的学习过程来获得学业成功，实现契合社会经济发展需求的人才培养目标。

在重设美国社区学院培养模式和专业的引导型路径模式中，顶层设计的要义在于强化结构性，减少模糊性，以弥补过去散漫性的不足。一方面，引导型路径模式在于对学生的指导，给予学生诸多选择，但同时也规避制约性的选择，使得专业和课程的设计更加明确，有利于学生作出适合自我的决定；另一方面，这一模式将学习成果和学生的目标紧密相连，提升学生在专业、课程选择时候的目标性和针对性，同时也减少因为不明确而产生的“迷茫”（Bailey et al，2015）[33-39]。这种模式的好处是保持社区学院开放性、灵活性特色的同时，加强结构性，使得社区学院在人才培养的制度层面更加有序、有效，当然也保持了美国高等教育注重多样化的传统。

（二）教育对象层：加强对学生的引导

作为高等教育的接收方，学生是重新设计美国社区学院培养制度的关键方。从对学生的基本指导入手，引导型路径模式提倡在社区学院建立较为全面的学生服务制度，始终保持对学生学习过程的跟踪与追溯，以保证学生在培养的轨迹上。在重新设计的制度中，尤其强调以个人化（individual）的方式对学生学业指导机制的建立，并呼吁利用现代科技、教学手段加强对学生的引导和追踪，取代“放养式”的培养方式。

对于学生的引导，引导型路径模式首先关注加强学生的思维方面，由此来提升其技能和习惯，用“动脑”来引导“动手”。其次是强调学生服务的专业性，意味着在课程设置中融入图书馆的角色，在指导学生的团队里加入专业的学生服务的分量。最后是对朋辈效应下的专业发展的认知。除了任课老师的一对一指导，还需考虑到同伴协作、共同进步的问题，这是协同思想在社区高等教育中的体现。当然，更不能排斥的是现代科技、通信手段在教学革新中的应用。

基于社区学院学生层次的复杂性和特殊性，引导型路径模式在设计时没有忘掉弱势学生，而是通过教学课程指导、设置发展性指导环节和加强中高等教育衔接的方式对弱势学生给予关注，体现了美国教育一直尊崇的“不让任何一个孩子掉队”的思想，并努力使得“每个学生都成功”，当然也是从学生角度进行社区高等教育质量保障的有效方式。

（三）参与人员层：提升教职员工的参与度

在制度重设的过程中，必须涉及由谁来贯彻、操作、实践新制度。那么，从功能和地位上，教职员工的参与是新制度的一个重要组成部分。新的制度下，教职员工在各自的工作岗位上分别发挥着应有的作用，最重要的改变就是参与度和专业性的提升。

首先是加强了教师的治理，结构化的新制度使得教师有效集中于教育教学实践，而不是停留在对政策的关注上。其次是在社区学院塑造交互式、专业化、协同性的教师团队，使得各部门教师各施所长为学生提供更加专业的指导，厘清了各自的任务和所扮演的角色（Bailey et al，2015）[144-171]。当然，这样的调整也必须建立相应的教师发展制度，无论是授课教师还是行政教师都能够获得职业生涯的发展，有助于他们保持与提升职业认同和热情。

三、美国社区学院人才培养重设的结果和影响

美国社区学院以学生发展而核心进行的此番重新设计，并不是颠覆性的推倒重建，而是理念上的调适，可以说“基于理论、重在实践”。重新设计的社区学院在人才培养上更加注重经典大学教学理论、学生成功理论和组织行为理论的综合使用，从多学科的视角积极开展实践。

（一）直接优化了学生的学习体验

以引导型路径为框架对社区学院进行的重新设计，重在提升学生在社区学院的学习参与度，也就是注重高等教育阶段学习体验的优化。以马可布（Mocomb）社区学院为典型案例，美国社区学院研究中心（Community College Research Center，CCRC）通过访谈、焦点团体、调查和绩效评价的方式对此重设进行了深入研究。结果表明，重新设计之后学生们在选择课程的绩效上从原来的40%提升到63%，涨幅高达23%；在专业的选择上，从76%上升至86%，提高了10%；通过新生指导而明确目标的学生由原来的64%增加至67%（Jaggars et al，2014）。显而易见，重新设计较多地考虑了学生的自我引导方面，使学生们能够优化这类体验而获得成就感，保持学习的内驱力。在纽约市立大学，系统的重设项目把学生的学习时间从早到晚细分划段，这样不仅巩固了社区学院的灵活性，学生们更能够全方位、多时段体验社区学院教育，而且能更好地兼顾学校学习、工作和家庭。因此，重设的模式拥有清晰的路径来引导学生选择各自的学习方案，有助于学生作出适合自己的选择，符合重设的基本理念，达到了重设的目标。

（二）直接提升了学生的学习成果

从已经参与引导型路径模式的几所代表性院校来看，学生的学习参与度和学习结果有明显提升。其中，佛罗里达州立大学自从在此框架下开展了学校性的“学位地图”（degree map）等一系列的综合改革治理工作之后，毕业率提升了12%，达到了74%。亚利桑那州立大学采用了“电子导师制度”（eAdvisor system），使得大一新生的保留率攀升到了84%，尤其是91%的学生愿意进入所学专业的跟踪渠道，而三年前这项指标只有22%。纽约

市立大学系统中，通过其名为“加速副学士学习”的计划，城市社区学院学生毕业率已经是全国平均水平的三倍[①]。

上述统计数据表明，以引导型路径模式为核心理念在各个社区学院或者接受转学生的四年制大学中，对专业、项目等学习计划、培养方案的重新设计已经取得了良好的成效，颇受关注的毕业率和保留率两项指标均有所提升，这说明越来越多的学生能够通过引导完成学业，获得学位，达到学生成功所设定的目标。

（三）充分提高了社区学院的质量

在引导型路径模式框架下进行的社区学院人才培养改革，迎来了美国社区学院质量建设与提升的新的高潮。以扩大入学率、普及高等教育为目标的社区学院招生与培养已经成为过去时，而如何推动学生成功、提高人才培养质量是社区学院新的历史使命。

从人才的分类来看，美国的社区学院主要从事高等职业教育，进行技能型人才培养，传统上主要教授学生获得某一专业领域的具体技能。然而本轮重设却从劳动力市场的需求，倒推至人才培养改革的目标，由此而设立改革的基本框架与路径。如此一来，根据重设框架而进行的人才培养，其针对性能够大幅度提高，这一点从学生学业的完成情况已经得到了充分的证明。此外，社区学院学生学习的目标性有所加强，对培养过程的结构化提出的要求，松散的培养模式和管理方式已不适用，取而代之的是更加清晰、能够获得学业上成功的培养路径。

（四）提升了社区高等教育对社会发展的贡献

美国高等教育发展至今，社会对高等教育投入众多，因而对于高等教育能够为社会做出什么样的贡献，利益相关者高度关注。作为美国高等教育塔基的社区学院，也亟待通过革新来做出更大的贡献。

技能型人才受就业市场影响较大，市场化程度较高的美国尤为如此。社区学院在经过重设之后，其人才培养质量的提升必然带来就业率、就业

① Complete College America. 2016-10-15. Guided Pathways to Success [EB/OL]. http：//www.collegechangeseverything. org/dotAsset/c0d6c20b-a54e-4ed7-816c-2e3821f50c3c.pdf.[2018-08-28].

质量的提高。根据田纳西技术中心的统计，在采用新的培养模式之后，学校的毕业率超过 75%，能够稳妥找到工作的学生比例更是高达 80%，这是市场对高等职业教育成效检验的最有力的证据。

四、理性评估美国社区学院人才培养重设中仍需解决的问题

重新设计社区学院的人才培养过程是一项重大工程，其核心理念、设计框架及层次都能契合现代社会发展对人才的需求，反映出美国社区学院对劳动力市场变化的迅速回应。但在重设改革中，仍然面临一些问题，需要在改革中进一步落实、推进。

（一）转学制度的衔接与效率提升

社区学院向四年制大学转换的制度一直是美国高等教育系统中的亮点，给没有准备充分的学生提供了一个缓冲的机会，使他们多了一个选项。但是，从跟踪调查研究的结果来看，目前美国社区学院的转学成效并不高，从 2007 年秋季入学算起，从社区学院转入四年制大学，并在六年内取得了学士学位的学生只有 14%。研究还指出，社区学院里大部分来自低收入家庭的学生在转学测验中的表现不如来自较高收入家庭的学生；不同类型高校内吸纳转学后学生学业完成水平也各不相同，公立高校的比例为 42%，私立高校为 31%，营利性高校为 8%（Jenkins，Fink，2016）。可以说，转学制度下，社区学院的学生的成功效果还有较大的提升空间，学习挑战度较大，亟须在新的制度设计框架下通过课程、专业改革和配套的指导措施来得以加强。

（二）评估是重设中遇到的最大难题

对美国社区学院的重新设计是艰巨而浩大的工程。如何评估重设的效果、所带来的影响、需要改进的地方，则又是一项新的任务。从制度设计框架来看，本次重设以“质量”为逻辑起点，以“学生发展与成功”为核心，分别从制度建设、学生成长和教职工参与三个层次得以落实。那么质

量评估必然涉及制度的绩效评估、学生学习质量评估和教师发展评估三个主要方面。美国的研究界目前较为苦恼的是如何做实评估体系及指标设计，开发相对成熟的以学生为对象的评估，包含了对学生目标的路径设计、路径的进入、路径的保持、确保学生学习及有效性四个部分，以客观事实和体验为依据，从现有做法、还需要的改进、具体实施步骤三个方面构成矩阵来搜集数据、处理数据和实施评估。随着重设改革的进程，评估将会进一步深入、精细，期望从指标、系统、机制和项目方面建立起课程评估和专业评估。

（三）经济与政治带来的压力

任何一项改革都是有成本和代价的，社区学院的重设也不例外，尤其在美国人们会更加关心以新的制度代替旧的制度的必要性、可行性，因此新制度也必然会承受相应的压力。一方面，对于新设计系统的成本和收益，是改革必须考虑的问题。成本主要涉及学生发展、制度转换、运营及过渡成本。概括而言，改革的前五年内，较好社区学院的生均成本为 25 100 美元，中等水平社区学院的生均成本为 13 300 美元；而五年要完成改革重设的话，较好学生的生均成本为 67 400 美元，发展中学生的生均成本为 72 400 美元（Bailey et al，2015）[175-184]。可见，对相对较弱的学生投入增幅更大、花费更多。另一方面则是来自政治的压力，如果政府或者执政党加强对社区学院的关注，那么改革重设会相对顺利地进行，否则阻力会比较大。这也是社区学院与经济发展的关联性，和美国社会制度的实际情况带来的必然结果。

五、审思美国社区学院人才培养制度的重设

美国的高等教育受实用主义哲学影响较大，无论是在经典理论的传承与创新上，还是教育实践管理方面，均是如此。此次对社区学院的重设改造也不例外。总体而言，社区学院以“学生成功”为核心的重设，将会促使更多进入社区学院的学生完成学业，提升社区学院人才培养的质量，为高等职业教育的发展进程做出贡献。

（一）重设是基于效果的学习理论的再造与提升

在美国实现高等教育普及化的道路上，社区学院对受高等教育者数量上的增长做出了不可磨灭的贡献。在此之后，社区高等教育也面临着质量提升的任务。在经典的大学学习理论中，较多地关注了四年制本科学生的学习过程与体验，并且以理论推动实践。然而社区学院在实现数量增加之后，亟须实现质量上的突破，一方面以转变理念与实践改革相结合的方式进行人才培养的重新设计，另一方面从社区高等教育的角度对高等教育在校生学习体验与收获作出理论上的补充。

本次重设的核心是“学生成功”，学生在社区学院的学习体验、学习过程及学习结果得到了改革的关注。从前述分析来看，重设框架基于制度设计、学生学习和教师引导，这便是对大学学习理论的传承，将教师的引导、学习自主学习和配套制度通过引导型路径模式框架有机结合，兼顾了高等教育、大学教学的一般规律，也注意保持社区学院在教学培养上的特殊性和灵活性，是对阿斯丁教授提出的“学习投入-学习环境-学习结果模型”在社区学院的最佳实践，并且是以实践效果为基点，自下而上倒推至理论层面。

（二）以人才质量作为我国高等教育机构分类与建设的重要指标

美国一向是高等教育试验的先锋，此次社区学院的重设也是对高等职业教育关注学生发展与学业成功的典范，给高等职业教育人才培养质量带来更多思考。由于劳动力市场的变化，倒推着社区学院系统进行自上而下的改革，这就给中国正在进行的高校分类体系的重构提供了一个可贵的参考。经济结构、产业模式的变动，使劳动力市场分割有了新的格局，对高等教育的人才培养提出了新的需求和挑战，市场的作用力在加强，是高校设置基础变化的重要推手。倘若以“质量”为宗旨分类高校，那么人才质量的分类便是一项重要的分类标准，完全可以以此划分归类，以不同的人才标准来分类高校、制定发展战略，从各自的轨道上推进我国的“双一流”建设。

（三）中美高等职业教育的相互借鉴与品质提升

中美高等职业教育领域面临的共同任务就是如何提升在校生的学习体

验和人才培养的质量。尽管采用了不同的衡量指标，但其中包含了相同、相通或者相似的要旨，可供双向交流、相互品鉴。美国的关注点在于学生学业的完成与否和所花费的时间，促使改革发生的最基础的数据是进入社区学院在 6 年内完成学业拿到本科学位的学生不足四成；中国则更多地关注提高学生的满意度和教育目标的实现，2015 年的国家大学生学习情况问卷调查数据表明我国高职学生对学习的满意度的均值维持在“基本满意”的范畴，在此水平之上的学生达到 83.2%。显而易见的是，学生学习体验的进一步优化、学习质量的提升和高职教育吸引力的提高是中美两国都共同面临的任务，为此美国需要以满意度的维持为基线提高学业完成和学生成功的力度，中国则更需要推动更为灵活、多样的人才培养具体方式，以增加高等职业教育的吸引力。

参考文献

Bailey T，Jaggars S，Jenkins J. 2015. Redesigning America’s Community Colleges[M]. Cambridge：Harvard University Press.

Jaggars S S，Fletcher J，Stacey G W，et al. 2014. Simplifying complexity in the student experience：Evaluating a redesign[J]. New York：Columbia University，Teachers College，Community College Research Center.

Jenkins D，Fink J. 2016. Tracking transfer：New measures of institutional and state effectiveness in helping community college students attain bachelor’s degrees[J]. New York：Columbia University，Teachers College，Community College Research Center.

作者简介 文静，厦门大学教育研究院助理教授，教育学博士，主要研究方向为高等教育经济与管理、大学生学习与发展。

The Redesigning and Evaluation of Talent Cultivation System in American Community Colleges

Wen Jing

Abstract：In terms of completed higher education popularization，students in American community colleges need high quality learning experience for sustainable development, and redesigning their talent cultivation system, promoted by theory and policy, to enhance quality and efficiency, attractiveness and competitiveness as well. Therefore, the guided pathway is a framework to reconstruct talent cultivation system by institutional, education object and faculty involvement, which enhanced experience, outcome and quality of learning, aims at better transfer and engagement system, as well as facing the pressure of politics and economics.

Keywords: community college, talent cultivation system, redesigning, evaluation

教学学术能力和科研学术能力：高校教师“双能”内涵与标准研究[①]

王菁华　郭春荣　李青合　楼文斌　楼　茵

摘　要： 在“双能”政策及研究均没有界定其内涵和标准的实践及理论背景下，以欧内斯特·博耶的学术思想为理论基础，本文对教学学术概念分析基础上研究发现：“双能”应是指教学学术能力和科研学术能力。本文还界定了高校教师的教学学术能力及科研学术能力的内涵，分别给出了教学学术能力及科学学术能力的十项标准，对于“双师双能”教师队伍建设和教师发展具有现实意义。

关键词： 教学学术能力　科研学术能力　内涵　标准

一、问题提出：“双能”攸关教师专业能力发展

为了落实《国家中长期教育改革和发展规划纲要（2010—2020年）》和《国家中长期人才发展规划纲要（2010—2020年）》，从2010年开始，教育部连同其他相关部委实施了“卓越工程师教育培养计划”、应用型本科建设、产教融合工程、新工科计划等一系列重大教育教学改革项目。

这些重大项目的目标从本质上讲，都是要培养一大批面向世界、面向未来、面向产业界的工程技术与管理人才，而实现这一目标的关键是高校师资的能力发展。因此，2011年教育部颁布的《关于实施卓越工程师教育

---

① 基金项目：教育部人文社会科学研究专项“工程科技人才培养研究”——“工程实践教学能力”内涵及评价标准研究（17JDGC030）。

培养计划的若干意见》就指出，“建设高水平工程教育师资队伍”，“专职教师要具备工程实践经历，其中部分教师要具备一定年限的企业工作经历”。2015 年，教育部、国家发展改革委、财政部联合发布的《关于引导部分地方普通本科高校向应用型转变的指导意见》也指出，“加强‘双师双能型’教师队伍建设”，“通过教学评价、绩效考核、职务（职称）评聘、薪酬激励、校企交流等制度改革，增强教师提高实践能力的主动性、积极性”。2018 年，中共中央、国务院出台的《关于全面深化新时代教师队伍建设改革的意见》也指出“教育大计，教师为本”。这些都凸显了国家对于高校教师能力发展的重视。

虽然上述文件的表述不尽相同，但基本精神是一脉相承的，都是要建设一支“双师双能”教师队伍。2015 年，教育部高等教育司原司长张大良提出“建设一支教师资格、工程师资格兼具，教学能力、工程实践能力兼备的‘双师双能型’教师队伍”（张大良，2015），表明“双师”指教师和工程师（或经济师等），“双能”指理论教学能力和实践教学能力。这似乎使得“双师”与“双能”概念得以明确。但是对国家出台的有关“双师”“双能”的政策（表 1）梳理后发现，事实并非如此。

表 1　国家出台的有关“双师”“双能”的政策

时间	名称	内容
2017	教育部高等教育教学评估中心《高等教育质量监测国家数据平台》	“双师双能型”教师的认定
2016	《教育部关于深化高校教师考核评价制度改革的指导意见》（教发〔2016〕7 号）	引领高校总体考评标准，注重发展性评价对于教师专业发展的导向引领作用
2015	教育部国家发展改革委财政部《关于引导部分地方普通本科高校向应用型转变的指导意见》（教发〔2015〕7 号）	从国家层面正式提出“双师双能型”教师，应用技术大学要加强“双师双能型”教师队伍建设
2014	《现代职业教育体系建设规划（2014—2020）》（教发〔2014〕6 号）	“双师双能”在专业教师占比
2010	《国家中长期教育改革和发展规划纲要（2010—2020 年）》	以“双师型”教师为重点，加强职业院校教师队伍建设
2008	《教育部关于印发〈高等职业院校人才培养工作评估方案〉的通知》（高教司〔2008〕5 号）附件 2	给出了“双师型”教师最新的、权威的官方界定
2004	教育部《关于全面开展高职高专院校人才培养工作水平评估的通知》（教高厅〔2004〕16 号）附件一	明确提出“双师型”教师的内涵

续表

时间	名称	内容
2000	《国家大学生文化素质教育基地建设的实施意见》（高教司〔2000〕36号）	首次提出“双师素质”及工科类“双师型”教师概念
2000	《教育部关于加强高职高专教育人才培养工作的意见》（高教司〔2000〕2号）	“双师”的标准是就持“双证书”，即教师资格证书和行业技能证书
2000	《教师资格条例》及其实施办法	“双证”为教师资格证和职业资格证
1998	国家教委《面向21世纪深化职业教育教学改革的原则意见》	加强“双师”型教师队伍建设
1995	《国家教委关于开展建设示范性职业大学工作的通知》（教职〔1995〕15号）	第一次在政策层面明确提出了“双师型”教师的概念

资料来源：由笔者根据相关政策、文件整理

教师“双能”概念来源于2004年教育部办公厅发布的《关于全面开展高职高专院校人才培养工作水平评估的通知》的附件中关于“双师素质教师”的认定标准。“双师型”的内涵有“双证说”“双能说”“叠加说”“双层次说”等多种理解，它们的共同点在于都强调对职教师资多重能力和素质的要求。教育部本科高校数据采集时，对应用型高校师资统计采用“双师型”教师的概念和认定标准。但“双师”只是形式，“双能”才是实质，“双师”是衡量“双能”的指标之一，相对较好界定，但不能代替“双能”。直接代替的做法实际上浅化了“双能”内涵，模糊了高校教师“双能”概念的外延边界即应用标准，弱化了高校对教师专业能力的重视，可能导致“双师双能”教师队伍建设陷入误区。可见，“双能”内涵与外延对于高校教师专业能力提升和师资队伍建设都至关重要。

二、前期研究：没有明确界定“双能”内涵与标准

在“双能”方面，国内前期研究有限，以“双能”为关键词并经过逐篇筛选后有68篇相关性高的文献，多数是研究教师能力的，其中仅有8篇文献提及“双能”问题，尽管具体表述稍有不同，但均认为“双能”是指理论及实践教学能力，如冯旭芳和张桂春（2017）认为，“双能素质”是指教师胜任专业理论教学和专业实践教学的能力；奚昕（2015）指出，“双能型教师”具有将专业理论知识有效传授给学生的教学能力与素质，具有较

高的从事实践工作的专业技术能力及职业素养。国内学者更多是在“双师双能”的框架之下探讨教师能力问题，并衍生出“三能”“多重能力”等说法，如马质璞（2017）的“教学科研能力、教学管理能力、服务社会能力”、李钢（2017）的“专业理论教学能力，应用教育教学能力，实际操作能力，创新研究能力”等，但为什么是这些能力，理论基础是什么，评价标准包含哪些内容，并没有学者进行深入研究。

国外学者们普遍认为，高校教师是创造新知识和新价值的基础（Blašková et al，2014）[457-467]，教育和研究活动质量的关键术语就是教师的能力。因此，对大学教师能力的研究从未间断，学者们的观点集中化与分散化并存，集中体现在多数学者将专业能力视为大学教师的基本能力并给出描述性的判断标准，如 Blašková 等（2015）和 Felder（2000）认为，专业能力即专业技能，能够解决专业实际问题，表现为某个领域的专家，Kravþáková 等（2011）认为，教师要具备专业知识及专业开发能力，获得相关领域的博士学位。除了社会能力、科研能力、教育能力，沟通表达能力（Haamer et al，2012；Slavik，2012）、激励能力（Blašková et al，2014）及自我调节能力（Kuimova et al，2016）等个体综合素养也被认为是大学教师为学生提供素质教育、并在创新的压力下更新知识、提高学生的学习能力应当具备的基础能力。

可见，“双能”是一个中国化的概念。国内外学者多半认为教师应当具备多重能力，但多重能力浓缩为基本的“双能”是什么、“双能”内涵与标准如何等问题则是本文进一步需要解决的问题。

三、“双能”内涵及其理论依据

众所周知，我国在高等教育改革项目推进过程中提出“双能”的主要原因是社会普遍认为目前一些高校教师只具有“理论课堂的育人能力”，而缺乏“实践教学的教学指导能力”，因而培养不出适应社会及产业发展需要的工程技术及管理人才。确实，一个合格或者优秀的大学教师，课堂上所展示的“理论课堂的育人能力”以及在课程设计、毕业设计、企业实践等教学环节体现的“实践教学的教学指导能力”都是不可或缺的。那么“双能”是否就是“理论课堂的育人能力”和“实践教学的教学指导能力”呢？“双能”的内涵实质又是什么呢？1990 年欧内斯特·博耶提出的“教学学术”的概念为我们分析“双能”内涵提供了一个新的理论视角。

早在 1990 年，时任美国卡内基教学促进基金会主席的欧内斯特·博耶在《学术水平反思：教授工作的重点领域》的研究报告中指出，大学教师从事的学术工作包括探究的学术、整合的学术、应用的学术、教学的学术。这不但厘清了高校教师的能力体系，而且明确指出“教学即学术”!（魏宏聚，2009）[38-41] 上述四种学术实际上形成相互继承并相互渗透的四个认知过程关系图（图 1）。20 世纪 90 年代末，斯坦福大学著名教育学家、心理学家李·舒尔曼将博耶的教学学术进一步发展为“教与学”的学术（谢阳斌，桑新民，2015）[102-106]。

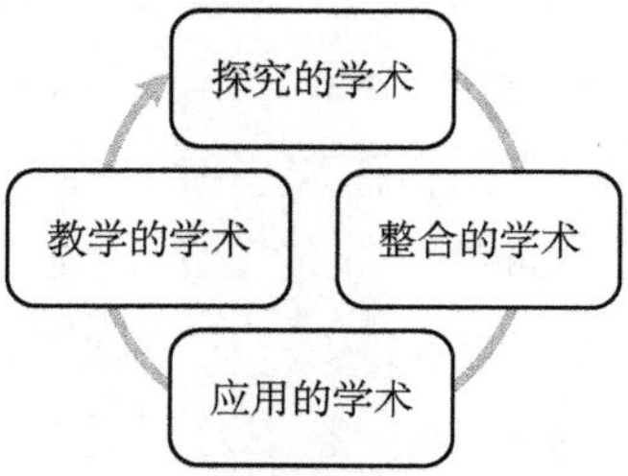

图 1　四种学术关系图

可见，无论是“教学的学术”还是“教与学的学术”都丰富了学术的内涵，并延伸了学术的外延，即高校教师不仅要有探究的学术能力、整合的学术能力和应用的学术能力，更要有教学的学术能力，而探究的、整合的、应用的学术则体现为探索知识、创新知识、应用知识的能力，即我们通常所讲的提出、分析和解决现实工程与管理问题的科学研究能力，这其中既包括理论研究层面能力，更包括实践应用方面的能力。当人类通过探究、整合、应用等学术能力创造出科研成果之后，为了保证这些知识成果的有效传承，则要求高校教师具有教的学术能力与学的学术能力，即将科研成果转化为课程资源的课程开发能力，以及如何有效进行教与学的教学设计能力等，这就是我们所讲的教学学术能力。

这一观点可以从徐萍（2016），以及周光礼和马海泉（2013）对于教学学术能力的观点中得到进一步印证。徐萍（2016）借鉴了澳大利亚 Trigwell 等（2000）知识、反思、交流、观念四个维度观点，提出教师教学学术能力包括专业学术、教的学术和学的学术三个基本要素，由基础层、中间层和作用层有机融合而成，教师在不同层次的不同维度均表现出一些阶段特点，因此，提升高校教师能力可以从提升教师层次入手等观点。周光礼和马海泉（2013）则认为，教学学术能力主要通过课程开发和教学设计能力来表征，这是建构大学教师胜任力特征模型的基础。教师胜任力特征模型由学术能力、教学能力和教学态度三个特征因子构成。

借助教学学术能力的四个维度表（表 2）可以看出，但凡学术必须具有知识、反思、交流和观念等四个维度。其中，专业学术即科研学术是指探究、整合、应用自己学科理论与实践知识的能力。如果教师仅具有专业科研学术能力，仅对自己的学术成果孤芳自赏，而不注重学术成果转化为教学资源，不注重教与学的理论与实践的反思与交流，其教学只能停留在以教师为中心的基础层，这就解释了为什么有的教师科研成果很好但教学效果不够理想的原因；如果教师不仅具有专业学科的科研学术能力，又注重教的学术能力，注重教学反思、研讨、改进等，其教育教学效果会有所提高，这一类处于中间层；如果教师在中间层的基础上再具有注重学生学习效果的学的学术能力，则可能会达成最高的作用层，这一层次多是一些卓越的高校教师。

表 2　教学学术能力的四个维度表

维度 层次	知识	反思	交流	观念
未形成	缺乏对专业知识、教学方法的掌握和研究	不对专业知识进行反思	缺乏专业领域的学术交流	缺乏教学学术观念
基础层	专业学术：对专业知识有造诣，但不熟悉教育学的知识和方法	孤芳自赏，不对教学内容、方法、效果进行反思	缺乏教学理论、方法、技能上的交流	完全以教师为中心
中间层	专业学术＋教的学术：既有专业功底，又有教育学知识和方法，但对学生的情况缺乏掌握	对专业知识和自身的教学实践进行反思、研究和改进	既参加专业的学术研讨，又参加教学学术上的研讨	主要以教师为中心
作用层	专业学术＋教的学术＋学的学术：专业上有造诣，教育上有方法，引导学生自主学习	对自身的教学和学生的学习情况进行反思，有针对性地进行改进	在专业学术上有成果，在教学学术上也发表论文或做学术报告	主要以学生为中心

从上述分析可以发现，科研学术能力是教师以本学科专业领域为对象进行探究、整合、应用形成学科理论成果和实践成果的能力；教学学术能力则是以传承本学科理论与实践成果为对象进行探究、整合、应用形成关于教与学的理论与实践成果的能力。从这个意义上讲，欧内斯特·博耶所指的学术其实是对于学科知识认知过程的分类，即从认知过程看学术可以分为探究的学术、整合的学术、应用的学术、教学的学术。这一过程应用到教师自身学科领域就形成科研学术，应用到如何将学科知识传承给受教育者方面则形成教学学术。科研学术能力和教学学术能力都是高校教师应具备的基本能力。

在应用型高校的应用型人才培养实践中，备受诟病的是教师的“实践教学的教学指导能力”不足。其实，这并不是仅仅指缺乏某项技能，而是指教师缺乏该学科领域探究、整合、应用知识的能力，即提出、分析、解决现实工程和管理问题的能力。如果教师具有较强的科研学术能力，而且能把这一能力形成的实践研究成果既转化成教学资源用于人才培养，又能运用到社会服务，那么，此时教师不仅是行业企业专家，更是教育家。这样的教师难道能说他缺乏“实践教学的教学指导能力”吗？因此，所谓实践教学的教学指导能力，本质上正是对工程实践、社会现实的分析、解决的能力，即科研学术能力。

综上所述，应用型高校教师“双能”是指高校教师应该具备的基本能力，即教学学术能力和科研学术能力。其中，教学学术能力是指传承知识的教与学过程中一切促进学生有效学习的能力。对外表现为创造性地完成既定的教学任务，卓有成效地达成教学目标和获得有效的教学方法；对内表现为保证完成教学任务的知识、技巧、心理特征和个性特征的功能体系，是教师的个性、创造性与教育教学目标要求的内在统一。所以，教师的教学学术能力包括学科知识及其更新、课程开发、教学设计、课堂教学、作业批改、课后辅导、教学评价、教学研讨、教学批判和教学反思等多方面的能力。高校教师科学研究学术能力是指教师发现建构、整合创新、应用修正、传承弘扬学科知识，即教师探究和解释自然规律和社会现象，解决现实问题的能力，包括对学科范畴内的已有的和创新的理论知识与现实数据的检索、搜集、编辑、统计、分析、应用并解决问题的能力。

四、“双能”标准：教学学术能力标准和科学研究学术能力标准

高校教师“双能”内涵界定后，此概念外延或标准应该是需要解决的第二个问题。“双能”标准包括教学学术能力标准和科研学术能力标准。

（一）教学学术能力的标准

众所周知，知识是学习者的主动认识行为产生的，是学习者主动行为的结果。知识必须经过人的心智内化，真正理解，才能被准确运用。而且只有在学习者对知识客体表现出浓厚兴趣的情况下，知识通过对学习者感觉器官的作用、刺激和影响才会在学习者的神经中枢形成映像，内化成学习者的知识、能力和素质。

因此，高校教师在教育实践活动中，就是要运用一定的教学手段和方法使学习者对学科成果和前沿知识产生兴趣，引起关注，调动学习者的学习积极性和创造性，将传授知识与学习者的实践、经验相结合，才能形成学习者获得知识、提高能力、提升素质的有效学习。这就要求高校教师具有传承知识的教与学过程中一切促进学生有效学习的能力，即教学学术能力。教师的教学学术能力包括学科知识及其更新、科研课程开发、教学设计、课堂教学、作业批改、课后辅导、教学评价、教学研讨、教学批判和教学反思等多个方面。

根据这一原理和美国各专业组织制定的教学能力标准（熊华军，丁艳，2014）[70-78]，教学学术能力的外延范围或者标准可以包括：①具有开发各种教与学技能、掌握专业的即兴创作技巧并有效实施教与学活动的能力；②具有将教与学过程有机联系，将一门课程与其他课程教学融会贯通、提升教学质量的能力；③具有能够获取综合的前沿学科专业知识，并将其开发转化成教学资源的开发转移能力；④具有人际交往、团队合作、与学生有效沟通的亲和能力；⑤具有将教育学、管理学、心理学、伦理学等知识有效用于教学实践的管理和规范能力；⑥具有教法、学法等教学研究与应用能力；⑦具有教学系统评价与反馈的能力；⑧具有自我认知、自我管理、自我激励等内在驱动能力；⑨具有指导及促进学生学习进步及人生成长，促进学

生个性发展及创造性思维的能力；⑩具有批判性思维和反思式思维能力。

以上这些能力不仅使教师系统性地探索与研究自己的教学经验，对其进行反思、肯定、否定以及再肯定，并上升到认识，再以教育学的理论与实践知识呈现出来，为自己和他人的教育实践借鉴；更能促使教师为学生创造一个自然的批判的学习环境和氛围，有利于学生创造性、批判性思维方法的养成，以促进学生有效学习和自身成长。

综上所述，教师的教学学术能力是高校教师的基础能力，其外延标准应包括教师实施教育教学活动所需要的知识能力。随着现代教育技术手段的不断创新，无论从内容还是形式上，教学学术能力的表现也在不断变化更新，所以教学学术能力的标准也是不断变化发展的。

（二）科学研究学术能力标准

高校教师科研学术能力从知识迁移过程看，是教师发现建构、整合创造、应用修正等知识过程呈现出来的知识创新能力，是分析和解决社会、产业、企业等现实问题的能力。所以大学教师科研学术能力的价值取向不仅可以是自己感兴趣的学科专业方面的问题，也可以是基础研究，更可以是社会发展中存在的问题、政府政策制度与决策中的问题以及企业等组织中存在的工程问题、科学技术问题、社会问题和管理问题等。随着社会发展、科技进步和人类命运共同体的建立，人类面临的问题通常不可能由一个国家、一个人、一个学科、一个专业解决，综合性、系统性、突发性、非线性、不确定性等问题层出不穷。这不仅需要高校教师综合人文科学、社会科学与自然科学相关知识，更要整合政治、经济、社会及文化等各方面的力量进行跨学科、跨领域、跨专业、跨地域等研究，通过纵横联合，攻关大项目大工程，产生大学术大成果。因此，高校教师不仅要研究基础学科和自己感兴趣的课题，更要跨学科、跨专业地研究应用课题，以提高研究的现实意义和社会贡献度。

这一过程呈现出的教师科研学术能力主要表现在：①具有科研的素养，包括专业知识的掌握、维护及提升能力，具有创新性人格及思维；②具有科研的行动力，勤勉地搜集、整理、发现、整合、创造、保存、应用、传播知识和技能；③具有科研的潜力，在一定时间内在相应领域有研究突破；

④具有科研实力，能够产生一定质量及数量的科研成果；⑤具有科研活力，积极主动能地从事科研工作；⑥具有科研的影响力，学术观点及成果能够激发他人的学术创新能力；⑦具有科研成果的转化力，利用学科、技术、工程等研究成果促进产业、企业进一步体现成果商业价值的能力；⑧具有科研启发能力，促进学生分析问题、解决问题、创新知识、应用知识的能力；⑨具有科研传承能力，能够将科学研究转化为学生创造性的知识应用能力，促进学生从事职业以及履行公民义务的能力；⑩具有科研的全局能力，利用新知识、新文化、新思想促进社会公平、协调发展的能力。

综上所述，高校教师科研学术能力是一种综合能力，不仅直接作用于人才培养，体现为间接社会服务，而且走出象牙塔直接服务社会、政治、经济、文化等众多现实世界的各个领域。在这一过程中，由于知识的流动具有不减性，教师把自己的专业知识通过一定方法传授给学生、传播给社会，不仅会使得学生和社会的知识增加，而且会在与学生、社会的开放互动中应用、增加、更新甚至重新建构教师的知识体系；知识流给整个组织或集体带来的可能的好处往往超过其他任何“流”，知识节点自有的知识也会相互作用，从而激发产生更新的知识，提高知识流动的效率。此所谓教学相长、教科一体，即教师的教学学术能力和科研学术能力会相互促进，协同作用，在更多层次上得到提升。

五、结论

现代社会对于高校教师的要求越来越高，要求高校教师既是专家，又是教育家，所以，要想成为合格甚至卓越的大学教师，能力要求也是多种多样，但从欧内斯特·博耶等拓展的学术观点来看，基本的能力要求则是教学学术能力和科研学术能力，也就是我们所讲的“双能”。“双能”是知识认知过程中不过分割的两个重要部分，也是高校教师的基本能力素质要求，有了教师微观主体的两种能力支撑，高校才能实现人才培养、科学研究和社会服务等高校功能。在这一认知基础上，本文重点研究了“双能”即教学学术能力和科研学术能力的内涵与标准，这对于“双师双能”教师队伍的认定与评价、对于可持续的教师发展至关重要。

参考文献

冯旭芳，张桂春. 2017. “转型”试点高校“双师双能型”教师队伍建设探究[J]. 高等工程教育研究，（1）：140-144.

李钢. 2017. 应用型本科高校“双师双能型”教师教学能力体系研究[J]. 教育现代化，（10）：35-37.

马质璞. 2017. “双证”向“双师双能型”转化的实践与思考[J]. 职业教育，（9）：27-28.

魏宏聚. 2009. 厄内斯特·博耶“教学学术”思想的内涵与启示[J]. 全球教育展望，（9）：38-41.

奚昕. 2015. 新建本科高校“双能型”教师队伍建设状况分析[J]. 三明学院学报，（5）：6-9.

谢阳斌，桑新民. 2015. 教学学术运动面临的三大难题与破解之道[J]. 中国高教研究，（7）：102-106.

熊华军，丁艳. 2014. 美国大学教师的专业能力 [J]. 高教发展与评估，（2）：70-78.

徐萍. 2016. 高校教学学术能力的构成及其发展研究 [J]. 教师教育研究，（5）：18-23.

张大良. 2015. 把握“学校主体、地方主责”工作定位积极引导部分地方本科高校转型发展[J]. 中国高等教育，（10）：23-29.

周光礼，马海泉. 2013. 教学学术能力：大学教师发展与评价的新框架[J]. 教育研究，（8）：37-47.

Blašková M，Blaškoa R，Kucharþíková A. 2014. Competences and competence model of university teachers[J]，Procedia-Social and Behavioral Sciences，（159）：457-467.

Blašková M，Blaškoa R，Matuska E，et al. 2015. Development of key competences of university teachers and managers[J]. Procedia-Social and Behavioral Sciences，（182）：187-196.

Felder R M. 2000. The scholarship of teaching[J]. Chemical Engineering Education，34（2）：144.

Haamer A，Lepp L，Reva E. 2012. The dynamics of professional identity of university teachers：reflecting on the ideal university teacher [J]. Studies for the Learning Society，（2-3）：110-120.

Kravþáková G，Lukáþová J，Búgelová T. 2011. Práca A Kariéra Vysokoškolského UþiteĐa[M]. Košice：Pavol Jozef Šafárik University in Košice.

Kuimova M V，Uzunboylu H，Chen A S M，et al. 2016. Emotional burnout in professional activity of a technical university teacher[J]. International Scientific Researches Journal，72（6）：57-61.

Slavik M. 2012. Vysokoskolska Pedagogika[M]. Prague：Grada.

Trigwell K，Martin E，Benjamin J，et al.2000.Scholarship of teaching：A model[J]. Higher Education Research & Development，（2）：163.

作者简介 王菁华，教授，宁波工程学院副院长。
郭春荣，副教授，宁波工程学院经济与管理学院。
李青合，讲师，宁波工程学院教务处副处长。
楼文斌，讲师，宁波工程学院人事处副处长。
楼　茵，讲师，宁波工程学院人事处处长。

Teaching Scholarship Capacity and Science Academic Capacity: Research on the Connotations and Standards of Double Capacities of Teachers in Applied Higher College

Wang Jinghua　Guo Chunrong　Li Qinghe　Lou Wenbin　Lou Yin

Abstract: Based on Ernest Boyer's academic thought this paper concludes that "Double Capacities" refer to teaching scholarship capacity and science academic capacity based on the analysis of the academic concept of teaching and the law of knowledge transfer under the background of no defined connotation and standard in both the policy and the research, the two can refer to the academic ability of teaching and the academic ability of scientific research. It defines the connotation of teaching scholarship capacity and science academic capacity for applied college teachers and gives the ten standards of teaching academic ability and scientific academic ability respectively.

Keywords: teaching scholarship capacity, science academic capacity, connotation, standard

高等学校自我评价中学生、教师与雇主的角色定位

刘 鎏

摘 要：学生、教师和雇主是高等学校最关键和最直接的利益相关者，在欧美高等学校自我评价体系中他们的满意度被认为是最关键的评价指标之一。我国高等学校自我评价尚在发展中，在评价中重新定位学生、教师和雇主的角色对于促进我国高等学校自我评价发展，提高高等教育质量有着重要的意义。学生是高等教育的特殊顾客，兼顾顾客和产品的双重属性，学生在校期间表现出了顾客的自我成长性，自身也实现了从顾客到产品的转换；教师是学校的内部顾客，管理要着眼于内部顾客的需要，有助于教师和学校的共同发展；雇主是直接外部顾客，每个雇主都希望高等学校能够培养出高质量毕业生，为他们更加高效地工作。三者通过高等教育培养人的过程联系在了一起。

关键词：自我评价 高等学校 学生 教师 雇主 角色定位

从20世纪50年代到80年代初，欧洲高等教育经历了数量快速增长而质量下降的问题（Tari，2008）[105-118]，质量的下降迅速成为欧洲各国高等学校、公共组织和政府部门关注的焦点。同时，英国撒切尔政府抛弃了对教育多年来的“宽容”，把市场规则引入教育，打开了封闭多年的高等学校大门（Enders，Westerheijden，2014）[184-193]（李雪飞，2006）[89-94]，至此，欧洲高等教育开始走向市场。在这样的背景下，在新公共管理理论思潮的影响下，以“顾客为中心”的现代质量管理哲学进入高等学校的质量管理体系中，这种企业的质量管理实践几乎主导了欧美国家的高等学校自我评价

（self-assessment）实践活动（Kovesi et al，2004）[389-399]。“顾客至上”的核心思想在高等学校自我评价中被集中运用，同时“顾客满意度”也成为高等学校自我评价的重要内容之一（Cardona，Bravo，2012）[23-29]（Sen et al，2012）[1491-1504]。

从我国的情况来看，尽管让高等教育进入市场，采用市场的思维和方式来处理高等教育中的问题还广受争议，但不可否认，根据欧美高等教育质量管理和自我评价的经验，在我国高等学校自我评价实践中尝试引入“顾客至上”的现代质量管理哲学思想，重新定义高等教育利益相关者的角色（特别是那些最为直接的利益相关者：学生、教师和雇主）（Gulikers et al，2010）[120-127]，用企业管理思想从内部来评价高等学校的表现，对于提高我国高等教育质量具有积极的作用。这种新思维的注入有助于高等学校识别组织的优缺点，促进组织持续的改进和发展。同时，该理念的提出与应用将会使高等教育传统的“管理”观念转变为现代的“服务”观念，这种观念的现代化与当今社会所提倡的高等教育“以人为本”理念耦合，有助于高等教育和高等学校的可持续发展，更有利于促进我国高等教育现代化。

一、顾客满意度——自我评价的基石

通过 Wordsmyth 教育词典在线查询，其将“顾客”定义为接受产品或服务的组织或个人。目前，很多研究进一步将顾客分为了外部顾客（external customer）和内部顾客（internal customer），外部顾客是指组织外买受产品或接受服务的对象，通常他们是产品的使用者和服务的接受者；而内部顾客则是指同一企业内部接收产品和服务的个人或组织，他们的产出来源于企业内部其他部门或个人的工作或行动（Maguad，2007）[332-343]。Corts 对有关顾客的概念进行了总结：我们每个人都是顾客同时我们每个人又都服务于顾客（Corts，1992）[1-6]。

Garvin 总结了有关“产品质量”的多种定义，包括了产品导向（produce-based）、使用者导向（user-based）、制造导向（manufacturing-based）和价值导向（value based）等（Garvin，1984）[25-43]。其中对于使用者导向的解释是：如果顾客对于产品是满意的，那么产品的质量就是优秀的。到 20 世纪

80 年代末期，使用者导向即顾客导向（customer-driven）的质量观被公司和企业广泛认同（Evans，Lindsay，1999）。产品质量被认为是迎合和超越顾客期望的一种事物。那么如何对产品是否符合或超过顾客的期望进行评价呢？研究者提出了顾客满意（customer satisfaction，CS）的概念，这是营销学中最重要的概念之一，是消费者购买决策和行为的核心（孙瑾，2009）[37-39]，是指顾客通过对一个产品或服务的感知效果（或结果）与其期望值相比较后，所形成的愉悦或失望的状态（梁燕，2007）[75-80]。也就是说当产品和服务符合或超过了顾客的预期，那么其对产品和服务就是满意的（Hill，1995）[10-21]（Sirvanci，1996）[99-102]。著名的 ISO 9000 质量管理体系标准中提出的新型质量观将顾客满意提到了核心的位置，遵循“以顾客为关注焦点、树立顾客满意”，顾客满意也因此成为 21 世纪质量战略的出发点和归宿（南剑飞，赵丽丽，2008）[54-57]。20 世纪 90 年代中后期，基于顾客满意度的自我评价思想正式进入欧美高等教育自我评价领域。

二、高等教育的顾客定位与顾客观

同我国一样，欧美国家高等教育顾客导向的思想自诞生之日起便一直被很多高等教育研究者和机构所抵制（Albanese，1999）[1172-1186]，一个重要原因是人们认为这种观点可能导致教师在教学过程中为了获得学生的满意而一味地迎合学生，有可能对教学产生不利（Bay，Daniel，2001）[1-19]（Buck，2002）[1-4]（Maguad，2007）[332-343]。但是，也有很多研究者支持高等教育中的顾客导向观点，他们认为以顾客为导向的组织更加关注顾客的满意度和期望，因此组织效率非常高，而且越来越多高等学校成功的例子也证明，对于组织来说，对顾客的关注有利于组织的发展（Eurico et al，2013）[35-49]（Marceau，1996）。尽管学界对于高等教育顾客导向的争论如此激烈，但是，欧美高等学校质量监控和自我评价的过程一直都在践行着顾客导向的理念，而且取得了评价的预期效果，很多利益相关者的满意度都成为重要评价指标。其中，学生、教师和雇主的满意度几乎是所有高等学校自我评价过程中都要关注的重要评价指标。

（一）学生——高等教育的特殊顾客

20 世纪末以来，随着欧美国家政府减少对高等教育的投入和社会对于顾客导向的极大关注，高等学校所要承担的经济责任越来越大，高等学校不再根据自己的选择开设课程，而是根据顾客（学生）的需要开设课程（Pitman，2000）[165-175]。在高等学校质量监控和自我评价过程中“学生是顾客”的观点被一致承认，在 Pitman 的调查中，几乎所有的高等学校管理者在“学生是顾客”的问题上都持积极的态度；在对高等学校其他员工的调查中，虽然有些被调查者对观点略有微词，但是所有人基本还是认可了“学生是顾客”（Maguad，2007）[332-343]。国外研究一般都认为学生是高等教育中最重要的顾客，并且是内部顾客（Byrnes et al，1994）。学生通常带着学习技能、获取知识和了解身边世界的渴望进入高等学校，他们需要通过高等学校的学习提高自信并追逐他们的梦想和希望，同时，他们也需要在班级和整个学校环境中愉快地学习（张维迎，2012）[118]。如果高等学校满足了他们的这些期望，那么其顾客满意度自然也比较高。

但是，如果在教育系统中仅仅考虑学生作为顾客的需要进自我评价，而不考虑组织发展使命的话也违背了自我评价的核心思想和目的。在高等学校自我评价的过程中如果仅仅将学生看作顾客或者内部顾客进行满意度调查，将会遇到片面迎合学生的需要而忽略教育的本身的价值和作用的问题，即可能降低教育本身所带给学生的正向功能以及学生走出学校、进入社会后能担负的社会责任。学生从学校毕业以后进入社会，走上工作岗位，其角色发生了变化，其对于工作单位而言是员工，而对于学校而言其成为毕业生或高等教育的“产品”。因此，从培养人和学生成长的角度出发高等学校的学生不仅仅具有“顾客”的属性，还具有了“产品”的属性，即“学生是我们的产品，同时也是我们的客户”（张维迎，2012）（邢周凌，2008）[80-81]。因此，在高等学校自我评价过程中具有双重属性的学生既不仅是“内部顾客”也不单是“外部顾客”，而是一种“特殊顾客”。

本文借鉴 Maguad（2007）对高等学校学生从入学到毕业所扮演各种角色的观点，对高等教育自我评价过程中学生这个“特殊顾客”进行了分析（图 1）。可以看出，在学生进入高等学校之前被称为“原材料”，同时其也是高等学校的潜在“顾客”，在这个阶段需要去了解学生的背景、态度和知识准备等方面的情况；当学生进入了高等学校并开始学习过程时，其都被视为“半成品”，其要通过“交换”的方式获得学校提供的课程和服务，这个时候其具有了顾客的属性；当学生完成学校学习离开校园，进入其他组织后，其便成为学校为其他组织提供的“产品”，具有了产品的属性。在此过程中，学生的这个角色表现出了顾客的自我成长性以及顾客无选择产品的绝对自由特性，发挥了顾客主观能动性决定投入回报率的重要功能，学生自身也实现了从顾客到产品的转换，并具备了产品的成长性。这一系列的变化和鲜明的特点是学生区别于其他商业组织顾客的本质特征。

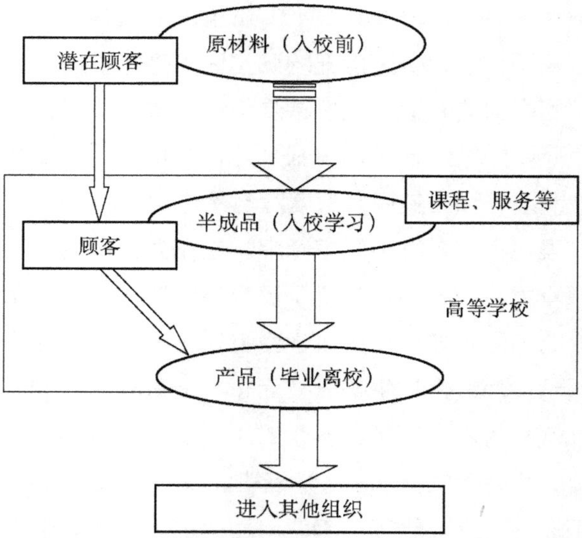

图1　基于全面质量管理高等教育自我评价的学生成长过程与角色

（二）教师——高等教育的内部顾客

教师在高等教育人力资源中占有主体地位（陶泽华，2008），其更是高等院校的核心竞争力。因此，在高等教育自我评价过程中，以现代管理理念出发将教师视为组织的“内部顾客”有着重要的意义，而且内部顾客满意度对组织的生存和发展往往比外部顾客更加重要（Maguad，2007）[332-343]。在学校管理过程中，教师内部顾客的属性从多方面得以体现，教师需要使月学校提供的图书馆、办公室、实验室、健身房、游泳池以及其他各种设施，同时也需要学校行政部门为其提供人力资源、交通和后勤等各种服务（陈书洋，司妍方，2006）[65]。

现代高等学校管理的主要任务就在于谋求组织目标与个人目标两者之间的一致性。一个学校的存在与发展是离不开教师的努力工作的，教师的发展也是离不开特定的组织和单位的。学校与教师在目标追求上是共同的，这种一致性便可以成为学校管理的有机结合点。学校管理着眼于“内部顾客”的需要，针对其需要制定相应的计划予以支持和帮助，这是一种合理有效的管理方法，有助于教师和学校的共同发展（杨少波，龚少平，2001）[19-21]。

（三）雇主——高等教育的外部顾客

雇主是高等教育培养人才的“消费者”（Sirvanci，1996）[100]，也就是高等教育产品的消费者。Sirvanci 指出高校毕业生未来的雇主是高等教育真正的外部顾客，其更是高等教育最直接的外部顾客，这里的雇主还应该包括毕业学生继续就读的高等院校或科研机构。Rinehart（1993）对高等教育雇主进行了更为合理和具体的解释，他认为服务业、制造业和其他非营利性组织是高等教育组织最直接且最大的外部顾客。每个雇主都希望高等教育能够培养出高质量的毕业生，从而为他们更加高效地工作，一旦雇主在某个学校雇用到了优秀的毕业生，那么他们就会愿意继续到这所学校进行招聘。这就为目前以就业为导向的高等教育，特别是很多高等职业学校对雇主进行满意度调查提供了关键的切入点和动力，这也是基于全面质量管理高等教育自我评价的重要组成部分之一。

（四）高等教育的顾客观

从现代质量管理角度来看，高等学校中的自我评价将学生、教师和雇主定义为各种不同类型的“顾客”对学校自我评价和发展有广泛而深远的影响，而这些不同对象之间也存在着直接的联系，理清学生、教师和雇主之间的关系能够更好地为高等教育自我评价的实践活动服务。

学生、教师和雇主是学校三类不同的顾客，其具有不同特征和属性。学生作为高等教育最直接的顾客，同时具有“顾客”和“产品”的双重属性，因此，定义其为“特殊顾客”；教师作为学校的主体和主要员工，要享受学校提供给其的工作报酬、工作环境和个人发展等服务，其是高等教育的“内部顾客”；雇主是高等教育最直接的“外部顾客”，其接收高等教育的直接产品——学生为组织的员工（或继续学习的学生），为组织服务，学生质量的好坏直接影响着用人单位的效率和效益。为了更加清晰和明了地阐述学生、教师和雇主三类顾客的属性及其之间的关系，图 2 对三者进行了描述。从中可以看出，三者之间是通过高等教育人才培养的过程联系在一起的，教师通过高等学校为学生传授知识，学生作为顾客在高等学校中接受教育和其他服务，通过一段时间的培养学生角色经历了“从顾客到产品”转变的过程，雇主通过接收高等教育的产品成为直接“外部顾客”，教师作为高等教育的代表通过教学过程间接对雇主的利益产生了影响。

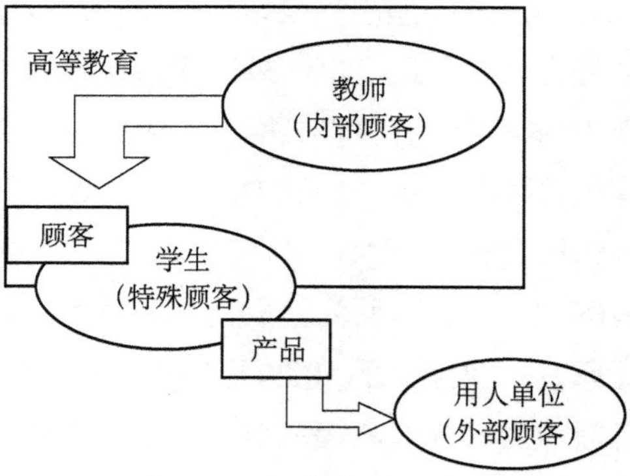

图 2　本文所提出的高等教育自我评价顾客观

三、结语：厘清高校自我评价中的角色定位

欧美高等教育自我评价是以现代质量管理思想为基础，以促进高等学校持续改进、识别优缺点为目的，由高等学校自己组织的内部评价。“顾客至上”的重要观点通过自我评价被引入了高等教育中，尽管大量的研究一直对于该理念是否适合高等教育进行激烈的争论，但是在高等学校自我评价实践中“顾客至上”的理念却已经被广泛地运用。学生、教师和雇主的满意度调查结果成为自我评价重要的参考指标。因此弄清学生、教师和

雇主的具体角色以及相互之间的关系对于促进对三者满意度调查的深入分析有着重要的意义。根据学生、教师和雇主在高等学校人才培养和输出过程中的作用以及三者与高等学校和高等教育的关系，我们认为学生是特殊顾客，其兼顾了顾客和产品的双重属性，在学校教育中其更多扮演了顾客的角色；教师是内部顾客，其需要高等学校为其提供各种支持和服务，以便更好地从事教学工作；雇主是直接外部顾客，其直接接收高等教育培养的人才为组织服务。这三者通过高等教育培养人的过程联系在了一起。

参考文献

陈书洋，司妍方. 2006. 把教师视作学校的顾客[J]. 教师教育研究，（12）：65-66.

李雪飞. 2006. 高等教育质量话语权变迁[J]. 清华大学教育研究，（4）：89-94.

梁燕. 2007. 顾客满意度研究述评[J]. 北京工商大学学报（社会科学版），（2）：75-80.

南剑飞，赵丽丽. 2008. 论我国高等教育质量顾客满意度的现状、问题及对策[J]. 石油教育，（1）：54-57.

孙瑾. 2009. 基于员工满意度和顾客满意度关系的文献评述及研究展望[J]. 现代管理科学，（6）：37-39.

陶泽华. 2008-08-01. 全面顾客满意是企业效益最大化的根本[N]. 经理日报，7.

邢周凌. 2008. 基于内部顾客满意的高校人力资源管理研究[J].辽宁师范大学学报（社会科学版），（5）：80-81.

杨少波，龚少平. 2001. 政府、高校和用人单位在就业制度改革中的角色定位与角色实践[J]. 高等农业教育，（5）：19-21.

张维迎. 2012. 大学的逻辑（第三版）[M]. 北京：北京大学出版社.

Albanese M. 1999. Students are not customers：A better model for medical education[J]. Academic Medicine，（74）：1172-1186.

Bay D，Daniel H. 2001. The student is not the customer：An alternative perspective[J]. Journal of Marketing for Higher Education，（11）：1-19.

Buck G H. 2002. The customer is always right[J]. Alberta Journal of Education Research，（48）：1-4.

Byrnes M A，Cornesky R A，Byrnes L W. 1994. The Quality Teacher：Implementing Total Quality Management in the Classroom[M]. Florida：Corneskey and Associates Press.

Cardona M M，Bravo J J. 2012. Service quality perceptions in higher education institutions：The case of a Colombian university[J]. Estudios Gerenciales，（28）：23-29.

Corts T E. 1992. Customers：You can't do without them[A]//Harris J W，Baggett J M. Quality Quest in the Academic Process[C]. Alabama：Samford University：1-6.

Enders J，Westerheijden D F. 2014.The Dutch and new public management：A critical perspective on quality assurance in higher education[J]. Policy and Society，（7）：184-193.

Eurico S，Valle P O，Silva J A. 2013. Satisfaction in tourism-related higher education：The graduates' perspective[J]. International Journal of Academic Research，（4）：35-49.

Evans J R，Lindsay W M. 1999. The Management and Control of Quality（4th ed.）[M]. Cincinnati：South-Western College Publishing.

Garvin D. 1984. What does "Product Quality" really mean？[J]. Sloan Management Review，（18）：25-43.

Gulikers J，Baartman L，Biemans H. 2010. Facilitating evaluations of innovative competence-based assessment：Creating understanding and involving multiple stakeholders[J]. Evaluation and Program Planning，（33）：120-127.

Hill F M. 1995. Managing service quality in higher education：The role of the student as primary consumer[J]. Quality Assurance in Education，（3）：10-21.

Kovesi J，Szabo T，Bota G. 2004. Quality evaluation of the Hungarian higher education based on the opinion of the "customers"：An application at Budapest University of Technology and Economics[J]. European Journal of Engineering Education，（3）：389-399.

Lewis R G，Smith D H. 1994. Total Quality in Higher Education [M]. Florida：Lucie Press.

Maguad B A. 2007. Identifying the needs of customers in higher education[J]. Education，（3）：332-343.

Marceau J. 1996. Management of Higher Education Policy [M]. Leichhardt：Pluto Press.

Pitman T. 2000. Perception of academic and students as customer：A survey of administrative staff in higher education[J]. Journal of Higher Education Policy and Management，（2）：165-175.

Rinehart G. 1993. Quality Education[M]. Milwaukee：ASQC Quality Press.

Sen A，Kabak K E，Tuysuz F，et al. 2012. Democratization of university management for quality higher education[J]. Procedia-Social and Behavioral Science，（58）：1491-1504.

Sirvanci M. 1996. Are students the true customers of higher education？[J]. Quality Progress，（29）：99-102.

Tari J. 2008. Self-assessment exercise：A comparison between a private sector organization and higher education institutions[J]. International Journal of Production Economics，（114）：105-118.

作者简介 刘鎏，华侨大学体育学院副教授，硕士研究生导师，主要研究方向为高等教育管理、体育组织人力资源管理。

Self-assessment of Higher Education: Role Definition of Students, Teachers and Employers

Liu Liu

Abstract: The satisfaction of stakeholder is the key indicator in the self-assessment of high education in Europe and US. And the most important stakeholders are students, teachers and employers. The high education self-assessment is still in development in China, so to define the roles of students, teachers and employers in the self-assessment is very important in China. It would promote the development of higher school self-assessment and higher education quality. The students is the special customer in the university, they have the dual nature of both customers and products. They have been growing up as a customer and realize the transform from the customer to the product. The teacher is the internal customer in the university. The school management would focus on the need of internal customer and promote teacher and school common development. The last the employer is the direct external customer and they hope employ the high quality graduates and improve the work efficiency.

KeyWords: self-assessment, higher education institution, students, teachers, employer, role definition